ou/eeu/oe
eeu
ou
ai =bjke
aai=

Colloquial

Afrikaans

ver=fur
ge =gus
be = biscuit
nee =naie
ont =ont

The Colloquial Series

Series adviser: Gary King

The following languages are available in the Colloquial series:

*Afkrikaans
*Albanian
*Amharic
Arabic (Levantine)
*Arabic of Egypt
Arabic of the Gulf
and Saudi Arabia
Basque
*Breton
Bulgarian
*Cambodian
*Cantonese
*Chinese
*Croatian and Serbian
*Czech
*Danish
*Dutch
*Estonian
*Finnish
*French
*German
*Greek
Gujarati
*Hebrew
*Hindi
*Hungarian
*Icelandic
*Indonesian
Italian

*Japanese
*Korean
*Latvian
*Lithuanian
Malay
*Mongolian
*Norwegian
Panjabi
*Persian
*Polish
*Portuguese
*Portuguese of Brazil
*Romanian
*Russian
*Scottish Gaelic
*Slovak
*Slovene
Somali
*Spanish
*Spanish of Latin America
*Swahili
*Swedish
*Tamil
*Thai
*Turkish
*Ukranian
Urdu
*Vietnemese
*Welsh

Accompanying cassette(s) (*and CDs) are available for all the above titles. They can be ordered through your bookseller, or send payment with order to Routledge Ltd, ITPS, Cheriton House, North Way, Andover, Hants SP10 5BE, or to Routledge Inc, 29 West 35th Street, New York NY 10001, USA.

COLLOQUIAL CD-ROMs
Multimedia Language Courses

Available in: Chinese, French, Portuguese and Spanish

Colloquial
Afrikaans

The Complete Course
for Beginners

Bruce Donaldson

Routledge
Taylor & Francis Group

LONDON AND NEW YORK

First published 2000 by Routledge
2 Park Square, Milton Park, Abingdon, Oxon OX14 4RN

Simultaneously published in the USA and Canada
by Routledge
270 Madison Avenue, New York, NY 10016

Reprinted 2001, 2002, 2003, 2004 (twice)

Routledge is an imprint of the Taylor & Francis Group

Typeset in Times Ten by Florence Production, Stoodleigh, Devon
Printed and bound in Great Britain by Biddles Ltd, King's Lynn,
Norfolk

British Library Cataloguing in Publication Data
A catalogue record for this book is available from the British Library.

Library of Congress Cataloging in Publication Data
Donaldson, B. C. (Bruce C.), 1948–
   Colloquial Afrikaans: the complete course for beginners / Bruce
Donaldson.
      p. cm.
   Includes index.
      1. Afrikaans language–Grammar. 2. Afrikaans language–Spoken
Afrikaans. 3. Afrikaans language–Textbooks for foreign speakers–
English.   I. Title.

PF861.D57 2000
439.3´68421–dc21   99–052355

ISBN 0–415–20672–3 (book)
ISBN 0–415–20673–1 (cassettes)
ISBN 0–415–30072–X (CDs)
ISBN 0–415–20674–X (book and cassettes course)

Contents

About this book

Afrikaans is descended from the Dutch of the first settlers who came to the Cape in the employ of the Dutch East India Company in 1652. It contains features of seventeenth-century Dutch dialects and influences absorbed from the other languages with which it came into contact in this new, exotic environment. Afrikaans is spoken by some six million people as their mother tongue and by an undetermined number (but certainly millions) of other South Africans as a second or third tongue, as it serves as the chief lingua franca of the rural areas of the country. It is also by far the most widely spoken language in Namibia where it serves as an indispensable lingua franca, despite the new government's policy since gaining independence from South Africa in 1990 of pushing English as the only official language.

At the level of the colloquial language there are basically three regional varieties of Afrikaans: South-Western Afrikaans (also called **Kaaps**), Eastern (Border) Afrikaans and North-Western Afrikaans (also called Orange River Afrikaans). The basis of the standard language is Eastern Afrikaans, a variety originally spoken by the white settlers of the Eastern Cape Province and taken inland by them to the former Boer republics of the Orange Free State and the Transvaal as a result of the Great Trek in the late 1830s. It is this variety of Afrikaans that is described in this book.

One can easily get by in South Africa, even as a resident of the country, without knowing Afrikaans, which is the case with many immigrants from abroad as well as with many blacks, but one misses a great deal of the true flavour of the country if one lives entirely in an English-speaking world. Whatever its tainted past as the language of the oppressor, Afrikaans is an indispensable part of South Africa and Namibia, and reduction of its official functions, as is currently being executed under the new government, will have little effect on its role as an idiom in which millions of South Africans of all races feel at home and which they need to express the South African experience. Afrikaans has proved itself to be ingenious in inventing or translating vocabulary and expressions to keep abreast of the modern world; linguistic purity, at least at the level of its vocabulary, which is the only purity the average person is capable of assessing, is highly admired in Afrikaans-speaking circles. But Afrikaans is also gutsy and capable of great humour, and the most distinguishing characteristic of South African English is the enormous influence Afrikaans has had on it since the British occupied the Cape about two hundred years ago, some 150 years after the foundation of Cape Town by the Dutch.

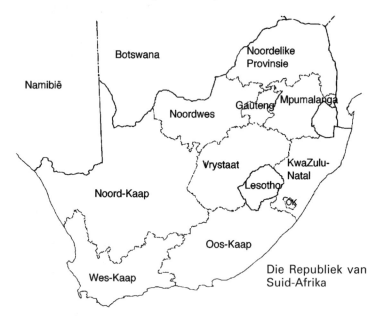

The names of some provinces are to be renamed as part of an africanisation process.

The two-and-a-half million white Afrikaners are not the only mother tongue speakers of the language. The three million people of mixed race, found predominantly but certainly not exclusively in the western and northern Cape, are for the most part Afrikaans-speaking, although some of those in urban environments have been Anglicised. The term 'coloureds' (**kleurlinge**) has long been in vogue for these people. There are objections from some quarters to this term for which reason the term **bruin mense** was coined in Afrikaans (it has no equivalent in English), but this too was coined by whites and is not considered an improvement on the term 'coloured' by many coloureds. Another politically neutral term of relatively recent coinage is **Afrikaanssprekendes** or even **Afrikaanses** to cover all mother-tongue speakers of the language, whether white or otherwise. Attempts to refer to the whole language community as **Afrikaners** have not been successful. This word continues to refer exclusively to whites of Dutch-German-Huguenot origin, formerly referred to as 'Boers' (**Boere**), a term which no longer has any official currency in South Africa.

It is of course impossible to cover every aspect of the grammar of Afrikaans in a book of this size. Those desiring more detail on any of the grammatical issues dealt with in this book are advised to consult the following book by the same author: *A Grammar of Afrikaans,* Mouton de Gruyter, Berlin, 1993, which is the most comprehensive description of the language available in English. The best bilingual dictionary on the market is D.B. Bosman, I.W. van der Merwe and L.W. Hiemstra's *Tweetalige Woordeboek/Bilingual Dictionary,* Tafelberg, Cape Town, 1984 (with numerous later editions). The same dictionary has appeared under the title *Reader's Digest Afrikaans-Engelse Woordeboek/English-Afrikaans Dictionary*, Reader's Digest, Cape Town, 1987 and includes many very useful additional comments on words in the form of comment boxes in the margin.

If the learner is keen to have access to reading matter in Afrikaans, the following are recommended as examples of the living language. The main daily paper in Gauteng is *Beeld*, its equivalent in the Western and Eastern Cape being *Die Burger*, both publications of Nasionale Pers. The main national Sunday paper is *Rapport*. The most widely read women's weekly is *Die Huisgenoot*, which is an excellent example of natural sounding, non-literary Afrikaans, and the local equivalent of *Time* magazine, for want of a better comparison, is the monthly *Insig*.

What you need to gain some fluency in Afrikaans is exposure to the language, which can be easier said than done for those who do not live in South Africa.

Here are some Internet sites that may be useful in this respect. The first is: http://www.dieknoop.co.za. This page lists hundreds of Internet material and Web sites in Afrikaans as well as some in English about Afrikaans. The second is: http://www.24.com, the 'front door' leading to all the Web pages of *Nasionale Pers*, the largest media group in South Africa. Through this page, one gets easy access to *Kalahari.net*, an Internet bookshop, and to electronic versions of newspapers and magazines, as well as to publishers' Web sites.

Stigting vir Afrikaans is a body that seeks to nurture a positive attitude towards Afrikaans in South African society following the tarnish it received during the apartheid era. The Foundation's website is: www.afrikaans.com. Another useful site for ordinary Afrikaans books is www.kalakari.net.

Learning Afrikaans is great fun – **geniet dit!**

Layout of the lessons and how to work through them

Each lesson starts with a dialogue that contains examples in context of the language points that follow that dialogue. This applies to all dialogues throughout the book, as most lessons contain several language points. The dialogues in the first five lessons are supplied with translations. After that you can consult the Afrikaans-English glossary in the back of the book, but see how well you can understand them first without looking anything up. The dialogues are to be found on the accompanying cassettes. For those with little or no knowledge of formal grammar, all grammatical concepts are illustrated by brief English examples where they occur for the first time, but there is also a glossary of grammatical terms in the back of the book. The answers to all exercises are also to be found in the back of the book, as is an English-Afrikaans glossary if you are searching for an Afrikaans word in order to do an exercise.

Please send all corrections and suggestions for improvements to future editions to the following postal or e-mail addresses: Bruce Donaldson, Department of German and Swedish Studies, University of Melbourne, Parkville, Victoria, Australia 3010, e-mail: *bcr@unimelb.edu.au.*

Acknowledgements

I would like to thank Fritz Ponelis of the Department of Afrikaans and Dutch at the University of Stellenbosch for his role in assuring the success of my sabbatical leave to his university in 1996 during which time most of this book was written. I must express my gratitude to Biebie van der Merwe of the University of Cape Town and Alf Jenkinson of the University of the Orange Free State for giving their time to cast their native-speaker eyes over this work, and Biebie in particular for taking a close look at all the dialogues. My thanks also go to Marguerite Boland of Melbourne for the compilation of the glossaries. I would also like to thank Stellenbosch Toerisme en Inligting for permission to use a map from their brochure *Historiese stap deur Stellenbosch.* My employer, the University of Melbourne, is also to be thanked for granting me sabbatical leave – without the opportunity to write this book on location the end result would have lacked the topicality it now hopefully contains.

Introduction

Pronunciation 🔲

Possibly the most difficult aspect of Afrikaans is the pronunciation but that is unfortunately where you have to start. Don't be discouraged by sounds that you may feel you will never be able to get your tongue around. With exposure to the language your accent will improve with time. Where the following Afrikaans sounds are compared to those in English words, these merely represent an approximation of their pronunciation. If you possess the cassettes you can compare these approximations with the actual sounds. Don't feel you have to master all the sounds before proceeding to the next lesson. Perfection comes with time and practice.

Short vowels

a This is a very short sound not unlike the vowel in 'but', e.g. **bal** 'ball', **matte** 'mats'.

e Generally speaking this vowel does not differ greatly from that in 'pet', e.g. **bed** 'bed', **hemp** 'shirt'. When followed by **r** plus **d, t,** or **s, e** is pronounced longer, i.e. more like the vowel in 'air' than that in 'pet', e.g. **perd** 'horse', **dertig** 'thirty', **pers** 'purple'.

i This vowel is identical to the **i** sound so typical of South African and New Zealand English. It is the same sound as the 'i' sound in 'girl' without the 'er' that follows it, e.g. **bitter** 'bitter', **dink** 'to think', **kind** 'child'.

ie This vowel is pronounced like that in 'peak', e.g. **dief** 'thief', **fiets** 'bicycle', **piesang** 'banana'; **familie** 'family'. When followed by **r**, this vowel is pronounced somewhat longer, like the vowel sound in 'fear', i.e. whereas in English this is pronounced 'feeuh', in Afrikaans **vier** is pronounced like 'fee' + a trilled 'r', omitting the 'uh', e.g. **dier** 'animal', **hier** 'here'.

o   This vowel is similar to that in 'ought', but is shorter, e.g. **hond** 'dog', **kok** 'cook', **potte** 'pots'. In the combination **ons**, **o** is pronounced longer and is nasalised, e.g. **gons** 'to buzz', **ons** 'we'.

oe   This vowel is more or less the same as that in 'book', e.g. **boek** 'book', **doen** 'to do', **moeder** 'mother'. When followed by **r**, this vowel is pronounced somewhat longer, like the vowel in the second half of 'insure', e.g. **boer** 'farmer', **loer** 'to peer'.

u   This sound is not unlike the vowel in 'hurt' but is somewhat shorter, e.g. **bus** 'bus', **kussing** 'cushion', **stukkend** 'broken'. For those who know German, it is identical to the vowel in **können**.

uu   This is the same sound as in German 'Flüsse', which is not unlike the last sound in English 'few', e.g. **minute** 'minutes', **nuus** 'news', **u** 'you'. When followed by **r** it is pronounced longer, e.g. **suur** 'sour', **mure** 'walls'.

Note that the sound **uu**, as well as **aa**, **ee** and **oo**, all of which are dealt with below, are written double in closed syllables and single in open syllables, which is one of the basic rules of Afrikaans spelling (see p. 7).

Long vowels

aa   This vowel is similar to that in 'father' and is pronounced distinctly long, e.g. **haal** 'to fetch', **swaar** 'heavy'; **asem** 'breath', **blare** 'leaves'.

ae   This sound is identical to **aa** but is written this way for historical reasons, e.g. **dae** 'days', **hael** 'to/the hail', **swaer** 'brother-in-law'.

ê   This sound is pronounced like the vowel in 'air' and is commonly followed by **r**, e.g. **hê** 'to have', **lê** 'to lay/lie', **sê** 'to say'; **skêr** 'scissors', **wêreld** 'world'.

ô   This sound occurs in only a few words. It is basically the same sound as the **o** dealt with above, but it is pronounced longer, i.e. like the vowel in 'law', e.g. **môre** 'morning', **trôe** 'troughs'.

û   This sound occurs in very few words indeed. It is basically the same sound as **u** dealt with above, but it is pronounced longer, i.e. like the vowel in 'heard', e.g. **brûe** 'bridges', **rûe** 'backs'.

Double vowels

aai Pronounce like 'eye', e.g. **haai** 'shark', **kraai** 'crow', **maai** 'mow'.

eeu Pronounce like Afrikaans **ie** + **oe**, e.g. **leeu** 'lion', **meeu** 'seagull'.

ieu This spelling is not common. It sounds the same as **eeu**, e.g. **hernieu** 'to renew', **kieue** 'gills', **Nieu-Seeland** 'New Zealand'.

oei Pronounce like Afrikaans **oe** + **ie**, i.e. more or less as in the French name 'Louis' (with a silent 's'), e.g. **boei** 'buoy', **koeie** 'cows', **poeier** 'powder'. Note that **goeie** 'good' is pronounced like Afrikaans **g** + **oe** + **je**.

ooi Pronounce like Afrikaans **oo** + **ie**, e.g. **mooi** 'pretty', **nooiens** 'girls', **vlooie** 'flees'.

Diphthongs

The sounds **ee**, **eu** and **oo** all end in an off-glide, i.e. a sound similar to the final sound (not letter) in 'tour'.

ee This sound closely resembles that in 'beer' and 'year', e.g. **gee** 'to give', **leef** 'to live'; **enige** 'any', **lewe** 'life', **stewel** 'boot'.

eu Try pronouncing the vowel in 'heard' while preventing the lips from rounding, e.g. **heup** 'hip', **seun** 'son', **reus** 'giant'.

oo This sound closely resembles that in 'tour' or 'doer', e.g. **brood** 'bread', **roos** 'rose'; **rose** 'roses', **toring** 'tower'.

ei/y This sound is written for historical reasons in two ways. It is a long diphthong similar to that in 'lay' in English, e.g. **eier** 'egg', **lei** 'to lead', **teiken** 'target'; **by** 'bee', **ryp** 'frost', **yster** 'iron'.

ou This sound is very similar to the vowel in English 'know', e.g. **blou** 'blue', **moue** 'sleeves', **skouer** 'shoulder'. The distinction between this sound and **ui** is subtle.

ui This sound is one of the hardest to master. It starts with a sound similar to the vowel in 'heard', pronounced with rounded lips, and is followed by the vowel in 'see', e.g. **huis** 'house', **lui** 'lazy', **vuil** 'dirty'.

ai This sound occurs in very few words, all of them loanwords. It is pronounced like the vowel in 'bike', e.g. **baie** 'much'/ 'many', 'very', **kaia** 'native dwelling'. See also **matjie** below, which contains the same sound.

oi This sound occurs in only a few words. It is identical to the vowel in 'boy', e.g. **goiing** 'hessian', **toiings** 'tatters'.

Diphthongs in diminutives

The diminutive of nouns is exceedingly commonly used in both spoken and written Afrikaans (see p. 105). When a noun of one syllable that contains an **a**, **aa**, **an**, **aan**, **aen**, **e**, **en**, **i**, **in**, **o**, **oo**, **on**, **oon**, **oe**, **u** or **un** ends in **-djie** or **-tjie** (both pronounced 'key'), diphthongisation of the vowel occurs. This may seem rather complex, and some of the resulting sounds are indeed quite difficult to pronounce, but this is a finer point of pronunciation which you can take your time to master.

a	**mat** mat	>	**matjie**, pronounced 'mikey'.
aa	**maat** mate	>	**maatjie**, pronounced with the same vowel as in **matjie** but with a longer vowel.
an	**hand** hand	>	**handjie**, pronounced 'high + n + key'.
aan	**aand** evening	>	**aandjie**, pronounced like 'high + n + key', but dropping the 'h' and with a longer vowel.
aen	**wa** wagon	>	**waentjie**, pronounced with the same vowel as in **aandjie**.
e	**bed** bed	>	**bedjie**, pronounced 'bear + key', but the vowel of 'bear' is pronounced short.
en	**prent** picture	>	**prentjie**, pronounced 'prayer + n + key', but with a short vowel.
i	**pit** seed	>	**pitjie**, pronounced 'pay + key'.
in	**kind** child	>	**kindjie**, pronounced 'cane + key'.
o	**pot** pot	>	**potjie**, pronounced 'poy + key'.
oo	**poot** paw	>	**pootjie**, pronounced with the same vowel as in **potjie** but with a longer vowel.
on	**hond** dog	>	**hondjie**, pronounced 'hoi + n + key'.
oon	**oond** oven	>	**oondjie**, pronounced like 'hoi + n + key', but dropping the 'h' and with a longer vowel.
oe	**voet** foot	>	**voetjie**, pronounced 'fooey + key'.
u	**put** well	>	**putjie**. The vowel here is the Afrikaans diphthong '**ui** + key'.
un	**punt** point	>	**puntjie**. The vowel here is the Afrikaans diphthong '**ui** + n + key'.

Consonants

b There is little or no distinction between an English and an Afrikaans **b**, e.g. **bal** 'ball', **boek** 'book'; **skubbe** 'scales'. But at the end of a word a **b** is pronounced as a 'p', e.g. **rib** 'rib', **skub** 'scale'.

c This letter is only used in a few loanwords ending in **-ici**, in which case it is pronounced as 's', e.g. **akademici** 'academics', **musici** 'musicians', which are the plurals of **akademikus** and **musikus**.

ch This letter combination, which only occurs at the beginning of a few foreign words, is pronounced, depending on the word, either the same as a guttural Afrikaans **g**, e.g. **chaos** 'chaos', **christen** 'Christian', or as English 'sh', e.g. **chauvinisties** 'chauvinistic', **China** 'China', **chirurg** 'surgeon'. Note that many personal and place names contain **sch**, a Dutch spelling; where **sch** stands at the beginning of a word, it is pronounced 'sk' and where it stands at the end of a syllable or word, it is pronounced 's', e.g. **Schalk**, **Schoeman**; **Franschhoek**, **Stellenbosch**.

d There is no difference between an English and an Afrikaans **d**, e.g. **den** 'pine tree', **doen** 'to do'; **beddens** 'beds'. But at the end of a word a **d** is pronounced as a 't', e.g. **bed** 'bed', **dood** 'dead', **pad** 'road'. The combination **dj** in diminutives is pronounced 'k', e.g. **aandjie** 'evening', **oondjie** 'oven', **perdjie** 'horse' (see p. 4).

f There is no distinction between an English and an Afrikaans **f**, e.g. **fiets** 'bicycle', **fris** 'fresh'; **blaf** 'to bark'.

g This letter is pronounced like the 'ch' in Scottish 'loch', e.g. **gaan** 'to go', **gat** 'hole'; **berg** 'mountain', **tagtig** 'eighty'; **boggel** 'hump'; **energie** 'energy', **ingenieur** 'engineer'. Before the front vowels **ee** and **ie** the softer sound of German 'ich' may be heard, e.g. **geel** 'yellow', **geut** 'gutter', **giet** 'to pour'.

gh This letter combination, which only occurs at the beginning of a few English loanwords, is used to indicate that the **g** is pronounced as in English and not as an 'ach' sound, e.g. **ghitaar** 'guitar', **gholf** 'golf'.

h Afrikaans **h** is described by linguists as being voiced, which in layman's terms means it does not sound very breathy and in fact to an English ear often sounds as if it is almost being dropped, e.g. **haan** 'rooster', **hond** 'dog', **huis** 'house'.

j This letter is pronounced as an English 'y', e.g. **jaar** 'year', **juk** 'yoke', **jy** 'you'. In just a few English loanwords it is pronounced as in English, e.g. **jellie**, **junior**.

k This letter is pronounced like 'k' in English but without aspiration (i.e. breathiness following the sound), e.g. **kat** 'cat', **keer** 'to turn'; **boek** 'book'; **rokke** 'dresses'.

l An Afrikaans **l** is said to be 'thicker' than in English, particularly after a vowel, e.g. **lei** 'to lead', **loop** 'to walk'; **belle** 'bells'; **sal** 'will', **wil** 'to want'.

m There is no distinction between an English and an Afrikaans **m**, e.g. **maan** 'moon', **mat** 'mat'; **lammers** 'lambs'; **kam** 'comb'.

n There is no difference between an English and an Afrikaans **n**, e.g. **nooit** 'never'; **bone** 'beans'; **been** 'leg'.

ng This combination is always pronounced as in 'singer', never as in 'finger', e.g. **honger** 'hunger', **vinger** 'finger'; **sing** 'to sing'.

p This letter is pronounced like 'p' in English but without aspiration (see **k**), e.g. **pan** 'pan', **pes** 'plague'; **koppe** 'heads'; **pop** 'doll'.

r An Afrikaans **r** must always be pronounced, even at the end of words. It is pronounced by trilling the tip of your tongue against your teeth, as in Italian, e.g. **riet** 'reed', **rooi** 'red'; **brood** 'bread', **praat** 'to talk'; **kar** 'car', **word** 'to become'; **baard** 'beard', **woord** 'word'; **broer** 'brother', **duur** 'expensive', **leer** 'to learn', **mier** 'ant'; **moeder** 'mother', **poeier** 'powder'.

s This letter is pronounced as in English, e.g. **sokkie** 'sock', **suiker** 'sugar'; **mossie** 'sparrow'; **hoes** 'to cough', **roos** 'rose'.

sj This letter combination is used to transcribe a 'sh' sound in certain loanwords (see also **ch**), e.g. **sjampanje** 'champagne', **sjiek** 'chic'; **hasjisj** 'hashish'.

t This letter is pronounced like 't' in English but without aspiration (see **k**), e.g. **tafel** 'table', **tel** 'to count', **trein** 'train', **trek** 'to pull', **tuis** 'at home'; **botter** 'butter'; **gat** 'hole'.

tj This letter combination is used in some loanwords to render an English 'ch' sound, e.g. **tjap** 'stamp', **tjek** 'cheque', **tjop** 'chop'. The combination **tj** that commonly occurs in diminutives is pronounced 'k', e.g. **bytjie** 'bee', **matjie** 'mat', **netjies** 'neat' (see p. 4).

v This letter is pronounced as an English 'f', e.g. **val** 'to fall', **vel** 'skin', **vrek** 'to die'; **koevert** 'envelope', **rivier** 'river'. In loanwords **v** is usually pronounced as in English, e.g. **variasie** 'variation', **visueel** 'visual'; **televisie** 'television'.

w This letter is usually pronounced as an English 'v'. As an

Afrikaans **v** is pronounced 'f', there is no confusion between
w and **v**, e.g. **water** 'water', **weet** 'to know'; **growwe** 'coarse',
nuwer 'newer', **waarskuwing** 'warning'. When **w** follows a
consonant (i.e. it can only occur after a **d**, **k**, **s** or **t**), it is
pronounced as in English, e.g. **dwaal** 'to wander', **kwaad**
'angry', **swak** 'weak', **twee** 'two'.

z This letter occurs in only a few foreign names where it is
pronounced as in English, e.g. **Zambië**, **Zoeloe**, **Tanzanië**. In
personal and place names where the Dutch spelling with **z** is
retained, **z** is pronounced as an 's', e.g. **Van Zyl**, **Zeekoevlei**.

Stress

The general rule is that indigenous Afrikaans words carry the main
stress on the first syllable (` indicates that the following syllable is
stressed), e.g. `goedkoop 'cheap', `handdoek 'towel', `kennisgewing
'notice', `burgemeester 'mayor', `lessenaar 'desk', `platteland
'countryside'. There are quite a number of exceptions for which
no rule can be given. The Afrikaans prefixes **be-**, **ge-**, **her-**, **ont-**
and **ver-** never take the stress, e.g. be`loof 'to promise', ge`loof
'faith', her`haal 'to repeat', ont`moeting 'meeting', ver`loor 'to lose'.

Spelling

Afrikaans spelling is more or less phonetic and is thus easy once
you have mastered a few hard and fast rules which clarify the
changes that often take place when one

- makes a noun plural by adding an **-e** (see p. 21) or
- inflects an adjective by adding an **-e** (see p. 37).

You will meet these concepts as you work your way through the
book, but here is a general summary of the principles of Afrikaans
spelling.

Certain vowel and consonant letters are either doubled or written
singly depending on whether the syllables concerned are open or
closed. To understand the rationale behind this spelling system, one
needs to understand the distinction between open and closed sylla-
bles. A closed syllable is one that ends in a consonant and an open
syllable is one that ends in a vowel, e.g. **aap** 'monkey', **peer** 'pear',
roos 'rose' and **muur** 'wall' are closed, but the first syllable in **ape**

'monkeys', **pere** 'pears', **rose** 'roses' and **mure** 'walls' is open. Note that when syllabifying an Afrikaans word (i.e. as in hyphenating a word at the end of a line), each new syllable begins with a consonant, e.g. **a-pe**, **pe-re**, **ro-se**, **mu-re**; this is in keeping with long vowels in open syllables being written singly. Compare the short vowel in the first syllable of **katte** 'cats', **beddens** 'beds', **potte** 'pots', **putte** 'wells'.

Let us first deal with nouns. The following three words illustrate the changes that can occur: **aap – ape** 'monkeys', **toon – tone** 'toes', **muur – mure** 'walls' (see p. 21).

The same applies to adjectives when the **-e** ending is added: **kaal – kale** 'naked', **bloot – blote** 'naked', **puur – pure** 'pure' (see p. 37).

When two vowels that belong to separate syllables stand side-by-side and could be read as one sound, a dieresis is placed on the second vowel to show that it forms part of a new syllable. This occurs in indigenous words where two vowels that were historically separated by a **g** are now contiguous due to the dropping of the **g**, e.g. **oë** 'eyes' (< **oog** 'eye'), **hoë** 'high' (< **hoog** + **e**). In a few cases, a dieresis is put on an **e** when an intervocalic **d** has dropped out, e.g. **breë** 'wide' (< **breed** + **e**) (see p. 21 and 37).

1 Meeting and greeting people

In this lesson you will learn about:

- meeting and greeting people
- addressing people
- saying goodbye
- personal pronouns
- the indefinite article
- the definite article
- expressing nationality and profession
- expressing possession
- the demonstratives

Dialogue 1 🔘

Meeting and greeting

PERSON A:	Goeie môre, Piet. Hoe gaan dit met jou?
PERSON B:	Dit gaan goed, dankie. En met jou?
PERSON A:	Ek mag nie kla nie.
or	
PERSON A:	Môre, Piet. Hoe gaan dit?
PERSON B:	Goed, dankie. En self?
PERSON A:	Ek kan nie kla nie.

PERSON A:	Good morning, Piet. How are you?
PERSON B:	Fine, thanks. And you?
PERSON A:	I can't grumble.

Dialogue 2 🔊

Meeting and greeting

SAREL: Naand, Piet. Hoe gaan dit (met jou)?
PIET: (Dit gaan) goed, dankie. En self?
SAREL: Goed. En met jou vrou?
PIET: Ook goed. Piet, laat ek jou aan my broer Koos voorstel.
SAREL: Aangename kennis.
KOOS: Bly te kenne.
PIET: (Ek) sien (vir) jou later, Sarel.
SAREL: Tot siens, Piet. Tatta, Koos.
PIET: (Alles van die) beste.

SAREL: *Evening, Piet. How are you doing?*
PIET: *Well, thanks. And you?*
SAREL: *Fine. And your wife?*
PIET: *Fine too. Piet, let me introduce you to my brother.*
SAREL: *How do you do?*
KOOS: *Nice to meet you.*
PIET: *(I'll) see you later, Sarel.*
SAREL: *Goodbye, Piet. Bye, Koos.*
PIET: *All the best.*

When meeting someone for the first time, while shaking hands, you say **aangename kennis** 'nice to meet you'/'how do you do'. A less common variant of this is **bly te kenne**. Otherwise the usual greetings for people you already know are as follows, depending on the time of day: **(goeie) môre, (goeie) middag, (goeie)naand**. The **goeie** is commonly dropped in colloquial speech. **Goeie nag**, like its English equivalent, is reserved for taking your leave of someone. **Hallo**, pronounced exactly as in English, is used as in English too.

Hoe gaan dit (met jou/u)? is the standard way of asking someone how they are, dropping the **met jou/u** in particular if you are not sure how to address them (see Language points below).

Language points

Addressing people

The second person singular is expressed by **jy/jou** or **u**. The distinction between the former and the latter is officially one of intimacy versus polite distance respectively. But in practice the latter is a particularly elevated sounding form that is seldom heard in a normal conversational environment. It is quite common to hear **jy** being used in combination with **Meneer** 'sir' and **Mevrou** 'madam', e.g.

> **Ekskuus, Mevrou, kan jy asseblief vir my beduie waar die poskantoor is?**
> Excuse me, madam, could you please tell me where the post office is?

It is far more common in practice to express politeness in addressing someone by using a title rather than **u**. Afrikaans society is very hierarchical and you are advised to respect the use of titles wherever possible if you want to avoid treading on toes. Anyone with a doctor's or professorial title, for example, is most likely to be addressed by the repetitive use of **Dokter** or **Professor** where in English we would simply say 'you' and 'your', e.g.

> **Goeie môre, Dokter. Dokter se vrou het nou net gebel.**
> Good morning, doctor. Your wife just rang.

Meneer and Mevrou can be used in exactly the same way in situations where one feels obliged to watch one's p's and q's, e.g.

> **Sal Meneer my asseblief help om hierdie tas te dra?**
> Will you please help me carry this suitcase?

If in doubt as to the appropriate form of address to strangers or vague acquaintances, the foreigner is advised to err on the side of overformality by using **Meneer/Mevrou** with **u** or to use **Meneer/Mevrou** in lieu of any pronoun.

Saying goodbye

There is a variety of expressions used when taking your leave of someone in Afrikaans. All the following have exact equivalents in English:

tot siens	goodbye
tatta	bye
(Ek) sien jou	(I'll) see you.
(Ek) sien jou later	(I'll) see you later.

Very nice, truly Afrikaans expressions used when guests are departing, for example, are **mooi loop/ry** 'goodbye', but with the added connotation of 'may you get home safely' and said to those departing, while **mooi bly** is the retort said to those whose place you are leaving.

To any of the above farewell greetings you can optionally add any of the following:

(alles van die) beste	all the best
laat dit goed gaan	all the best/take care
voorspoed	all the best
geniet die dag	have a nice day

Personal pronouns

The subject pronouns are:

Singular		*Plural*	
ek	I	**ons**	we
jy	you	**julle**	you
u	you	**u**	you
hy	he		
sy	she	**hulle**	they
dit	it		

When followed by the verb **is**, **dit** is very commonly pronounced and written **dis**. The common question tags 'is he?', 'are you?', 'won't they?', etc. are expressed simply by **is dit?** (South African English 'is it?'), e.g.

A: Hy woon nou in Kaapstad.   **B: Is dit?**
A: He now lives in Cape Town?   B: Does he?

A: Hy woon nie meer in Kaapstad nie.   **B: Is dit?**
A: He no longer lives in Cape Town.   B: Doesn't he?

The object pronouns are:

Singular		*Plural*	
my	me	**ons**	us
jou	you	**julle**	you
u	you	**u**	you
hom	him		
haar	her	**hulle**	them
dit	it		

In English we refer to all inanimate objects as 'it'. Although **dit** is used in this way in Afrikaans too, it is just as common to refer to inanimate objects as **hy/hom**, e.g.

> **Wat dink jy van die nuwe vlag? Ek dink hy is pragtig.**
> What do you think of the new flag? I think it's beautiful.

Die Suid-Afrikaanse vlag

The indefinite article

The indefinite article in Afrikaans is **'n**, which is usually pronounced much the same as English 'a' in 'a house', even when the word that follows begins with a vowel, e.g. **'n huis** 'a house', **'n man** 'a man', **'n vrou** 'a woman', **'n appel** 'an apple', **'n oond** 'an oven'. If a sentence begins with **'n**, the first letter of the next word is capitalised, e.g. **'n Mens moet deesdae versigtig wees** 'One has to be careful these days'.

The definite article

Afrikaans does not distinguish between masculine, feminine and neuter nouns like many European languages do – it is the same as English in this respect. Consequently, the definite article (i.e. 'the') is **die** for all nouns whether singular or plural, e.g. **die man** 'the man', **die vrou** 'the woman', **die huis** 'the house', **die huise** 'the houses'.

Dialogue 3 🔳

Koos en Hennie is kollegas. Hulle ontmoet mekaar in 'n winkelsentrum en gesels 'n bietjie.

Koos:	Goeiemôre, Hennie, hoe gaan dit?
Hennie:	Dit gaan baie goed, en met jou?
Koos:	Nee*, uitstekend, dankie. Hoe gaan dit met jou vrou en die kinders?
Hennie:	Ook goed. Wat is nou weer jou vrou se naam, Koos?
Koos:	Hildegard.
Hennie:	Ag ja, dis reg. Waarvandaan kom sy?
Koos:	Sy kom van Duitsland af.
Hennie:	My vrou is ook 'n buitelander, weet jy?
Koos:	Is sy? Van watter land kom sy?
Hennie:	Van Nederland. Koos, weet jy, ek moet die kinders by die skool oplaai. Ek sien jou.
Koos:	Tot siens, Hennie. Sê groete vir jou vrou.
Hennie:	Ja, ek sal so maak. Sê ook groete vir joune. Tot siens.

Koos en Hennie are colleagues. They meet each other in a shopping centre and chat a bit.

Koos:	*Good morning, Hennie, how are you going?*
Hennie:	*Fine, and you?*
Koos:	*Great, thanks. How's your wife doing and the kids?*
Hennie:	*Fine too. What's your wife's name again, Koos?*
Koos:	*Hildegard.*
Hennie:	*Oh, yes, that's right. Where does she come from?*
Koos:	*She comes from Germany.*
Hennie:	*My wife is also a foreigner, did you know?*
Koos:	*Is she? What country does she come from?*
Hennie:	*From Holland. Koos, you know, I have to pick the children up from school. I'll see you.*
Koos:	*Bye, Hennie. Give my regards to your wife.*
Hennie:	*Yes, I'll do so. Regards to yours too. Goodbye.*

---

* This idiomatic **nee** is commonly inserted before a positive answer.

Language points

Expressing nationality and profession

Nationalities and professions are expressed as in English, e.g.

Hy is 'n Nederlander.   He is a Dutchman.
Hy is 'n onderwyser.   He is a teacher.

As in English there is no specifically feminine form of nationalities, e.g.

Sy is 'n Suid-Afrikaner/Australiër.
She is a South African/an Australian.

As only the words for 'Englishman' (**Engelsman**) and 'Frenchman' (**Fransman**) end in **-man**, as in English, just these two nationalities must be expressed by using the adjective with reference to women, e.g.

Sy is Engels/Frans.   She is English/French.

It is of course possible to express all nationalities, both males and females, in this way, as in English, e.g.

Hy is Nederlands/Australies. He is Dutch/Australian.
Sy is Nederlands/Australies. She is Dutch/Australian.

There is a list of common nationalities on p. 176.

But when it comes to expressing the feminine of professions, the situation is a little more complex. Where the profession is dominated by females there is no problem as the feminine form is more usual than the masculine, e.g. **sekretaresse** 'secretary', **verpleegster** 'nurse', **tikster** 'typist'. But whereas it is possible, for example, to render the feminine of **onderwyser** 'teacher' with **onderwyseres**, **dosent** 'lecturer' with **dosente** and **skrywer** with **skryfster**, in practice such endings are usually dispensed with, e.g.

Lina Spies is 'n bekende digter/digteres.
Lina Spies is a well-known writer.

Me. Van Staden is 'n bankbestuurder/bankbestuurderes.
Ms. Van Staden is a bank manager.

Exercise 1

Consulting the list of nationalities at the back of the book if need be, write down the words that would complete the table below. Note that all these words are written with capital letters, as in English.

Land	Inwoner (manlik)	Taal/Nasionaliteit
–	Duitser	–
–	Engelsman	–
Frankryk	–	–
–	–	Nederlands
–	–	Sweeds
België	–	–
Suid-Afrika	–	–
–	Australiër	–
Amerika	–	–

Expressing possession

Possession is expressed in the following ways:
   1 By possessive adjectives as in English:

Singular		*Plural*	
my	my	**ons**	our
jou	your	**julle**	your
u	your	**u**	your
sy	his		
haar	her	**hulle**	their
sy	its		

Note that there is no difference between the subject and object pronouns and possessive adjectives in the plural, although **julle** and **hulle** as possessives are commonly shortened to **jul** and **hul** when the full form has been previously used in the sentence, e.g. **Wat gaan julle met jul kinders doen?** 'What are you going to do with your children?'
   2 In contexts where possession is expressed in English by apostrophe s (or s apostrophe) Afrikaans uses the particle **se**, e.g. **die land se regering** 'the country's government', **my pa se broer** 'my father's brother'. The **se** construction is even more common in

Afrikaans than that with apostrophe s in English which has certain limitations, e.g. **dié tafel se poot** 'the leg of this table', **die huis se dak** 'the roof of the house', **die land se hoofstad** 'the capital of the country'/'the country's capital'.

Such **se** constructions occur in multiples, as indeed can be the case with English apostrophe s, e.g. **dié man se vrou se hare** 'that man's wife's hair', **die kind se pa se tweede vrou** 'the child's father's second wife'.

Se constructions also occur with expressions of time, similar to English, e.g. **drie uur se ry** 'three hours' drive', **vyf minute se werk** 'five minutes' work', **vandag se koerant** 'today's newspaper'. They are also common with measures and currency, e.g. **'n kilo se boere-wors** 'a kilo's worth of sausage', **vyftig rand se biltong** 'fifty rands' worth of biltong'.

The demonstratives

'This'/'these' and 'that'/'those' before a noun, i.e. when used as demonstrative adjectives, can be expressed in one of two ways. Most usual are **hierdie** 'this'/'these' and **daardie** 'that'/'those', e.g. **hierdie man** 'this man', **daardie vrou** 'that woman', **hierdie huise** 'these houses', etc. The form **dié**, which is emphasised when spoken, is common in writing but usually means 'this'/'these' rather than 'that'/'those', e.g. **dié man, dié vrou, dié huis, dié huise**.

Although the practice is frowned upon by purists, because it is regarded as an anglicism, **hierdie** and **daardie** are frequently used independently too as subject and object pronouns, e.g. **Hierdie is baie goed** 'This (one) is very good'. Purists would prefer **Dit is baie goed**, which can also mean 'It is very good', but **Hierdie (een) is baie goed** is also possible.

Hierdie and **daardie** are often colloquially pronounced, but never written, **hierie** and **darie**. In addition, the latter is very frequently pronounced **daai** when emphasised, e.g. **Daai ou kan ek nie verdra nie** 'I can't stand that chap'.

There are remnants of the Dutch form **deze**, meaning 'this', in standard expressions, e.g. **vandeesweek/-maand** 'this week/month', **deesdae** 'these days', **Hoe op dees aarde ... ?** 'How on earth ... ?

Exercise 2

Translate the following expressions.

1 This is my book. Where is your book? (*familiar form*)
2 My wife is in Swaziland and his wife is in Lesotho.
3 What language are your children learning at school? (*polite form*)
4 My brother's car is green but my car is white. And your wife's car?
5 The colour of this book.
6 The roof of that house.
7 That woman's child.
8 Her house is bigger than (= **groter as**) their house.
9 Your house (*familiar plural form*) is smaller (= **kleiner**) than our house.

Exercise 3

Translate the following.

1 this man 2 those books 3 This is a good book. 4 That is a large house. 5 These are good. 6 Those are large. 7 What is that? 8 I don't know that.

2 Shopping

Dialogue 1 🔛

Daar is 'n uitverkoping in 'n klerewinkel

VERKOPER: Kan ek u help, Mevrou?
KLANT: Nee, dankie. Ek kyk net.
('n rukkie later)
KLANT: Ekskuus tog, Meneer. Wat kos hierdie reënjasse?
VERKOPER: Hulle is op die uitverkoping. Hulle is op die oomblik baie goedkoop. Hulle was R120 en kos nou net R75.
KLANT: O! Dis rêrig goedkoop. Gee vir my een van dié reënjasse, asseblief, 'n medium.
VERKOPER: Sal ek dit in 'n sak sit?
KLANT: Ja, asseblief.
VERKOPER: (*Gee die sak vir die klant*). Baie dankie, Mevrou.
KLANT: Baie dankie, Meneer.
VERKOPER: Plesier. Tot siens. Geniet die dag.

There is a sale in a clothing store

SALESMAN: *Can I help you, madam?*
CUSTOMER: *No, thanks. I'm just looking.*
(a little while later)
CUSTOMER: *Excuse me, sir. What do these raincoats cost?*
SALESMAN: *They're on sale. They are very cheap at the moment. They were R120 but now they cost only R75.*
CUSTOMER: *Gee! That's really cheap.*
Give me one of these raincoats, please, a medium.
SALESMAN: *Shall I put it in a bag?*
CUSTOMER: *Yes, please.*
SALESMAN: (Gives the bag to the customer.) *Thanks very much, madam.*
CUSTOMER: *Thank you, sir.*
SALESMAN: *It was a pleasure. Goodbye. Have a nice day.*

Language points

Saying 'please' and 'thank you'

Afrikaans etiquette with regard to the use of 'please' and 'thank you' is exactly as in English, and thus different from most other European languages. For example, if you were asked if you would like a cup of tea, you can reply in the affirmative with either **asseblief** or **(ja) dankie**; you reply in the negative by saying **nee, dankie** (see p. 148 for comments on the position of **asseblief** in a sentence). On being handed the cup of tea, the host says nothing, unlike on the Continent. You then thank the host by saying **dankie** or **baie dankie**. In a shop, for example, once you have received the parcel from the shop assistant and said **dankie**, (s)he is likely to utter **(dit** was 'n) plesier, which is the usual way of expressing 'You're welcome' or 'Don't mention it'; **nie te danke nie** is also possible in this situation.

Kinders   Spoedboggels   Plaasdiere   Laagvlieënde vliegtuie

Plural of nouns

Forming the plural of nouns is a complex issue in Afrikaans and only a few basic guidelines are given here. Although the vast majority of nouns form their plural in either -s or -e, there are several other ways of pluralising certain nouns, but these are exceptional and concern only a minority of (often common) nouns.

-s plurals

Most nouns that take -s consist of more than one syllable. Generally speaking certain endings require that a noun forms its plural in -s, e.g. **rekenaar – rekenaars** 'computer', **bottel – bottels** 'bottle', **besem – besems** 'broom', **eier – eiers** 'egg'.

-e plurals

Nearly all nouns that don't end in one of the endings requiring an -s plural, take -e. This applies to the majority of Afrikaans nouns, e.g. **huis – huise** 'house', **kerk – kerke** 'church', **koei – koeie** 'cow', **laai – laaie** 'drawer', **stoel – stoele** 'chair', **skildery – skilderye** 'painting'.

In adding this -e ending to form the plural of a noun, the spelling rules referred to on page 7 commonly apply, e.g. **rem – remme** 'brake', **pen – penne** 'pen', **pop – poppe** 'doll'; **blaar – blare** 'leaf', **peer – pere** 'pear', **oor – ore** 'ear', **muur – mure** 'wall'.

Dialogue 2 🔘

'n Gesprek tussen 'n onderwyser en 'n nuwe leerling op skool

ONDERWYSER: Wie is jy? Wat is jou naam?
NUWE LEERLING: My naam is Jannie van Schalkwyk. Wat is
                Mevrou se naam?
ONDERWYSER: My naam is mevrou Van Coller. Hoe oud is jy,
                Jannie?
NUWE LEERLING: Ek is sewe, Mevrou.
ONDERWYSER: En waar woon jy?
NUWE LEERLING: Nie ver van hier nie.
ONDERWYSER: In watter straat?
NUWE LEERLING: Ek woon in De la Reylaan, Mevrou.

A conversation between a teacher and a new pupil at school

TEACHER: *Who are you? What is your name?*
NEW PUPIL: *My name is Jannie van Schalkwyk. What is your
            name?*
TEACHER: *My name is Mrs. Van Coller. How old are you, Jannie?*
NEW PUPIL: *I am seven.*
TEACHER: *And where do you live?*
NEW PUPIL: *Not far from here.*
TEACHER: *In what street?*
NEW PUPIL: *I live in De la Rey Avenue.*

Language points

Verbs

Afrikaans verbs are very simple. The verb has only two forms, the
stem, which is used to form the infinitive, the present tense and
the imperative, and a past tense form.

The basic form of the verb is called the infinitive. In English it
is the form of the verb preceded by 'to', e.g. 'to read', 'to play',
'to work'. In Afrikaans such infinitives are expressed by the verbal
stem, which is identical to the present tense, e.g. **lees**, **speel**, **werk**.

The present tense of verbs

The full conjugation of the present tense of a verb is as follows:

Ek werk.	I work.	**Ons werk.**	We work.
Jy/u werk.	You work.	**Julle werk.**	You work.
U werk.	You work.	**U werk.**	You work.
Hy/sy/dit werk.	He/she/it works.	**Hulle werk.**	They work.

A form like **Ek werk** renders 'I work', 'I am working' and 'I do work', and **Hy werk** renders 'He works', 'He is working', 'He does work', etc.

There are only two verbs in Afrikaans that have an infinitive that differs from the form used for the present tense: **hê** 'to have', which is conjugated in the present tense as follows: **ek het, jy het, hy het**, etc. The other verb is **wees** 'to be', which is conjugated as follows: **ek is, jy is, hy is**, etc. In natural speech the finite verbs **het** and **is** are commonly fused to the pronoun, as happens in English too, e.g. **Hy's gelukkig** 'He's lucky', **Sy't tien kinders** 'She has ten children'. **Dit + is** may even be written **dis**.

Asking questions

You ask a question in Afrikaans by merely inverting the subject and the verb:

Woon jy in Bloemfontein?	Do you live in Bloemfontein?
Gaan sy vandag strand toe?	Is she going to the beach today?

In addition, questions can be formed from interrogatives, after which the subject and verb are inverted, e.g.

Wat is jou naam/van?	What is your name/surname?
In watter gebou werk hy?	What building does he work in?

Here are some typical interrogatives or question words:

hoe	how	**wat**	what
hoekom	how come, why	**watter**	which, what
hoeveel	how much/many	**wanneer**	when
waar	where	**waarom**	why
waarvandaan	where ... from	**wie**	who
waarheen	where (... to)	**wie se**	whose
waarnatoe	where (... to)		

The standard language requires that **waar** replace **wat** when a preposition is involved and that the preposition be joined to it, e.g.

Waarvan praat jy nou?   What are you talking about now?
                                (= about what = lit. 'whereabout')

Waarop sit hulle?   What are they sitting on?
                                (= on what = lit. 'whereon')

It is highly colloquial to render such constructions literally, i.e. by using **wat** in combination with a preposition, e.g.

Wat praat jy nou van? or **Van wat praat jy nou?**
Wat sit hulle op? or **Op wat sit hulle?**

Exercise 1

What are the questions to the following answers? Use the appropriate question word in the list on p. 23.

1 Die president woon in Pretoria.
2 Hy kom volgende week terug.
3 Ek leer Afrikaans omdat ek in die Vrystaat woon.
4 My broer gaan Kaapstad toe.
5 Hulle het R300 000 vir hulle huis betaal.

Dialogue 3 🔲

'n Egpaar praat oor wat hulle vanaand gaan doen

MA: Anton, wat wil jy vanaand doen?
PA: Niks nie. Ek is gedaan. Ek wil net by die huis bly.
MA: Ag nee, man, ons kan dit nie doen nie. Dis Jannie se verjaarsdag. Ons moet iets doen, en ek wil ook iets doen, maar wat?
PA: Jy mag doen wat jy wil, maar ek gaan doen wat ek wil – ek kan nie en wil nie vanaand uitgaan nie.

A married couple are talking about what they are going to do this evening

MUM: *Anton, what do you want to do tonight?*
DAD: *Nothing. I've had it. I simply want to stay at home.*
MUM: *Oh no, we can't do that. It's Jannie's birthday. We have to do something, and I want to do something too, but what?*

DAD: *You can do whatever you want, but I'm going to do what I want to – I can't and don't want to go out tonight.*

Language points

Modal verbs

The modal verbs **kan** 'to be able'/'can', **mag** 'to be allowed to'/'may', **moet** 'to have to'/'must' and **wil** 'to want to' are all auxiliary verbs, i.e. they are used in combination with other verbs. The second verb always stands at the end of the clause, e.g.

Jy moet my onmiddellik help.
You must (= have to) help me immediately.

Ek kan jou nie op die oomblik help nie.
I can't help you at the moment.

In the next example, which consists of two clauses, the additional verb in each clause stands at the end of its clause:

Die kinders wil rugby kyk, maar hulle mag nie kyk nie.
The children want to watch rugby but they are not allowed to watch.

Dialogue 4

'n Moeder praat met haar dogter oor haar dag op skool

MA: Liefie, wat het jy vandag op skool gedoen?
DOGTER: Ek het tennis gespeel.
MA: Is dit? Het jy niks geleer nie?
DOGTER: Ons het vanoggend klas gehad maar vanmiddag het ons net sport gespeel.
MA: Was dit nie te warm om tennis te speel nie?
DOGTER: Dit was, maar ek het na die wedstryd na die swembad in die stad gegaan.
MA: Het jy, en hoe kon jy dit bekostig? Ek het jou nog nie vandeesweek se sakgeld gegee nie.
DOGTER: Ek moes eenvoudig gaan swem want dit was so warm. 'n Vriendin het vir my betaal. Sy wou ook soontoe gaan en sy mag nie alleengaan nie.
MA: Jy's gelukkig.

A mother talks to her daughter about her day at school

MOTHER:	*Darling, what did you do at school today?*
DAUGHTER:	*I played tennis.*
MOTHER:	*Did you? Didn't you learn anything?*
DAUGHTER:	*This morning we had classes but this afternoon we only played sport.*
MOTHER:	*Wasn't it too hot to play tennis?*
DAUGHTER:	*It was, but after the match I went to the swimming pool in town.*
MOTHER:	*Did you, and how could you afford it? I haven't given you this week's pocket money yet.*
DAUGHTER:	*I simply had to go swimming as it was so hot. A girl friend paid for me. She also wanted to go and she is not allowed to go alone.*
MOTHER:	*You're lucky.*

Language points

Expressing things in the past

Afrikaans has only one past tense form, i.e. **Ek het gewerk**. With very few exceptions there are no irregular verbs in Afrikaans. All verbs form their past tense by simply adding the prefix **ge-** to the stem of the verb that is used to form the present tense and this is used together with the auxiliary verb **het**, e.g. **Hy gaan** 'He goes/is going' – **Hy het gegaan** 'He went/has gone/had gone', **Ek lees** 'I read/am reading' – **Ek het gelees** 'I read/have read/had read', etc.

Because these past tense forms all consist of two parts, i.e. the auxiliary verb **het** and a past participle formed from **ge-** + verbal stem, only the former can stand next to the subject, while the past participle is sent to the end of the clause, e.g.

Sy het gister dorp toe gegaan.
She went to town yesterday.

In the next example, which consists of two clauses, the two past participles stand at the end of their respective clauses:

Die kinders het televisie gekyk en die ouers het kaart gespeel.
The children watched TV and the parents played cards.

Verbs starting with the inseparable prefixes **be-**, **er-**, **ge-**, **her-**, **ont-** and **ver-** do not add the prefix **ge-** to form their past participle and thus the past participle is identical to the stem of the verb but its use together with **het** indicates the past tense, e.g.

Hy het die vraag herhaal.
He repeated the question.

Ek het hom 'n keer in Durban ontmoet.
I once met him in Durban.

Verbs ending in the stressed ending **-eer** may dispense with the **ge-** prefix in the past, but it is generally speaking more usual to apply it, e.g.

Hy het op Maties (ge)studeer.
He studied at the University of Stellenbosch. (**Maties** is a nickname.)

Ek het nie eers (ge)probeer nie.
I did not even try.

Het can be used on its own with the past participle dependent on it being understood, just as in English, e.g.

A: Die Van der Merwes het 'n nuwe motor gekoop. B: Het hulle?
A: The Van der Merwes have bought a new car. B: Have they?

Hy het Kaap toe gegaan, maar ek het nie.
He went to Cape Town but I didn't.

Exercise 2

Translate the following sentences and then put them into the past tense.

1 Sy praat te veel.
2 Die buitelanders leer Afrikaans.
3 Die twee gesels met mekaar.
4 Ek eet 'n appel.
5 Ons woon op Springfontein.*
6 Die onderwyser verduidelik die probleem.
7 Waarom lees jy dit?
8 Ek probeer nog 'n keer.
9 Die eiland word 'n toeriste-aantreklikheid.
10 Hy skiet 'n bokkie.

* **Op** is used instead of **in** with smaller places, e.g. **in Johannesburg, in Kaapstad,** but **op Stellenbosch, op Worcester.**

Past tense of the irregular verbs hê 'to have' and wees 'to be' and of modal verbs

There are only two groups of verbs that diverge from the above in forming their past tense:

1 **hê** 'to have' and **wees** 'to be'
2 the modal verbs **kan** 'to be able', **moet** 'to have to' and **wil** 'to want to'.

The verb **sal** 'will' has a past tense form **sou** 'should' (see p. 172).

The verbs hê and wees

hê to have

This verb is unique in Afrikaans in that the finite form in the present tense, **het**, differs from the infinitive, **hê**, and it also has an irregular past participle, **gehad**, e.g.

Die land het jare lank 'n blanke regering gehad.
The country had a white government for years.

wees to be

This verb, along with the modal verbs, has retained its simple past or imperfect, **was**, e.g.

My vrou het werk toe gegaan, maar ek was te siek en ek het by die huis gebly.
My wife went to work but I was too sick and I stayed at home.

Although it is in fact superfluous, it is very common to use **was** and **gewees** together to express the past tense of this verb, e.g. **Ek was siek gewees** 'I was sick'.

Modal verbs

The simple past or imperfect of the modal verbs **kan** 'to be able to', **moet** 'to have to' and **wil** 'to want to' has been preserved and is used to express the past of these verbs – they do not have a past participle: **kon** 'could', **moes** 'had to' and **wou** 'wanted to', e.g.

Hy kon my nie sien nie.
He couldn't see me.

Ek moes hom huis toe vat.
I had to take him home.

Hulle wou gister vleis braai.
They wanted to have a barbecue yesterday.

There is more to the past tense of modal verbs than explained here, but this will suffice for the time being. We will return to them later in the book (see pp. 81 and 172).

Exercise 3

Put the following sentences into the past tense.

1 Sy wil saamgaan.
2 Die kinders moet Afrikaans leer.
3 Hulle het twee kinders.
4 Die motor is splinternuut.

5 Hy is in Namibië.
6 Ek moet 'n appel eet.
7 Ek probeer nog 'n keer.
8 Ons is by die huis.

Exercise 4

Put the following sentences back into the present tense.

1 Die bokkies het al die gras gevreet.
2 Hoekom moes hy dit doen?
3 Dié hondjie het kleintjies gehad.
4 Hy kon nie sy rekenaar verkoop nie.
5 Hy het die hele dag in die bed gelê.
6 Ons wou hom nie nooi nie.
7 Op die ou end het hy huis toe gekom.
8 Sy het in Pole gewoon.

Dialogue 5 🔲

Annetjie praat met haar man oor haar snaakse ou oom

ERNST: Wat doen jy?
ANNETJIE: Ek skryf 'n brief.
ERNST: Aan wie?
ANNETJIE: Aan Oom Paul.
ERNST: Hy het jarelank nie 'n foon gehad nie. Het hy nog nooit een gehad nie?

ANNETJIE:	Nee, hy het nou al langer as 'n jaar 'n foon maar hy het skielik doof geword en kan hom nie meer gebruik nie.
ERNST:	Hoe lank woon hy al in daardie ou huis?
ANNETJIE:	Hy woon al langer as dertig jaar daar, dink ek.
ERNST:	Kan jy dit glo? Hy het al die tyd sonder 'n telefoon gelewe en toe koop hy een net toe hy doof word. Wat 'n snaakse ou man!
ANNETJIE:	Moenie lelik oor my lieflingsoom praat nie.

Annetjie talks to her husband about her funny old uncle

ERNST:	*What are you doing?*
ANNETJIE:	*I'm writing a letter.*
ERNST:	*Who to?*
ANNETJIE:	*To Uncle Paul.*
ERNST:	*He didn't have a phone for years. Has he never had one?*
ANNETJIE:	*No, he has had a phone now for more than a year but he suddenly went deaf and can't use it any more.*
ERNST:	*How long has he been living in that old house?*
ANNETJIE:	*He's been living there for more than thirty years, I think.*
ERNST:	*Can you believe it? He lived without a phone for all that time and then he bought a phone just as he went deaf. What a funny old man!*
ANNETJIE:	*Don't say nasty things about my favourite uncle.*

Language points

How to express actions that started in the past and are still continuing

There is one instance in which an English perfect is not rendered by a past tense in Afrikaans. When an action which started in the past continues through to the present, Afrikaans must use the present tense to indicate that the action of the verb is ongoing, e.g.

Sy was in 'n ernstige verkeersongeluk. Sedertdien is sy in 'n rolstoel.

She was in a serious traffic accident. Since then she has been in a wheelchair.

In the following examples, which all illustrate this very common Afrikaans construction, the 'for' indicating the duration of time is rendered by the adverb **al**, e.g.

Hulle woon al jare op daardie dorp.
They have been living in that town for years.

Die kinders kyk al die hele aand televisie.
The children have been watching TV all evening.

Ek leer al agttien maande lank Afrikaans.
I have been learning Afrikaans for eighteen months.

See p. 125 on how to express 'for' in other expressions of time.

Historic present

Despite the above explanation of how to express the past tense in Afrikaans, it is in fact much more common to use the present tense to relate events that occurred in the past. This form of narrative is called the historic present. It occurs in spoken English too, but is seldom written, unlike in Afrikaans, e.g. 'We got into the tram. It takes off and we're sitting there minding our own business and this chap comes up to us. ...' This is exactly the way a series of events in the past is related in Afrikaans; the first verb or two may be put into the past, which sets the time of the action; the word **toe** 'then' (see p. 65) is very frequently also inserted as a constant reminder that although the verbs are in the present tense, the action took place in the past, e.g.

Ek was haastig en het te vinnig gery en ek beland toe in 'n sloot duskant Houtbaai. Toe kom die polisie en en trek my kar uit die sloot.
I was in a hurry and was speeding and ended up in a ditch this side of Hout Bay. Then the police came and pulled my car out of the ditch.

Note that both **dan** and **toe** mean 'then' but the latter is only used when the action of the verb is in the past; a past tense form of the verb is unnecessary but possible when **toe** is used.

Word order in simple sentences

One aspect of Afrikaans that differs quite drastically from English is word order. You have already been introduced to a couple of word order rules relating to the position of verbs. Here's a summary of those rules before you are introduced to some new ones.

1 The finite verb (i.e. the one that stands next to the subject of the clause) is always the second idea in a statement, e.g.

        1   2

Die Afrikaanse Taalmonument staan op een van die koppe naby die Paarl.

The Afrikaans Language Monument is on one of the hills near Paarl.

Afrikaanse Taalmonument

2 In a question the subject and verb are inverted, e.g.

Waar staan die Taalmonument? Staan dit in die Paarl? (read/ pronounce as **pêrel**)

Where is the Language Monument? Is it in Paarl?

3 When there are more than two verbs in a clause – which means that the second verb must be either a past participle (i.e. in the past tense) or an infinitive (i.e. after a modal verb or **sal/gaan** in the future tense) – the second verb is placed at the end of the clause, e.g.

    1   2   Final

Die ANC het in 1994 aan die bewind gekom.

The ANC came to power in 1994.

1	2	Final

Die Nasionale Krugerwildtuin gaan sy huidige naam behou.
The Kruger National Park is going to retain its current name.

Here are two new rules of word order:
1 If a sentence starts with any other expression, usually an adverb, inversion of subject and verb takes place to ensure that the finite verb stays in second position (i.e. that it is the second idea in the clause), e.g.

1	2		1	2

Môre gaan hulle Suidkus toe. (< Hulle gaan môre Suidkus toe.)
Tomorrow they are going to the South Coast.

2 Adverbial expressions of time, manner and place must occur in that order in a clause (the TMP rule); you need to be careful here because English employs the reverse order, e.g.

T	M	P

Hulle gaan elke dag met die bus skool toe.
They go to school by bus every day. (Note the order: PMT.)

There are several more important rules of word order to come. You will be introduced to them gradually.

Exercise 5

Rewrite the following sentences starting with the underlined expressions and making any necessary changes to the word order.

1 Die ANC het <u>in 1994</u> aan die bewind gekom.
2 Hulle gaan <u>elke dag</u> met die bus skool toe.
3 Ons gaan <u>môre</u> wildtuin toe.
4 Hy kom <u>volgende week</u> van Zimbabwe terug.
5 Die Van Rensburgs gaan <u>elke somer</u> Kaap toe.
6 Hy het vroeër <u>op die hoek van hierdie twee strate</u> gewoon.
7 Hy neem die trein <u>een dag 'n week</u>.
8 Jy kan <u>op my</u> reken.
9 Hulle sit <u>in die tuin</u>, nie in die sitkamer nie.
10 Hy praat <u>Afrikaans</u> met sy ma.

3 Buying a ticket

In this lesson you will learn about:

- expressing future events
- putting endings on adjectives

Dialogue 1 ▶

'n Gesprek in 'n reisagentskap

KLIËNT: Ekskuus tog, Mevrou. Kan u my asseblief help?
REISAGENT: Natuurlik, Meneer, maar hoe?
KLIËNT: Ek wil môre na 'n kongres in Bloemfontein vlieg. Sal ek nog 'n plek kan bespreek?
REISAGENT: Ek dink dit sal nog moontlik wees, Meneer. Waar gaan u in Bloemfontein bly?
KLIËNT: Ek weet nog nie. Sal u ook 'n hotelkamer vir my kan bespreek?
REISAGENT: Hoe lank gaan u in Bloemfontein bly?
KLIËNT: Ek bly net twee dae, dus net een nag.
REISAGENT: Dit sal nie 'n probleem wees nie. Ek sal maklik 'n hotelkamer vir een persoon vir net een nag kan vind.

A conversation in a travel agency

CLIENT: *Excuse me, madam. Can you please help me?*
TRAVEL AGENT: *Of course, sir, but how?*
CLIENT: *I want to fly to a conference in Bloemfontein tomorrow. Will I still be able to book a seat?*
TRAVEL AGENT: *I think that will still be possible, sir. Where are you going to stay in Bloemfontein?*
CLIENT: *I don't know yet. Will you also be able to book a hotel room for me?*

TRAVEL AGENT: *How long are you going to stay in Bloemfontein?*
CLIENT: *I'm only staying for two days, thus only one night.*
TRAVEL AGENT: *That won't be a problem. I'll easily be able to find a hotel room for one person for one night.*

Dialogue 2 🔊

'n Man en sy vrou bespreek hulle vakansieplanne

VROU: Waarheen gaan ons hierdie somer met vakansie, Piet?
MAN: Wat van Europa? Sal ons by jou ouma in Nederland gaan kuier?
VROU: Dit sou wonderlik wees, maar kan ons dit bekostig?
MAN: Ek dink so. Ek sal môre na 'n reisagentskap gaan en vra wat dit gaan kos.
VROU: Vir hoe lank sal ons gaan?
MAN: Ons sal vir minstens 'n maand moet gaan, nè?
VROU: Ja, natuurlik, maar sal jy so lank kan vry kry?
MAN: Ja, ek is seker ek sal.

A man and his wife discuss their holiday plans

WIFE: *Where are we going to on holiday this summer, Piet?*
MAN: *What about Europe? Shall we go and visit your granny in Holland?*
WIFE: *That would be wonderful, but can we afford it?*
MAN: *I think so. I'll go to a travel agency tomorrow and ask what it is going to cost.*
WIFE: *How long will we go for?*
MAN: *We'll have to go for at least a month, won't we?*
WIFE: *Yes, of course, but will you be able to get that long off?*
MAN: *Yes, I'm sure I will.*

Language points

Expressing future events

Afrikaans expresses future action in three ways, as does English:

1 by use of the present tense, e.g. **Hy kom môre terug** 'He's returning tomorrow'.

2 by use of **gaan** 'to go', e.g. **Hy gaan dit môre doen** 'He's going to do it tomorrow'.

3 by use of **sal** 'will', e.g. **Hy sal dit later doen** 'He'll do it later'.

The two languages are more or less identical in the way they employ these three forms of the future.

Note that in expressing a sentence with a modal verb in the future using **sal** (**gaan** in lieu of **sal** is not possible with modal verbs, unlike English), **sal** takes up position next to the subject and **moet** joins the other verb at the end of the clause and stands before it, e.g.

> **Die kinders moet Afrikaans leer > Hulle sal Afrikaans moet leer.**
> The children have to learn Afrikaans > They will have to learn Afrikaans.

Exercise 1

Express the following sentences as future events using **sal**.

1 Die hemp is spierwit.
2 Ek moet 'n appel eet.
3 Ons is by die huis.
4 Hy mag nou weer werk.
5 Ek probeer nog 'n keer.
6 Sy wil saamgaan.

Exercise 2

Express the following sentences as future events using **gaan**.

1 Hy het 'n nuwe motor gekoop.
2 Ek het 'n appel geëet.
3 Ons was by die huis.
4 Hy werk nou weer.
5 Ek probeer nog 'n keer.
6 Sy bly 'n week by ons.

Dialogue 3 🔲

Twee vriendinne doen inkopies

HESTER: Anna, ek moet nuwe koppies koop. Sal jy my help kies?
ANNA: Met plesier, Hester. Wat soek jy? Grotes of kleintjies?
HESTER: Ek het groot teekoppies asook klein koffiekoppies nodig.
ANNA: Hierdie blou teekoppies is pragtig. Wat dink jy?

HESTER: Ja, ek stem saam, maar wat van hierdie pienk koppies? Hulle lyk 'n bietjie soos die ou, stukkende teekoppies wat ek nou het.

ANNA: Ag, ja, dis nou pragtige koppies, dié.

Two friends go shopping

HESTER: *Anna, I have to buy new cups. Will you help me choose?*

ANNA: *With pleasure, Hester. What are you looking for? Big ones or little ones?*

HESTER: *I need big teacups as well as small coffee cups.*

ANNA: *These blue teacups are beautiful. What do you think?*

HESTER: *Yes, I agree but what about these pink cups? They look a bit like the old, broken cups that I have now.*

ANNA: *Oh, yes, they are beautiful, those are.*

Language points

Wilde diere

Gladde pad

Putting endings on adjectives

When an adjective is used before a noun, it may or may not require an **-e** ending (called inflection), e.g. **'n wilde hond** 'a wild dog' but **'n klein land** 'a small country'. Knowing when to apply the ending and when to omit it is one of the most difficult aspects of Afrikaans grammar. When adjectives are inflected they are subjected to the spelling changes explained in the introduction (see p. 7). Two sorts of adjective take an **-e** ending:

Adjectives of more than one syllable always take an ending, e.g. **belangrik – belangrike** 'important', **dankbaar – dankbare** 'grateful', **gemeen – gemene** 'common'.

Adjectives of one syllable ending in **d**, **f**, **g** and **s** (learn **d**og **f**ees as a mnemonic) normally take an ending, but if they end in any other sound they don't, e.g. **glad – gladde** 'smooth', **breed – breë** 'wide', **goed – goeie** 'good'; **dof – dowwe** 'dull', **doof – dowe** 'deaf', **half – halwe** 'half'; **droog – droë** 'dry', **laag – lae** 'low', **eg – egte** 'real', **vlug – vlugge** 'quick', **streng – strenge** 'strict'; **bewus – bewuste** 'conscious', **snaaks – snaakse** 'funny', but **grys – grys** 'grey' and **vars – vars** 'fresh'.

The rules for inflecting adjectives as given here have been greatly simplified – there are many exceptions. The situation with regard to adjectives ending in **-s** is particularly difficult, as the few examples above illustrate.

Exercise 3

Decide on the basis of the rules given above whether the following adjectives require an **-e** ending, and if so, make the necessary changes to the spelling:

1 'n regverdig . . . oordeel
2 jou laas . . . kans
3 'n Japannees . . . motor
4 die Suid-Afrikaans . . . vlag
5 vars . . . vrugte
6 die reg . . . antwoord
7 'n vinnig . . . motor
8 'n lig . . . poeding
9 'n gaaf . . . kêrel
10 'n snaaks . . . grap
11 die juis . . . getal
12 'n styf . . . been
13 'n vas . . . belofte
14 'n hoog . . . boom
15 'n vaag . . . idee
16 'n wonderlik . . . belewenis
17 'n goud . . . oorlosie
18 'n leeg . . . lêer
19 'n goed . . . onderwyser
20 'n half . . . brood

Culture point

Very generally speaking, you can say that the cities of South Africa are English-speaking but the countryside is Afrikaans-speaking. The language developed gradually from seventeenth-century Dutch in the mouths of a racially mixed society. Today not only are sixty per cent of the country's whites Afrikaans-speaking (i.e. about two and a half million Afrikaners), but so are the majority of the country's three million coloureds.

Adjectives that do not inflect

The following three categories of adjective do not normally inflect.

1 Monosyllabic adjectives ending in **k, p, t, m, n, l** and **r** do not inflect, e.g. **sterk** 'strong', **ryp** 'ripe', **groot** 'big', **dom** 'stupid', **groen** 'green', **koel** 'cool', **swaar** 'heavy'. But **elk** 'each'/'every' always takes an **-e**.

2 Adjectives ending in a vowel or diphthong, e.g. **blou** 'blue', **mooi** 'pretty', **rooi** 'red', do not inflect.

3 There are a few adjectives which, although they do not appear to take **-e**, change in form when used before a noun because they were inflected historically, e.g. **jonk – jong** 'young', **lank – lang** 'long', 'tall', **oud – ou** 'old'.

The adjective **nuut** 'new' becomes **nuwe** 'new' before a noun, e.g. **die nuwe regering** 'the new government'.

Exercise 4

Decide whether the following adjectives require an **-e** ending, and if so, make the necessary changes to the spelling.

1 elk ... kind
2 blou ... water
3 'n baie sterk ... man
4 'n rooi ... vlag
5 'n ryp ... perske
6 'n stout ... kleuter
7 'n dom ... mens
8 'n dood ... voël
9 'n duur ... huis
10 'n koel ... plek
11 die Groot ... Trek
12 'n oud ... vrou
13 jonk ... mense
14 'n geel ... blaar
15 'n nuut ... motor
16 'n lank ... man

Exercise 5

Rewrite the noun and the adjective in the following sentences putting the adjective in front of the noun and inflecting it where necessary.

Example: Die tafel is baie laag.
Die baie lae tafel.

1 Die visserman was baie jonk.
2 Die dorp is verskriklik oud.
3 Jou seun is baie lank.
4 Dié rolprent is wonderlik.
5 Die foto is goed.
6 Die donkie is dood.
7 Die rivier is breed.
8 Hierdie boom is baie hoog.
9 Al die voetslaners is moeg.
10 Die vraag was baie vaag.
11 My vingernaels is baie bros.
12 Hierdie yskas is belaglik klein.

4 Numbers and money

In this lesson you will learn about:

- numerals
- South African money
- ordinal numerals
- seasons
- days of the week and months of the year
- dates
- public holidays
- how to express age
- telephoning
- telling the time
- separable verbs
- inseparable verbs

Dialogue 1

'n Moeder en haar kind praat oor ouderdom

MOEDER: Jannie, weet jy hoe oud jy is?
KIND: Ja, ek is vyf.
MOEDER: Nee, jy is al ses.
KIND: Hoe oud is jy, Mamma?
MOEDER: Ek is vier-en-dertig.
KIND: En Pappa?
MOEDER: Hy is agt jaar ouer. Hy is twee-en-veertig.

A mother and her child are talking about age

MOTHER: *Jannie, do you know how old you are?*
CHILD: *Yes, I'm five.*

MOTHER: *No, you're six already.*
CHILD: *How old are you, Mummy?*
MOTHER: *I'm thirty-four.*
CHILD: *And Daddy?*
MOTHER: *He's eight years older. He's forty-two.*

Language points

Cardinal numerals (hooftelwoorde)

0	nul	10	tien
1	een	11	elf
2	twee	12	twaalf
3	drie	13	dertien
4	vier	14	veertien
5	vyf	15	vyftien
6	ses	16	sestien
7	sewe	17	sewentien
8	agt	18	agttien
9	nege	19	negentien
20	twintig	70	sewentig
30	dertig	80	tagtig
40	veertig	90	negentig
50	vyftig	100	honderd
60	sestig	1000	duisend

21	een-en-twintig	31	een-en-dertig
22	twee-en-twintig	32	twee-en-dertig
23	drie-en-twintig	33	drie-en-dertig
24	vier-en-twintig, etc.	34	vier-en-dertig, etc.

100 ('n) honderd or eenhonderd
101 ('n) honderd-en-een or honderd-en-een/eenhonderd-en-een*
102 ('n) honderd-en-twee or eenhonderd-en-twee
103 ('n) honderd-en-drie or eenhonderd-en-drie

'A billion' is officially 'n miljard, but you will also hear 'n biljoen.

* The distinction between these forms is identical to that in English between 'a hundred (and one)' and 'one hundred (and one)', etc.

Exercise 1

Give the following numbers in numerals.

1 vyf-en-sestig
2 nege-en-veertig
3 twee-en-negentig
4 een-en-veertig

5 drie-en-tagtig
6 vyf-en-vyftig
7 agt-en-sewentig
8 sewe-en-dertig

Dialogue 2

'n Amerikaanse toeris wil geld in die bank wissel

TOERIS: Kan ek asseblief 'n paar Amerikaanse dollar wissel?
TELLER: Ja natuurlik, Meneer, hoeveel?
TOERIS: 'n Honderd dollar sal genoeg wees, dankie.
TELLER: Sekerlik, Meneer.
TOERIS: Wat is die wisselkoers vandag?
TELLER: Ek weet nie presies nie. Ek sal gou vasstel.

An American tourist wants to change money at the bank

TOURIST: *Can I change some American dollars, please?*
TELLER: *Yes of course, sir, how many?*
TOURIST: *A hundred dollars will be enough, thanks.*
TELLER: *No problem, sir.*
TOURIST: *What is the exchange rate today?*
TELLER: *I don't know exactly. I'll just check.*

Dialogue 3

Nog 'n buitelander gaan bank toe

TOERIS: Kan ek hier 'n reisigerstjek wissel, asseblief?
TELLER: Ja, Meneer, kan ek asseblief u paspoort kry?
TOERIS: Nee, ongelukkig nie. Ek het dit nie op die oomblik by my nie.
TELLER: U rybewys miskien, Meneer?
TOERIS: Ja, hier is dit. (*Hands it over.*)
TELLER: Baie dankie. (*Pointing to the cheque.*) Sal u asseblief hier teken?
TOERIS: Ja, natuurlik. Waar moet ek teken? Hier so?

TELLER: Dis reg, ja. (*once it's signed*) Goed. U kry sewehonderd vyf-en-tagtig rand drie-en-dertig sent.

Another foreigner goes to the bank

TOURIST: *Can I cash a traveller's cheque here, please?*
TELLER: *Yes, sir, can I have your passport?*
TOURIST: *No, unfortunately not. I haven't got it on me at the moment.*
TELLER: *Your driver's licence perhaps, sir?*
TOURIST: *Yes, here it is.*
TELLER: *Thank you. Would you please sign here?*
TOURIST: *Yes, of course. Where do I have to sign? Here?*
TELLER: *Yes, that's right. Fine. You get seven hundred and eighty-five rands and thirty-three cents.*

Language points

South African money

The South African monetary unit is **die rand**, 'the rand': **een rand = 100 sent**. The coins (**die munte**) are: **een sent, twee sent, vyf sent, tien sent, twintig sent, vyftig sent, een rand, twee rand, vyf rand**. The notes come in denominations of **tien, twintig, vyftig, 'n honderd** and **tweehonderd rand**. Note **'n tienrandnoot** 'a ten rand note', **'n twintigsentstuk** 'a twenty cent coin'.

The symbol used for a rand is **R**. The words **sent** and **rand**, as well as the names of all other currencies, are not pluralised when they are used in prices, e.g. **Dié wors kos 25 rand 'n kilo** 'This sausage costs R25 a kilo', **Gee vir my twintig sent asseblief** 'Please give me twenty cents'.

With money a comma is used instead of a decimal point, e.g. R15,60 (**vyftien rand sestig**).

Note how possessive **se**, the equivalent of English apostrophe s (see p. 17), can be used with currency to render '...'s worth of': **veertien rand vyftig se vleis** 'fourteen rand fifty's worth of meat'.

Dialogue 4

Anton praat met Sarie oor Kaapstad en Tafelberg

ANTON: Dit is my vyfde besoek aan Kaapstad.
SARIE: Dis al my negende of tiende – ek weet eintlik nie meer presies hoe dikwels ek hier was nie. Maar ek sal my eerste besoek nooit vergeet nie. Dit het 'n groot indruk op my gemaak.
ANTON: Die eerste keer dat ek gekom het, het ek Tafelberg glad nie gesien nie. Dit het die hele tyd in die wolke en mis gestaan.
SARIE: Jy was ongelukkig.
ANTON: Ja, maar die tweede keer was dit stralende sonskyn soos vandag.

Anton is talking to Sarie about Cape Town and Table Mountain

ANTON: *This is my fifth visit to Cape Town.*
SARIE: *This is already my ninth or tenth – actually I don't know any more exactly how often I have been here. But I will never forget my first visit. It made a great impression on me.*
ANTON: *The first time I came I didn't see Table Mountain at all. It was standing in the clouds and fog the whole time.*
SARIE: *You were unlucky.*
ANTON: *Yes, but the second time it was radiant sunshine like today.*

Language points

Ordinal numerals

Ordinal numerals are 'first', 'second', 'third', 'fourth', etc. Apart from 'first', 'third' and 'eighth' the ordinal numerals up to 'nineteenth' are simply the cardinal numerals (the numbers you have already learnt) with **-de** added to them:

eerste	**tweede**	**derde**	**vierde**	**vyfde**
sesde	**sewende**	**ag(t)ste**	**negende**	**tiende**
elfde	**twaalfde**	**dertiende**	**veertiende**	**vyftiende**
sestiende	**sewentiende**	**ag(t)tiende**	**negentiende**	

Note the three irregularities **eerste**, **derde** and **ag(t)ste**. **Neëntiende** exists alongside **negentiende**. Also note the inclusion of **n** before the **-de** ending in **sewende** and **negende**.

From 'twentieth' to 'hundredth' **-ste** is added to all numerals:

twintigste	20th	**een-en-twintigste**	21st
twee-en-twintigste	22nd	**drie-en-twintigste**	23rd
vier-en-twintigste	24th	**dertigste**	30th
veertigste	40th	**vyftigste**	50th
sestigste	60th	**sewentigste**	70th
tagtigste	80th	**negentigste**	90th
honderdste	100th	**honderd-en-eerste**	101st
honderd-en-tiende	110th		

The Afrikaans equivalents of the abbreviations 'st', 'nd', 'rd' and 'th' are **1ste**, **2de**, **3de**, **4de**, **8ste**, **20ste**, **21ste**, **100ste**, etc. according to the ending on the ordinals above, or simply **-e** for all, e.g. **die 18e eeu** 'the eighteenth century'.

Days of the week and months of the year

The Afrikaans words for the days of the week are: **Maandag**, **Dinsdag**, **Woensdag**, **Donderdag**, **Vrydag**, **Saterdag**, **Sondag**.

The months are: **Januarie**, **Februarie**, **Maart**, **April**, **Mei**, **Junie**, **Julie**, **Augustus**, **September**, **Oktober**, **November**, **Desember**.

Dialogue 5 ▭

'n Kind vra haar ma uit oor haar verjaarsdag

KIND: Mamma, hoe lank moet ek nog wag vir my verjaarsdag?
MOEDER: Jou verjaarsdag is op die vyf-en-twintigste.
KIND: Watter dag is dit vandag?
MOEDER: Vandag is die negentiende. Jy moet nog tot volgende Saterdag wag.

KIND: Dis te lank om te wag.
MOEDER: Nee, wat! Dis net ses dae.
KIND: Ek wens vandag was al die vier-en-twintigste en dan sou ek môre verjaar.

A child quizzes her mother about her birthday

CHILD: *Mummy, how long do I still have to wait for my birthday?*
MOTHER: *Your birthday is on the twenty-fifth.*
CHILD: *What's the date today?*
MOTHER: *Today is the nineteenth. You still have to wait till next Saturday.*
CHILD: *That's too long to wait.*
MOTHER: *No, it isn't! That is just six days.*
CHILD: *I wish today was already the twenty-fourth and then it would be my birthday tomorrow.*

Language points

Dates

Watter dag is dit vandag?	What's the date today?
Die hoeveelste is dit vandag?	What's the date today?
Wat is die datum vandag?	What's the date today?
Wat is vandag se datum?	What's the date today?
Watter dag/die hoeveelste het jy gekom?	What day did you come?
(op) die sewentiende Oktober	(on) 17 October
(op) sewentien Oktober	
(op) die sewentiende	(on) the seventeenth

You write **21 Maart 1999** but say **die een-en-twintigste Maart negentien nege-en-negentig,** i.e. no abbreviation of the ordinal is used in writing and it is usual, as it is in English, to omit the word **honderd** from years. You will also hear **een-en-twintig Maart**.

Public holidays – Openbare vakansiedae

1 Januarie	**Nuwejaarsdag**	New Year's Day
21 Maart	**Menseregtedag**	Human Rights Day
	Pase	Easter
	Goeie Vrydag	Good Friday

8 April	Gesinsdag	Family Day
27 April	**Vryheidsdag**	Freedom Day
1 Mei	**Werkersdag**	Workers' Day
16 Junie	**Jeugdag**	Youth Day
9 Augustus	**Nasionale Vrouedag**	National Women's Day
24 September	**Erfenisdag**	Heritage Day
16 Desember	**Versoeningsdag**	Day of Reconciliation
25 Desember	**Kersdag**	Christmas Day
26 Desember	**Welwillendheidsdag**	Day of Goodwill

STERRE

Deur William Smith

RAM 21 Maart–21 April
Jy moet nou ekstra voorsorg tref. Maak seker dat jy genoeg slaap en gesonde eetgewoontes volg. Moenie aan aktiwiteite deelneem wat jou aan gevaar kan blootstel nie. Werk hard, maar sorg ook dat jy genoeg ontspanning geniet.

BUL 21 April–21 Mei
Jy is nogal bitter omegekrap oor iets wat iemand gedoen het, en dit sal jou entoesiasme vir 'n wyle demp. Jy sal maar moet probeer vergeet daarvan, want dit sal regtig nie help om oor gedane sake te tob nie. Konsentreer op iets anders.

TWEELING 21 Mei–22 Junie
Jy kan soms geneig wees om van mense te probeer onslae raak eerder as om na hul stories en probleme te luister. Die nadeel hiervan is dat jy invloedryke mense teen jou kan laat draai. Jy sal meer toeganklik moet wees.

KREEF 22 Junie–23 Julie
Verandering en gevaar is op die oomblik vervleg in jou lewe, maar jy moenie toelaat dat dit jou onderkry nie. Al wat jy moet doen is om baie versigtig te wees en nie sommer 'n onverantwwrdelike besluit te neem nie. Wees wakker.

LEEU 23 Julie–24 Augustus
Dit is 'n tyd om jou fantasieë te konfronteer. Om na onmoontlike dinge te hunker, verhinder jou om na die meer realistiese te streef. Probeer om eerlik met jouself te wees ten opsigte van jou vooruitsigte en glo in jouself.

MAAGD 24 Augustus–23 September
Jou naïwiteit betreffende 'n sekere vriendskap kan jou nou dalk 'n bietjie in die bek ruk; dalk in so 'n groot mate dat jy dit moeilik vind om jou vertroue in jou medemens weer te herwin. Dit sal 'n tydjie duur voordat jy beter voel.

WEEGSKAAL 23 September –23 Oktober
Dit is glad nie die aangewese tyd om oor jou persoonlike probleme te praat nie. Maak seker dat diegene wat jy in jou vertroue neem jou nie in die rug sal steek nie. Mense is geneig om jou moedswilling verkeerd te verstaan.

SKERPIOEN 23 Oktober–23 November
Jy moet oppas om nie te veel hooi op jou vurk te laai nie. Moenie toegee aan impulsiwiteit nie. Dit is nie altyd nodig om alles tegelyker tyd te probeer doen nie. Jy is ook maar net 'n mens met beperkte vermoëns. Dis normaal!

BOOGSKUTTER 23 November–22 Desember
Jy kan in diep finansiële warm water beland indien jy nie jou beursie met 'n arendsoog dophou nie. Jy moet eenvoudig nie meer bestee as wat jy kan bekostig nie. Jy moet dit ookernstig oorweeg om meer te spaar of 'n polis uit te neem.

STEENBOK 22 Desember–22 Januarie
Jy het genoeg rede om kwaad te wees, dalk omdat iemand 'n belofte aan jou verbreek het, of 'n onverwagte teleurstelling, maar dink twee keer voordat jy iemand 'n blou oog wil gee. Jy kan jou situasie net tien keer vererger.

WATERDRAER 22 Januarie–20 Februarie
By die huis gaan alles nie so voor die wind nie. Misverstande tussen jou en ander familielede kan op 'n lelike onenigheid uitloop. Jou kan woorde gesê word wat baie sal seermaak en groot skade vir die toekoms kan berokken.

VISSE 20 Februarie–21 Maart
Jy moet erkenning gee aan 'n verbode begeerte as jy dit uit jou gestel wil kry. Jy kan 'n vet fout maak as jy toelaat dat jy in hierdie stadium gaan toegee aan verlieding. Luister ook gerus na iemand wat meer lewenservaring as jy het

Exercise 2

Answer the following questions in Afrikaans with full sentence answers and writing out the figures in full.

1 Op watter dag het Goeie Vrydag in 1999 geval? (*2 April*)
2 Wanneer is Nasionale Vrouedag?
3 Wat noem ons die dag ná Kersdag?
4 Hoeveel openbare vakansiedae is daar in 'n jaar in Suid-Afrika?
5 Wat is die derde vakansiedag in April?

How to express age

Hoe oud is jy?	How old are you?
Ek is sewe-en-twintig.	I am twenty-seven.
Sy is maar drie jaar oud.	She is only three years old.
Wanneer is jy gebore?	When were you born?
Ek is (op) die 26ste Oktober negentien ses-en-sestig gebore.	I was born on 26 of October 1966.
Wanneer verjaar jy?	When is your birthday?
Wanneer is jou verjaar(s)dag?	

Verjaardagwense

Dis jou verjaardag en iemand wat so 'n ryk lewe soos jy lei . . . het tog nie geskenke van arm mense soos ek nodig nie – lekker verjaar.

'n Verjaardagraaisel: wat kry jy op jou verjaardag binne-in 'n koevert, en met geld in? 'n Verjaardagkaartjie van iemand anders – lekker verjaar.

Veels geluk en glimlag gerus. Mettertyd sal jy mal oor jou 30 jare wees. Soos oor tien jaar wanneer jy 40 word.

Dialogue 6 🔢

Meneer Strydom bel 'n versekeringsmaatskappy in Johannesburg

SKAKELBORD: Sanlam, goeie môre.

MNR STRYDOM: Goeie môre, Mevrou. Uitbreiding ses-en-vyftig, asseblief.

SKAKELBORD: Hou net aan. *('n rukkie later)* Uitbreiding ses-en-vyftig is beset. Met wie wil Meneer praat?

MNR STRYDOM: Met Mevrou Van Rooyen.

SKAKELBORD: Mevrou Van Rooyen is vandag ongelukkig nie by die werk nie. Kan ek u met iemand anders verbind?

MNR STRYDOM: Nee, dankie. Vra net vir mevrou Van Rooyen om my terug te bel.

SKAKELBORD: Ek sal, Meneer. Wat is Meneer se naam en telefoonnommer asseblief.

MNR. STRYDOM: My naam is Strydom. Ek bel van Pretoria af en my nommer is 012–256 7855.

Mr. Strydom rings an insurance company in Johannesburg

SWITCHBOARD: *Sanlam, good morning.*

MR. STRYDOM: *Good morning, madam. Extension 56, please.*

SWITCHBOARD: *Just hang on. (a little later) Extension 56 is engaged. Who do you want to speak to?*

MR. STRYDOM: *To Mrs. Van Rooyen.*

SWITCHBOARD: *Mrs. Van Rooyen is not at work today unfortunately. Can I put you through to someone else?*

MR. STRYDOM: *No, thanks. Just ask Mrs. Van Rooyen to ring me back.*

SWITCHBOARD: *I shall, sir. What is your name and telephone number, please?*

MR. STRYDOM: *My name is Strydom. I'm ringing from Pretoria and my number is 012–256 7855.*

Telephoning

laat die voetslaan aan jou vingers oor

geel bladsye

Telephone numbers are read out figure by figure as in English, i.e. **drie sewe ses agt drie nege een** '376–8391'. **Dubbel** and **trippel** are used as in English, e.g. **nul dubbel een drie dubbel sewe trippel agt nege** '011–377 8889'. The 'area code' is called the **streekskode**.

Vocabulary

telefoonhokkie	telephone box	**die gehoorstuk**	to pick up the
buite werking	out of order	**optel/oplig**	phone
munt-/kaartfoon	coin/card phone	**die (tele)foon**	to hang up
telefoonoproep	telephone call	**neersit**	
(op)bel, skakel	to ring (up)	**beset**	engaged
terugbel,	to ring back	**antwoordmasjien**	answering
terugskakel			machine
op die (tele)foon	on the phone	**dankie vir die**	thanks for
Die telefoon lui.	The phone is	**oproep, (hoor)**	ringing
	ringing.	**iemand 'n luitjie**	to give someone
sellulêre telefoon,	mobile phone	**gee**	a call
selfoon		**Hou net aan/bly**	Please hold on.
'n nommer skakel	to dial a number	**aan, asseblief.**	
die geel bladsye	the yellow pages	**net 'n oomblik**	just a moment
die gehoorstuk	receiver		

Dialogue 7 ▣

'n Tiener bel sy meisie

SEUN:	Môre, mevrou Van Schalkwyk. Dis Arno wat praat. Mag ek asseblief met Helena praat? Is sy tuis?
MA:	Môre, Arno. Ja, sy is. Bly net aan. Ek roep haar gou – Helena, dis jou kêrel. Kom gou – hier kom sy.
VRIENDIN:	Hello, Arno, hoe gaan dit?
SEUN:	Nee, ek kan nie kla nie. Luister, is jy lus om vanaand te gaan fliek?
VRIENDIN:	Dit hang af. Watter fliek wil jy gaan kyk? Ek kan nie Amerikaanse skiet-skop-en-donder-flieks verdra nie.
SEUN:	Nee, daar is 'n baie goeie nuwe Australiese fliek wat op die oomblik in Claremont wys.
VRIENDIN:	Dan is ek beslis lus. Ek is dol oor Australiese rolprente.
SEUN:	Nou maar goed. Ek kom haal jou so sewe-uur se kant.
VRIENDIN:	Doodreg. Tot dan. Tatta.
SEUN:	Sien jou.

A teenager rings his girlfriend

BOY:	*Morning, Mrs. Van Schalkwyk. It's Arno speaking. Can I please speak to Helena? Is she home?*
MOTHER:	*Morning, Arno. Yes, she is. Just hang on. I'll call her – Helena, it's your boyfriend. Come on – here she comes.*
GIRLFRIEND:	*Hello, Arno, how are things?*
BOY:	*Well, I can't complain. Listen, do you feel like going to the cinema tonight?*
GIRLFRIEND:	*It depends. What film do you want to go and see? I can't bear American action films.*
BOY:	*No, there's a very good Australian film which is showing in Claremont at the moment.*
GIRLFRIEND:	*Then I definitely feel like it. I'm mad about Australian films.*
BOY:	*Well, great. I'll come and fetch you at about seven.*
GIRLFRIEND:	*Okay. Till then. Bye.*
BOY:	*See you.*

Telling the time

You ask the time in Afrikaans as follows:

Hoe laat is dit?   What time is it?
Hoe laat kom die vliegtuig aan? What time is the plane arriving?

The time is expressed as in English, using the twelve-hour, not the twenty-four hour clock. 'Past' is expressed by **oor** and 'to' by **voor**. The only difficulty occurs when expressing half past the hour – this is expressed by **half** + the hour to come, unlike English which looks back to the hour just past.

Notes on time

1 Note that the numeral is written together with the word uur and a hyphen is used when the numeral ends in a vowel, e.g.

Dit is eenuur/twee-uur/drie-uur. It is one/two/three o'clock.

Half is also written as one word together with the numeral that follows it, e.g.

Dit is halfeen/halftwee/halfdrie. It is half past twelve/one/two.

2 On the half hour it is also possible to say 'six-thirty', etc., e.g.

Die volgende nuusbulletin is om ses dertig in Engels.
The next news broadcast is at six-thirty in English.

3 'At' with times of the day is expressed by **om**, as in the previous example, but it is very commonly omitted, e.g. as opposite.

Ek sien jou vieruur.   I'll see you at four (o'clock).

4 The word **minuut** is only used in those few cases where it is also used in English, e.g.

Dis veertien (minute) oor vyf. It is fourteen (minutes) past five.

5 The most natural way of expressing 'am' and 'pm' is as follows: **drie-uur (in) die oggend** 'at three in the morning', **drie-uur (in) die middag** 'at three in the afternoon', **agtuur (in) die aand** 'at eight in the evening', but it can also be expressed like this: **Die vliegtuig kom môreoggend tienuur aan** 'The plane is arriving at ten am' (= tomorrow morning at ten). In writing one sees **vm** and **nm**.

Dit is tienuur.

Dit is vyf oor tien.

Dit is kwart oor tien.

Dit is twintig oor tien.

Dit is vyf-en-twintig oor tien.

Dit is halfelf.

Dit is vyf-en-twintig voor elf.

Dit is twintig voor elf.

Dit is kwart voor elf.

Dit is vyf voor elf.

6 The following are examples of ways of expressing approximate time:

Hulle verwag ons agtuur se kant.	They are expecting us at eightish.
Dis agtuur presies/presies agtuur.	It is exactly eight o'clock.
(Dis) op die kop sesuur.	(It is) on the dot of six.
Dit is skuins na/oor agt.	It's just after eight.
Dis byna-byna halfagt.	It's almost half past seven.
ongeveer agtuur, omstreeks agtuur, (so) teen agtuur, agtuur se kant	at about eight o'clock

7 **My horlosie is agter/voor** expresses 'My watch is slow/fast'.

8 Note that the word **uur** renders both 'o'clock' and 'hour' and in the latter meaning does not take a plural **-s** when preceded by a numeral, e.g. **om agtuur** 'at eight o'clock', **agt uur** 'eight hours'. (Note that the same applies to the words **jaar** and **keer**, e.g. **tien jaar oud** 'ten years old', **Ek het dit al drie keer gesê** 'I've said it three times already'.)

9 'A quarter' is **kwart**, as illustrated above, but 'a quarter of an hour' is **kwartier**, e.g.

Die vertoning het 'n uur en 'n kwart geduur.
The performance lasted an hour and a quarter.

Ek het 'n driekwartier vir jou gewag.
I waited for you for three quarters of an hour.

Exercise 3

Give the answers in brackets to the following questions.

1 Hoe laat is dit? (Answer: *It is exactly three o'clock*)
2 Hoe laat vertrek die trein? (Answer: *It is leaving at half past three.*)
3 Hoe laat verwag hulle ons? (Answer: *They're expecting you at tenish.*)
4 Hoe laat begin die fliek? (Answer: *It begins at a quarter past six.*)
5 Hoe laat het jy daar aangekom? (Answer: *Just after half past one.*)

Dialogue 8 📼

Jannie se moeder probeer hom aanjaag

MOEDER: Staan nou op, Jannie! Jy moet vanmôre skool toe gaan.
JANNIE: Ek wil nog nie opstaan nie, Ma. Ek is nog moeg.
MOEDER: Jy het natuurlik gisteraand te laat opgebly. Toe, staan op! Trek aan!
         (*'n rukkie later*)
MOEDER: (*roep vanuit die kombuis*) Is jy al aangetrek, Jannie?
JANNIE: Wag 'n bietjie, Ma. Ek staan nou eers op. Ek sal nou-nou aantrek.
         (*'n rukkie later*)
MOEDER: Eindelik het jy nou aangetrek. En het jy ook al jou bed opgemaak?
JANNIE: Nee wat, ek is al klaar uitgeput van so vroeg opstaan en aantrek. Ek sal dit later doen.
MOEDER: Moenie dit uitstel nie. Jy probeer dit altyd uitstel. Doen dit nou en ruim jou kamer sommer ook op. Dit lyk verskriklik.
JANNIE: Opstaan, aantrek, bed opmaak, kamer opruim – dit maak my mal.

Jannie's mother tries to hurry him up

MOTHER: *Get up now, Jannie! You have to go to school this morning.*
JANNIE: *I don't want to get up yet, Mum. I'm still tired.*
MOTHER: *Of course you stayed up too late last night. Come on, get up! Get dressed!*
         (a little later)
MOTHER: (calls from the kitchen) *Are you dressed yet, Jannie?*
JANNIE: *Wait a moment, Mum. I'm only just getting out of bed now. I'll get dressed in a moment.*
         (a little later)
MOTHER: *You've now finally got dressed. And have you already made your bed too?*
JANNIE: *No, I'm already exhausted from getting up so early and getting dressed. I'll do it later.*
MOTHER: *Don't put it off. You always try to put it off. Do it now and just tidy your room up too. It looks terrible.*
JANNIE: *Getting up, getting dressed, making the bed, tidying the room – it drives me crazy.*

Language points

Separable verbs

The infinitives of verbs like 'to turn on' and 'to turn off' that contain a preposition, are written as one word in Afrikaans, i.e. **aanskakel**, **afskakel**. Such verbs, which contain a stressed prepositional prefix, are called separable verbs because in certain tenses the preposition separates from the verb and is placed at the end of the clause; this is the case in the present tense and the imperative, e.g. **ophang** 'to hang up':

> **Ek hang die biltong in 'n koel, droë plek op.** (present tense)
> I'm hanging the biltong up in a cool, dry place.

> **Hang die biltong in 'n koel, droë plek op.** (imperative)
> Hang the biltong up in a cool, dry place.

> **Ek gaan die biltong in 'n koel, droë plek ophang.** (future tense)
> I am going to hang the biltong up in a cool, dry place.

The past participle is formed by placing the **ge-** prefix between the preposition and the verb, e.g.

> **Ek het die biltong in 'n koel, droë plek opgehang.** (past tense)
> I('ve) hung the biltong up in a cool, dry place.

The following separable verbs occur in the above dialogue:

opstaan to get up	**opbly** to stay up
aantrek to get dressed	**opmaak** to make (a bed)
uitput to exhaust	**uitstel** to postpone, put off
opruim to tidy up	

Here are some more examples of separable verbs: **aanskaf** 'to acquire', **afrond** 'to round off', **opdrink** 'to drink up', **uitgaan** 'to go out', **toeneem** 'to increase'. Note that the new verb that results from the addition of such a prefix to an existing verb often has a figurative meaning (this is even more the case with inseparable verbs, see p. 57). For example, although **uitgee** can mean 'to give out', it also and more usually means 'to spend (money)' or even 'to publish'. Similarly **voorstel** (lit. 'to put forward') usually means 'to suggest' or 'to introduce (someone)'. It is common for verbal opposites to be formed by means of such separable prefixes, e.g. **aantrek/uittrek** 'to put on'/'take off (clothes)'. Many common verbs occur with a host of different separable prefixes, each new combination rendering a totally new word, e.g. **aankom** 'to arrive', **agterkom** 'to trace', **opkom** 'to rise (of the sun)', **omkom** 'to die', **voorkom** 'to occur'.

There are many separable verbs whose prefix is a noun or adjective/adverb, e.g. **asemhaal** 'to breathe', **doodmaak** 'to kill', **klasgee** 'to teach'.

Exercise 4

Form imperative sentences from the following couplets.

> *Example:* toemaak/die deur
> **Maak die deur toe!**

1 opstaan/onmiddellik
2 uitnooi/jou broer
3 opeet/die lemoen
4 aanneem/die aanbod
5 binnekom/asseblief
6 oopmaak/die venster
7 uitgee/die geld

Exercise 5

Put the following sentences into the past tense.

> *Example:* Ek maak die deur toe.
> **Ek het die deur toegemaak.**

1 Hy staan onmiddellik op.
2 Ek nooi jou broer uit.
3 Schalk eet die lemoen op.
4 Amanda neem die aanbod nie aan nie.
5 Hy kom nie binne nie.
6 Sy maak die venster oop.
7 Sy gee die geld uit.

Inseparable verbs

Verbs starting with the inseparable prefixes **be-**, **er-**, **ge-**, **her-**, **ont-** and **ver-** were introduced back on p. 27 where the point was made that such verbs do not add the **ge-** prefix to form their past participle, but whose past participle is the same as both the infinitive and the finite form in the present tense, e.g.

Ons ontmoet mekaar elke Vrydagmiddag in die stad. (present tense)
We meet each other in town every Friday afternoon.

Ons het mekaar elke Vrydagmiddag in die stad ontmoet. (past tense)
We met (used to meet) each other in town every Friday afternoon.

Ons gaan mekaar volgende Vrydag in die stad ontmoet. (future)
We are going to meet each other in town next Friday.

In addition to these inseparable verbs, there is a relatively large group of verbs that have a prepositional prefix (or adverbial prefix like **mis-**, **vol-** and **weer-**) that is also not stressed, which indicates that the prefix is inseparable and thus no **ge-** prefix is used in the past tense, e.g. **aanvaar** 'to accept', **agtervolg** 'to pursue', **misbruik** 'to misuse', 'abuse', **omsingel** 'to surround', **onderskat** 'to underestimate', **onderteken** 'to sign', **oorhandig** 'to hand over'.

Compare Afrikaans **ooreet** and English 'overeat' where in both languages the stress is on the root verb, not on the prefix. The infinitive form of these verbs in Afrikaans looks the same as that of separable verbs on paper, but in the present and past tenses, as well as in the imperative, they differ from separable verbs in that the prefix never separates from the verb, e.g. **onderteken** 'to sign'.

Ek onderteken nie hierdie vorm nie. (present)
I'm not signing this form.

Onderteken hierdie vorm, asseblief. (imperative)
Please sign this form.

Ek gaan die vorm nou-nou onderteken. (future tense)
I'm going to sign the form in a moment.

Ek het die vorm nou net onderteken. (past tense)
I signed the form a moment ago.

Exercise 6

Put the following sentences into the past tense.

Example: Hy aanvaar die geskenk.
             Hy het die geskenk aanvaar.

1 Hy voldoen aan die vereistes. (**voldoen** 'to satisfy')
2 Hulle misbruik sy gasvryheid. (**misbruik** 'to abuse')
3 Schalk voltooi nie sy kursus nie. (**voltooi** 'to complete')
4 Dit voorkom moeilikheid. (**voorkom** 'to prevent')
5 Hulle voorspel slegte weer. (**voorspel** 'to predict')
6 My swaer onderneem te veel. (**onderneem** 'to undertake')
7 Die polisie deursoek sy woonstel. (**deursoek** 'to search')
8 Sy ouma ondergaan 'n operasie. (**ondergaan** 'to undergo')
9 Daardie vreeslike man mishandel sy troeteldiere. (**mishandel** 'to maltreat')
10 Daardie vrou agtervolg hom. (**agtervolg** 'to pursue')

5 Making a date

In this lesson you will learn about:

- coordinate and subordinate clauses
- the three meanings of the word **toe**
- special functions of the preposition **vir**

Dialogue 1 ▣

Amanda en Ina maak 'n afspraak

AMANDA: As dit môre mooi weer is, gaan ons in die restaurant op Tafelberg ontbyt eet. Wil jy saamkom, Ina?

INA: Jy weet mos dat ek altyd graag saamgaan as julle so iets op Sondae doen. Hoe laat wil julle gaan?

AMANDA: Ons wil vroeg-vroeg opstaan sodat ons nie te lank vir die kabelkarretjie hoef te wag nie. Kom ons vertrek sê maar sewe-uur se kant. Ek weet nie of dit te vroeg vir jou is nie. Is dit reg?

INA: Nee wat, jy praat asof ek 'n ou tannie is. Voordat ek getroud was, het ek elke dag sesuur opgestaan.

AMANDA: Nou maar goed. Kom ons ontmoet mekaar dan halfagt by die sweefspoorstasie.

Amanda and Ina make a date

AMANDA: *If the weather is fine tomorrow we are going to have breakfast in the restaurant on Table Mountain. Do you want to come along, Ina?*

INA: *You know, don't you, that I always like going with you when you do something like that on Sundays. What time do you want to leave?*

AMANDA: *We want to get up very early so that we don't have to wait too long for the cable car. Let's leave at say sevenish. I don't know whether that is too early for you. Is that alright?*

INA: *Not at all, you talk as if I'm an old lady. Before I was married I got up at six o'clock every day.*

AMANDA: *Well, fine. Then let's meet each other at the cable station at 7.30.*

Language points

Coordinate and subordinate clauses

You have been seeing longer sentences of two clauses joined together by means of **en** 'and', **maar** 'but', **of** 'or' and **want** 'because' for some time now. But normally when you join two clauses in Afrikaans – each with its own subject and finite verb – you need to apply a change of word order. Only when the joining word (i.e. the conjunction) is one of the above four words, is no change in word order necessary, e.g.

Marie bly vandag tuis want daar is 'n treinstaking.
Marie is staying home today because there is a train strike.

Hy het 'n kar maar hy gaan liewers op sy fiets.
He has a car but he'd rather go on his bike.

These four joining words, which cause no change in word order, are called coordinating conjunctions. All other conjunctions, which do cause a change in word order, are called subordinating conjunctions. The finite verb in the subordinate clause is sent to the end of that clause when the clause is introduced by one of the following conjunctions:

dat	that	**asof**	as if
omdat	because	**soos**	as
na(dat)	after	**terwyl**	while
tot(dat)	until	**hoewel**	although
voor(dat)	before	**sedert**	since
sodat	so that	**tensy**	unless
as	when, if	**sodra, so gou as**	as soon as
toe	when (in the past)	**of**	whether

There are in fact quite a few more of these conjunctions, but the above are the most common. Observe the effect they have on the finite verb that follows them:

Weet jy dat hy op die oomblik in Lesotho is? (< hy is op die oomblik in Lesotho)
Do you know (that) he is in Lesotho at the moment?

Sy maak die bed op terwyl hy die skottelgoed opwas. (< hy was die skottelgoed op)
She is making the bed while he does the washing-up.

Kom huis toe sodra die fliek klaar is. (< die fliek is klaar)
Come home as soon as the film is over.

The conjunction 'that' can be omitted in Afrikaans just as it can in English and when it is omitted, the finite verb of that clause stays where it does in English, e.g.

Ek dink dat hy dit gedoen het > Ek dink hy het dit gedoen.
I think (that) he did it.

Observe what happens when the finite verb in the subordinate clause is a separable verb – the verb and the prefix join up again:

Ek weet dat hy môre terugkom (< hy kom môre terug).
I do know he is returning tomorrow.

Note what happens when you turn a clause that has a past participle or an infinitive at the end of it into a subordinate clause:

Ek het vanoggend brood gekoop.
I bought bread this morning.

Weet jy dat ek vanoggend brood gekoop het?
Do you know that I bought bread this morning?

Ek moet vanmiddag brood koop.
I must buy bread this afternoon.

Ek weet dat ek vanmiddag brood moet koop.
I know that I have to buy bread this afternoon.

When the finite verb that is being sent to the end of the clause by the conjunction is the auxiliary verb **het** (i.e. when a sentence is in the past tense), it must follow the past participle. But when the finite verb is a modal verb, it stands before the infinitive.

There are a few tricks to watch out for when using the above conjunctions. What follows may seem a bit confusing, but you'll soon get the hang of it.

You may have noticed that **of** is used as both a coordinating conjunction meaning 'or' with no change in word order, or as a subordinating conjunction meaning 'whether'/'if' with a change in word order. Context and word order always make it clear what the meaning is:

Kom jy vandag of kom jy môre?
Are you coming today or are you coming tomorrow?

Ek weet nog nie of ek môre of oormôre kom nie.
I don't yet know whether/if I'm coming tomorrow or the day after tomorrow. (This sentence contains **of** with both meanings.)

As just illustrated, when 'if' means 'whether' it is rendered by **of**, but an 'if' that does not mean 'whether' is **as**:

As dit môre reën, bly ek tuis.
If it rains tomorrow, I'm staying home.

There are several tricks associated with translating 'when' in Afrikaans. As you saw on page 23, 'when' introducing a question is **wanneer**, e.g.

Wanneer kom hy?
When is he coming?

But when 'when' occurs in a statement, it is rendered by either **as** or **wanneer**, but use of **wanneer** removes any possible ambiguity and is thus preferable, e.g.

Ek sal die brief pos as ek terugkom.
I'll post the letter when I get back. (Here logic tells you **as** does not mean 'if'.)

When 'when' refers to one single incident in the past, it is rendered by **toe**:

Ek het baie goed geëet toe ek in die wildtuin was.
I ate really well when I was in the game park.

But when the action took place on repeated occasions in the past, i.e. when 'when' means 'whenever', **wanneer** is used:

Ek het altyd baie goed geëet wanneer ek in die wildtuin was.
I have always eaten really well when(ever) I have been in the game park.

Exercise 1

Put **Hy het gesê dat** 'He said that' in front of the following sentences, thereby turning them into subordinate clauses, and make the necessary changes to the order of the verbs. (Note that if the **dat** were omitted, **hy het gesê** could be placed in front of the following clauses with no change in word order being necessary.)

Example: Sy vrou werk vir Sasol.
Hy het gesê dat sy vrou vir Sasol werk.
Hy het gesê sy vrou werk vir Sasol. (also possible)

1 Sy tannie is in Engeland gebore.
2 Piet wil vroeg huis toe kom.
3 Die leerling het nie sy huiswerk gedoen nie.
4 Die kinders moet nou opstaan.
5 Marie se ma het haar opgebel.

Exercise 2

What is the appropriate word for 'when' in the following sentences? You have a choice of **as**, **wanneer** or **toe**:

1 ... gaan jy Engeland toe?
2 ... hy tuis kom, gaan ek inkopies doen.
3 Annette het die skêr teruggegee ... sy klaar daarmee was.
4 ... Piet sy buurman op straat teëgekom het, het hy hom altyd gegroet.

Dialogue 2 ▣

Jannie wil nie stad toe gaan nie

KIND: Waarnatoe gaan jy, Ma? Gaan jy winkelsentrum toe?
MOEDER: Nee, Jannie, ek gaan stad toe. Wil jy saamkom?
KIND: Nee, ek het laas keer met jou saamgegaan en toe't jy my na al die klerewinkels toe gesleep.
MOEDER: Wat is verkeerd daarmee?
KIND: Toe ek gekla het dat jy nooit na speelgoedwinkels toe gaan nie, toe't jy gesê dat ek liewer tuis moes gebly het.
MOEDER: Jy's darem 'n moeilike kind.
KIND: Jy's darem 'n moeilike ma, bedoel jy.

Jannie does not want to go to town

CHILD: *Where are you going, Mum? Are you going to the shop-
            ping centre?*
MOTHER: *No, Jannie, I'm going to town. Do you want to come
            along?*
CHILD: *No, I went with you last time and you then dragged me
            off to all the clothing shops.*
MOTHER: *What's wrong with that?*
CHILD: *When I complained that you never go to toy shops, you
            then said that I should have stayed at home.*
MOTHER: *You're a really difficult child.*
CHILD: *You're a really difficult mother, you mean.*

Language points

The three meanings of the word toe

1 **Toe** is used for 'when' when talking about one occasion in the
past, although it is not usually necessary for the verb in the same
or subsequent clauses to be in the past as **toe** is in itself sufficient
indication that the event occurred in the past, e.g.

**Toe hy tuis kom, sien hy dat sy vrou die hele dag niks gedoen
het nie.**
When he got home he saw that his wife hadn't done anything
all day.

2 **Toe** renders the adverb 'then' with reference to something that
occurred on one occasion in the past (see p. 63). It is very common
in colloquial narrative style to use **toe** in both this and the previous
sense while leaving the verbs in the present, e.g.

Toe hy tuis kom, toe sien hy dat ...
When he got home he (then) saw that ...

3 The third meaning of **toe** has nothing to do with the previous
two. It expresses 'to' a place. It usually stands on its own after the
noun, e.g.

Die kinders is al huis/skool/kerk toe.
The children have already gone home/to school/to church.

Reading text

Note the repeated use of **toe** in both senses (**toe**[1] = the conjunction 'when' and **toe**[2] = the adverb 'then'), together with verbs in the present tense, as well as the verbs in other clauses in the past, to place the entire action in the past.

Toe[2] begin die rowers die motor vol te pak en sowat anderhalf uur later was hulle klaar met hul strooptog. Hulle was besig om Lisa in die badkamer met luidsprekerdraad vas te bind toe[1] iemand aan die deur klop. Dit was skoonmakers wat die kothuis wou regmaak vir die nag. Toe[1] een van die rowers die deur oopmaak, het die skoonmakers alarm gemaak, en twee wagte het die huis bestorm. Skote is geskiet, maar niemand is getref nie. Die rowers het toe[2] sonder die volgepakte motor gevlug, maar hulle is nogtans met die kamerasak en byna al Sakkie en Lisa se naweekklere weg. Toe[2] kom die volgende skok.

Then the thieves began to pack the car and about one and a half hours later they were finished with their raid. They were busy tying Lisa up with loudspeaker cord in the bathroom when someone knocked at the door. It was the cleaners who wanted to prepare the cottage for the night. When one of the thieves opened the door the cleaners sounded the alarm and two guards stormed the house. Shots were fired, but nobody was hit. The thieves then fled without the packed car but nevertheless they got away with the camera bag and nearly all Lisa and Sakkie's weekend clothes. Then came the next shock.

Language points

Special functions of the preposition vir

The preposition **vir** is very commonly used in Afrikaans in contexts where it cannot be equated with 'for', its literal meaning. The word has two functions other than rendering 'for':

1 In spoken, but seldom in written Afrikaans, it is common to insert **vir** before a personal direct object, whether it be a noun or a pronoun, e.g.

Hy het laasjaar vir haar op 'n partytjie ontmoet.
He met her at a party last year.

Sê vir my waar bly jy?
Tell me where you live?

2 **Vir** also commonly renders 'to' before indirect objects after verbs, e.g.

Sy skryf toe 'n brief vir haar ma. (also **aan)**
She then wrote a letter to her mother.

Ek het dit vir hom gegee. (also **aan**)
I gave it to him.

Luister vir my! (also **na**)
Listen to me.

6 Likes and dislikes

In this lesson you will learn about:

• Negating a sentence

Dialogue 1 🔲

'n Moeder wil haar kind stad toe neem, maar die kind weier om saam te gaan

MOEDER: Helena, ek gaan stad toe. Wil jy nie saamkom nie?

KIND: Nee, ek wil nie, maar ek wil ook nie by die huis bly nie.

MOEDER: Hoekom nie, my kind?

KIND: Ek weet nie. Ek weet nie wat met my aangaan nie.

MOEDER: Ag, my kind, moenie onsin praat nie. Jy klink soos 'n ou vrou en nie soos 'n kind nie. Jy lei 'n heerlike lewe.

KIND: Ek dink nie so nie.

MOEDER: Jy is bederf, dis jou probleem. Kom my kind, ek gaan jou nie alleen hier los nie. Jy moet saamkom.

KIND: Nee, ek gaan nie en Ma kan my ook nie dwing nie.

MOEDER: Ek kan en ek gaan. Hou op met hierdie nonsies.

From here on translations of the dialogues will no longer be given. Refer to the Afrikaans-English glossary if they contain words that are new to you.

Language points

Negating a sentence

The word for 'not' is **nie**, and it is normally used in combination with a second **nie**, which reinforces the first and which is placed at the end of the sentence, e.g.

Ek ken nie daardie man nie.
I don't know that man.

The following negative particles are also used in combination with a **nie** placed at the end of the sentence – for the sake of simplicity we'll call this the second **nie**: **geen/g'n** 'no', 'not a'/'any', **geeneen** 'not one', **nêrens** 'nowhere', **niemand** 'no-one', 'nobody', **niks** 'nothing', **nooit** 'never', e.g.

Niemand het 'n woord gesê nie.
No one said a word.

Daar het nog niks gebeur nie.
Nothing has happened yet.

If a sentence consists of only a subject and a verb, the second **nie** is not required, but with other negatives the second **nie** is optional in such cases as they end up standing next to each other, e.g.

Ek weet nie.
I don't know.

Hy bid nooit (nie).
He never prays.

Hy weet niks (nie).
He knows nothing.

Only one **nie** is required if a sentence consists of only a subject, one verb and a pronominal object, e.g.

Weet jy dit nie?
Don't you know that?

Ek ken hom nie.
I don't know him.

Compare the following sentences which all require a second **nie**:

Ek kyk nie televisie nie.
I don't watch TV. (with an object that is a noun)

Dit is nie reg nie.
That is not right. (with an adjective)

Jy praat nie duidelik nie.
You're not speaking clearly. (with an adverb)

Jy let nie op nie. (< oplet)
You're not paying attention. (with a separable prefix)

If there is more than one verb in a negated clause, a second **nie** is required, e.g.

Hy sal nie kom nie.
He won't come.

Hy het nie gekom nie.
He didn't come/hasn't come.

Exercise 1

Negate the following sentences.

1 Johannesburg is die land se hoofstad.
2 Die land is arm.
3 Ken jy sy vrou?
4 Ken jy haar?
5 Ons het 'n motor. (*two possibilities*)
6 Het jy 'n fiets? (*two possibilities*)
7 Ons gaan braai.
8 Ek sien iemand. (*two possibilities*)
9 Ek het hulle.
10 Sy gaan saam.

Exercise 2

Translate the following sentences.

1 They haven't got any children. (*two possibilities*)
2 Haven't you got my keys? No, and Jan hasn't got them either. (See p. 75 for 'either'.)
3 How come the government hasn't built more houses for these people?
4 I'm not ringing him up.
5 I'm not doing it.
6 It simply (= **net**) isn't possible. Why isn't it possible?

7 He won't help you, and she won't either.
8 What are you doing at the moment? Nothing.
9 Nobody likes (= **hou van**) this programme. Why not?

All the above examples relate to sentences consisting of only one clause. However, in a sentence consisting of two clauses, where the first clause is negated, the second **nie** is placed at the end of the second clause, not at the end of the first, e.g.

Ek het nie geweet dat hy sou kom nie.
I didn't know that he would be coming. (a subordinate clause)

Ons het nooit die mense geken wat in hierdie huis gebly het nie.
We never knew the people that lived in this house. (a relative clause)

Dis nie so moeilik om Afrikaans te leer nie.
It isn't that difficult to learn Afrikaans. (an infinitive clause)

If only the second clause is negated, the following occurs:

Ek het geweet dat hy nie sou kom nie.
I knew that he wouldn't be coming.

If both clauses are negated, the first clause contains only one **nie** while the second contains two, which is consistent with the above, e.g.

Ek het nie geweet dat hy nie sou kom nie.
I didn't know he wouldn't be coming.

If the clause following a negated main clause is a coordinate clause (i.e. one introduced by **en**, **maar**, **of** or **want**), the second **nie** is placed at the end of the main clause, not at the end of the sentence, e.g.

Hulle kan nie kom nie want hulle het mense.
They can't come because they have visitors.

Sy het niks verdien nie maar ek het.
She didn't earn anything but I did.

Dialogue 2

Koos praat met Jan oor sy ouers

JAN: Koos, woon jou ouers nie op Robertson nie?
KOOS: Nee, hulle woon lankal nie meer daar nie, man. Die plek was nie groot genoeg vir hulle nie.
JAN: Maar hulle het nie altyd so gedink nie, nè?

Koos: Weet jy, hulle weet eintlik nie waar hulle wil woon nie. Hulle sal ook nie noodwendig bly waar hulle op die oomblik woon nie, hoewel hulle nie so lank gelede nie soontoe verhuis het. G'n plek is goed genoeg vir hulle nie.

Jan: Kan jy nie 'n bietjie invloed op hulle uitoefen nie?

Koos: Man, niemand kan vir my pa raad gee nie. Hy dink hy weet alles, maar in werklikheid weet hy niks nie. En hy sou beslis nooit na my luister nie.

Language points

The most difficult aspect of negation in Afrikaans is where to place the second **nie**, which has been explained above, but there are also a few things to learn about where to place the first **nie** (or **nooit**).

The first **nie** always follows pronoun objects, e.g.

Hy ken my nie.
He doesn't know me.

Hy het my nie gesien nie.
He didn't see me.

Hy gee my nooit iets nie.
He never gives me anything.

A certain freedom exists as to the position of the first **nie** in clauses containing noun direct objects, e.g.

Ek het nog nooit 'n kar gehad nie or
Ek het 'n kar nog nooit gehad nie.
I've never had a car.

The first **nie** can also stand either before or after (indirect) objects preceded by **aan** or **vir**, e.g.

Politici gee nooit vir ons waarborge nie or
Politici gee vir ons nooit waarborge nie.
Politicians never give us guarantees.

The same choice of word order exists with regard to adverbial expressions of time, e.g.

Ek het nie gister geweet dat hy nie vandag sou kom nie or
Ek het gister nie geweet dat hy vandag nie sou kom nie (or any combination of these two).
I didn't know yesterday that he wouldn't be coming today.

The first **nie** always precedes **altyd** 'always', **dikwels** 'often', **gewoonlik** 'usually' and expressions such as **elke jaar/maand/week** 'every year/month/week', all of which have a connotation of repetition, e.g.

Daar is nie altyd 'n watertekort nie.
There's not always a water shortage.

Die mynwerkers gaan nie elke maand huis toe nie.
The miners don't go home every month.

The first **nie** always precedes adverbial expressions of manner, e.g.

Ek gaan vandag nie met die bus nie (maar met die motor).
I'm not going by bus today (but by car).

But the position of **nie** can depend on what you want to stress, i.e. 'not today, but tomorrow' or 'not by bus, but by car'.

Ek gaan nie vandag met die bus nie (maar môre wel).
I'm not going by bus today (but I am tomorrow).

The first **nie** usually precedes adverbial expressions of place, e.g.

Hy het nie in Kaapstad gewoon nie.
He didn't live in Cape Town.

Hy het nooit by die huis gerook nie.
He never smoked at home.

Dialogue 3 📼

Jan praat met Koos oor sy werk

JAN: Koos, weet jy, ek is moeg vir my werk. Ek dink ek gaan bedank.

KOOS: Moenie dit doen nie, man. Jy sal nie in hierdie tyd ander werk kry nie.

JAN: Ag, ek weet nie. My swaer sê hy kan nie genoeg mense vind om by sy motorhawe te werk nie.

KOOS: Ja, maar jy wil nie vir hom werk nie. Hy's skelm.

JAN: Hy is nie.

KOOS: Hy is, en jy weet dit baie goed.

Language points

In colloquial Afrikaans both the first and the second **nie** are commonly assimilated to the final consonant of a preceding word in spoken Afrikaans, e.g. **ek wetie < weet nie** 'I don't know' (compare 'dunno'), **hy sallie < sal nie** 'he won't', **hy hettie gekommie < het nie gekom nie** and the very commonly used but humorously intended **makie sakie < Dit maak nie saak nie** 'It doesn't matter'. The last line of the following limerick employs just such a contraction to rhyme with the place name Bethulie:

'n Stuitige man van Bethulie	**stuitig** 'cheeky', **Bethulie** 'a place name'
Was rêrig 'n vreeslike boelie,	**rêrig** 'really', **boelie** 'bully'
Hy kielie jou sommer	**kielie** 'to tickle', **sommer** 'for no reason'
So met sy komkommer,	**komkommer** 'cucumber'
En sê dan dis nie bedoelie.	**dis nie bedoelie < dit is nie bedoel nie**, **bedoel** 'to mean'

(from *Die Deng van Gauteng* by Philip de Vos, Human & Rousseau, Cape Town, 1996)

Dialogue 4 🔲

Ronel en Piet se geld raak op

RONEL: Piet, jy het vandag bank toe gegaan, nè?
PIET: Ja, ek het. Hoekom?
RONEL: Ek het vandag nuwe skoene gekoop en het nie veel geld oor nie.
PIET: Ek ook nie, want ek moes 'n klomp rekenings betaal. Trouens, ek het nog nooit soveel geld op een dag uitgegee nie.

Language points

The common question tags 'isn't it?', 'won't he?', 'shouldn't they?' are all expressed very simply in Afrikaans by **nè?** or somewhat more formally by **nie waar nie?**, e.g.

Hy woon nou op Orkney, nè/nie waar nie?
He now lives in Orkney, doesn't he?

See p. 12 for 'is he?', 'was she?', 'are they?', etc.
'Much'/'many' in combination with a negative is usually expressed by **veel**, not **baie** (see p. 143), e.g.

Hy weet ook nie veel nie.
He doesn't know much either. (NB **ook nie** = not either)

'Not yet' is **nog nie**, whereas **nog nooit** expresses 'never ever', e.g.

Die rand het nog nie herstel nie.
The rand has not recovered yet.

Hy was nog nooit in Suid-Afrika nie.
He has never ever been to South Africa.

The following positive-negative couplets should be noted: **êrens/nêrens ... nie** 'somewhere'/'nowhere', **iemand/niemand ... nie** 'somebody'/'nobody', **iets/niks ... nie** 'something'/'nothing', **ooit/nooit ... nie** 'ever'/'never'.

Exercise 3

Negate the following sentences.

1 Suid-Afrika is 'n klein land.
2 Die meerderheid het vir Mandela gekies.
3 Die Olimpiese Spele sal in 2004 in Suid-Afrika gehou word.
4 Negate the previous sentence again adding **maar in 'n ander land**.
5 Ek ken haar.
6 Ons ken vir hom baie goed.
7 Sy kon altyd Afrikaans praat.
8 Hoe lank het julle gewag? Lank. (Negate only the answer.)
9 Hoekom kan jy vars brood op Sondag kry?
10 Hy het 'n vakansiehuis op Plettenbergbaai.

Exercise 4

Negate the following complex sentences assuming that only the main clause (i.e. the first clause) is in the negative.

1 Ek sal daarvoor betaal hoewel ek dit bestel het.
2 Sy het 'n kat se kans om vir die span gekies te word. (The expression **'n kat se kans hê** is only used in the negative.)

3 Hy is iemand van wie almal hou.
4 Die land se paaie, wat miljoene gekos het, is baie goed.
5 Die land se paaie, wat baie goed is, het verskriklik baie gekos.
(Negate the relative clause only.)
6 Die land se paaie, wat baie goed is, het verskriklik baie gekos.
(Negate the main clause only.)
7 Die land se paaie, wat baie goed is, het verskriklik baie gekos.
(Negate both clauses.)
8 Die parlementsgebou is in Kaapstad omdat dit die land se hoof-
stad is.

Exercise 5

Insert the second **nie** in the correct position.

1 Die plaas is nie duur, dus kan ons dit koop.
2 My vader sal jou niks gee, tensy jy eers jou rekening betaal.
3 Nie ver van die huis af het die bliksem die boom getref.
4 Ons gaan nie dorp toe, aangesien dit reën.
5 Die kind is nie lui, maar swak.

Exercise 6

The following instructions occur on a sign at the foot of
Stellenboschberg, a nature reserve. Answer the question **Wat alles
mag 'n mens in hierdie reservaat nie doen nie?** by rephrasing the
rules using **jy mag nie ... nie**.

Example: 1 Afwyk van die wandelpaaie is verbode.
Jy mag nie van die wandelpaaie afwyk nie.

2 Geen trapfietse, motorfietse of ander voertuie word toegelaat
nie. (Use **ry** 'to ride'.)
3 Vuurmaak streng verbode.
4 Honde slegs aan leibande toegelaat. (Use **laat rondhardloop** 'to
let run around'.)
5 Jag verbode.
6 Pluk van blomme en beskadiging van plante streng verbode.
(Use the verbs **pluk** 'to pick' and **beskadig** 'to damage'.)
7 Rommelstrooiery sal vervolg word. (Use the verb **strooi** 'to
scatter'.)

(Rules 2 and 7 contain passive constructions, which are discussed
on p. 167.)

Culture point

There are a number of recognised English loanwords in Afrikaans, like **boelie** in the limerick on p. 74, which are now written as if they were Afrikaans words, e.g. **brekfis** 'breakfast', **budjie** 'budgie', **empaaier** 'empire', **enjin** 'engine', **jellie** 'jelly', **klub** 'club', **têkkies** 'runners'. But there are many more English words which you will commonly hear but which would never be written, e.g. **grand, issue, moan, nice, obviously, organise, shame, worry**. Of course Afrikaans speakers are likely at any time to use any English word at all, but the words just given are repeatedly used, as are numerous others.

7 Asking the way

Dialogue 1 ▥

'n Toeris in Stellenbosch vra iemand hoe om by die poskantoor te kom

TOERIS: Ekskuus, Meneer. Kan jy asseblief vir my verduidelik hoe ek by die poskantoor moet kom?

STELLENBOSSER: Ja, sekerlik, Mevrou. Gaan reguit tot aan die einde van hierdie straat, draai links op die hoek van Birdstraat, en draai regs by die volgende kruispunt. Stap dan reguit tot by die eerste verkeersligte en dan sal jy die poskantoor aan jou regterhand vind, teenoor die tuisnywerheid.

TOERIS: Baie dankie, Meneer. Ek hoop ek sal dit kan onthou.

STELLENBOSSER: Indien nie, vra enigiemand. Almal weet dit.

TOERIS: Nou maar goed. Ek sal. Baie dankie.

STELLENBOSSER: Plesier. Tot siens.

TOERIS: Tot siens, Meneer.

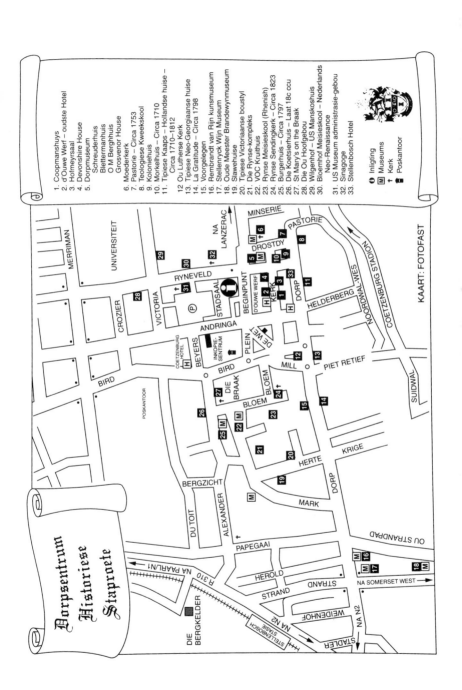

Dorpsentrum Historiese Staproete

1. Coopmanshuys
2. d'Ouwe Werf – oudste Hotel
3. Hofmeyrsaal
4. Devonshire House
5. Dorpmuseum
   Schreuderhuis
   Blettermanhuis
   O M Berghhuis
   Grosvenor House
6. Moederkerk
7. Pastorie – Circa 1753
8. Teologiese Kweekskool
9. Koloniehuis
10. Morkelhuis – Circa 1710
11. Tipiese Kaaps – Hollandse huise –
    Circa 1710–1812
12. Ou Lutherse Kerk
13. Tipiese Neo-Georgiaanse huise
14. La Gratitude – Circa 1798
15. Voorgelegen
16. Rembrandt van Rijn kunsmuseum
17. Stellenryck Wijn Museum
18. Oude Meester Brandewynmuseum
19. Slawehuise
20. Tipiese Victoriaanse boustyl
21. Die Rynse-kompleks
22. VOC Kruithuis
23. Rynse Meisieskool (Rhenish)
24. Rynse Sendingkerk – Circa 1823
25. Burgerhuis – Circa 1797
26. Die Koetsierhuis – Laat 18c ccu
27. St Mary's on the Braak
28. Die Ou Hoofgebou
29. Wilgenhof – US Manskoshuis
30. Bloemhof Meisieskool – Nederlands
    Neo-Renaissance
31. US Museum administrasie-gebou
32. Sinagoge
33. Stellenbosch Hotel

ⓘ Inligting
Ⓜ Museums
✝ Kerk
🏤 Poskantoor

KAART: FOTOFAST

Exercise 1

Study the map of the centre of Stellenbosch and answer the following questions – you will have to consult the key on the right of the map to find out which numbers refer to the buildings that have to be found.

1 In watter straat staan die ou Lutherse kerk?
2 Dis Saterdag en jy is 'n Joodse student aan die US. Watter gebou soek jy en in watter straat staan dit?
3 Jy gaan die naweek in Stellenbosch deurbring en jy wil in die mees historiese hotel in die dorp bly. In watter hotel gaan jy bly en in watter straat staan dit?
4 Jy is 'n manlike student aan die US. In watter gebou woon jy en in watter straat staan dit. Wat staan aan die oorkant van die straat?
5 Op watter hoek staan die poskantoor?
6 Watter pad neem 'n mens van Stellenbosch Paarl (pronounced **Pêrel**) toe?

Dialogue 2 ⬛

Op die poskantoor

WERKER: Môre, Meneer.
KLANT: Môre. Ek het 'n vyf-rand posseël op hierdie brief na Amerika geplak. Is dit genoeg.
WERKER: Meneer, moenie meer as nodig betaal nie. 'n Brief Amerika toe kos net vier rand vyftig. Mens hoef nie meer as dit te betaal nie.
KLANT: Ag, wat. Dis net vyftig sent meer.
WERKER: Ja, maar ek wil nie hê Meneer moet meer betaal as nodig nie.
KLANT: Dit maak nie saak nie. Wat kos 'n poskaart Europa toe?
WERKER: Twee rand sestig.
KLANT: Dis nou wragtig duur. Ek was van plan om tien kaartjies te stuur, maar ek hoef eintlik nie so veel te stuur nie. Gee my vyf keer twee rand sestig, asseblief.
WERKER: Reg, Meneer.

Language points

Further tips on the use of moet

When **moet** 'must' is negated, there are two possibilities depending on the meaning. 'Mustn't' (i.e. a prohibition) is rendered by **moenie** (< **moet nie**), but 'don't have to' (i.e. no compulsion to) is rendered by **hoef nie**, e.g.

Jy moet gaan inkopies doen.
You have to go shopping.

Jy moenie gaan inkopies doen nie.
You mustn't go shopping.

Jy hoef nie inkopies te gaan doen nie.
You don't have to go shopping.

Note that despite the fact that **hoef** is a modal verb, unlike all other modals any infinitive dependent on it is preceded by **te**.

Moenie die wêreld platloop nie!
... koop per foon

geelbladsye *Los die voetslaan vir jou vingers*

The form **moenie** is also used to render the imperative 'don't' (see p. 74), e.g.

Moenie dit doen nie. (More emphatic is the form **Moet dit nie doen nie.**)
Don't do that.

Moenie dink dat ek kwaad vir jou is nie.
Don't think I am angry with you.

Moenie dat hulle dit sien nie.
Don't let them see it.

A further use of **moet** that has no parallel in English is its use in the following expression:

Ek wil hê jy moet jou kamer opruim = Ek wil hê dat jy jou kamer (moet) opruim.
I want you to tidy up your room.

Ons wou hê elke ete moes anders wees.
We wanted every meal to be different.

Note that if the conjunction **dat** is omitted, **moet** must be used, but if it is inserted, **moet** is optional.

Exercise 2

Form negative imperative sentences from the following couplets.

  Example: die deur/toemaak
       Moenie die deur toemaak nie!

1 nou/opstaan
2 jou broer/nooi
3 hierdie vis/eet
4 die geld/aanneem
5 later/kom
6 die venster/oopmaak
7 al jou geld/uitgee

Past tense of hoef

Although the verb **hoef**, which is always used in combination with a negative, is a modal verb, unlike **kan**, **moet** and **wil**, its simple past form has not survived. Afrikaans thus employs the following construction to express the past tense of this verb, e.g.

Hy hoef nie (saam) te gaan nie, maar hy sal. (present tense)
He doesn't have to go (along) but he will.

Hy hoef nie (saam) te gegaan het nie, maar hy het. (past tense)
He didn't have to go (along) but he did.

Another modal verb that forms its past tense in exactly the same way is **durf** 'to dare', e.g.

> **Hy durf dit nie te doen nie.** (present tense)
> He doesn't dare do it.

> **Hy durf dit nie te gedoen het nie.** (past tense)
> He didn't dare do it.

The past tense of the modal verb **mag** 'to be allowed to', 'may' used to be **mog**, but this is now chiefly found only in literary texts. In speech and normal writing it is avoided:

> **Ek is/was nie toegelaat om dit te doen nie.**
> I wasn't allowed to do it.

Another option is to render the past of **mag** as follows:

> **Ek mag dit nie gedoen het nie.**

But **mag gedoen het** also expresses possibility, i.e. 'may have done', e.g.

> **Hy mag sy motor (dalk) al verkoop het.**
> He may already have sold his car.

The use of beter as a verb

While on the topic of modal verbs your attention should be drawn to the colloquial, but very common use of **beter** as a verb. It is derived from English 'better' from 'had better' and is usually used as in English as a mild warning to do something, e.g.

> **Jy beter nou jou huiswerk doen as jy vanaand wil uitgaan.**
> You'd better do your homework now if you want to go out
>   tonight.

Purists would insist on using the modal **moet** + **liewer** ('preferably'), e.g.
> **Jy moet liewer nou jou huiswerk doen ...**

Past tense of the verb dink

The verb **dink** 'to think' can form its past in five ways: **het gedink, dag/dog, het gedag/gedog**. All five forms of the past tense of **dink** can be synonymous and completely interchangeable, e.g.

Hy dag/dog ek sou eers môre kom or
Hy het gedag/gedog/gedink ek sou eers môre kom.
He thought I wouldn't be coming until tomorrow.

But in the sense of 'thinking of' someone, only **het gedink** can be used, e.g.

Ek het heeldag aan jou gedink. (the only possibility here)
I thought of you all day.

Exercise 3

Put the following sentences into the past tense.

1 Hy mag weer werk.
2 Sy moenie hier bly nie.
3 Ons wil Kaap toe ry.
4 Sy dink nog elke dag aan haar oorlede moeder.
5 Ek dink hy woon in Pietersburg.
6 Hy durf haar nie help nie.
7 Hy wil hê ek moet hom met sy huiswerk help.
8 Ek moet hom in die hospitaal besoek.

Dialogue 3 ▣

'n Huishoudelike twis tussen moeder en dogter

MOEDER: Annetjie, ek wil hê jy moet my met die opwas help, asseblief.
DOGTER: Ag, Ma! Moet ek? Ek wou nou juis my huiswerk doen.
MOEDER: Wragtig! Dis die eerste keer dat ek jou dit hoor sê het. Jy hoef my nie te help nie, as jy nou werklik jou huiswerk gaan doen, maar moenie dit net as 'n verskoning gebruik nie.
DOGTER: Ja, ja.
MOEDER: Maar wag 'n bietjie. Ek het gedog jy het nie hierdie naweek huiswerk nie, want Maandag is 'n openbare vakansiedag, nè?
DOGTER: Ag ja, dis reg. Ek het vergeet.
MOEDER: Hoekom jok jy dan so net omdat jy te lui is om my te wil help? Ek kan dit nie glo nie.

DOGTER: Ek is jammer, Ma. Natuurlik sal ek Ma help skottel-
goed was.
MOEDER: Ja, ek dink jy beter.

Language points

Points of the compass

The four points of the compass are **die noorde, suide, weste** and
ooste, e.g.

Ons bly in die ooste van die land.
We live in the east of the country.

Compounds of these points are formed as follows: **die suidooste,
die noordweste**, etc. Winds are referred to as **'n noordooster** or **'n
noordoostewind** 'a north-easterly', etc., but if blowing from one of
the four cardinal points they are called **'n noordewind/suidewind**
'a northerly'/'southerly', etc. Compare **die noordekant**, etc. 'the
northern side'. Note that the notorious wind that blows incessantly
in Cape Town in summer is called **die Suidoos**.
'North of', etc. is rendered either by **noord van** or by **ten noorde
van**, e.g.

Hulle plaas lê oos van/ten ooste van die rivier.
Their farm lies (to the) east of the river.

Note the forms **wes** and **oos** have no 't'.
'Northern', etc. is **noordelik**, etc., except when it occurs in an offi-
cial place name, when it is **Noord-**, etc., e.g. **die noordelike voorstede
van Johannesburg** 'the northern suburbs of Johannesburg' and **die
noordelike/suidelike halfrond** 'the northern/southern hemisphere',
but **Wes-Europa** 'Western Europe', **die Oos-Vrystaat** 'the Eastern
Free State'. Note the use of such words in the names of some of
the nine provinces: **die Noordelike Provinsie, die Noord-Kaap, die
Noord-Wes, die Wes-Kaap** and **die Oos-Kaap**. Note too **suidwaarts**
'southward', **suidweswaarts** 'south-westward', etc.
In the expressions 'Southern Cross' and 'Southern Africa', **suider**
is used instead of **suidelik**, i.e. **Suiderkruis, Suider-Afrika**.

8 Colours

In this lesson you will learn about:

- colours
- adjectives used as nouns
- reflexive verbs
- use of **myself**, **jouself**, etc. with reflexive verbs
- getting dressed and clothing

Dialogue 1 🔲

Annetjie kla oor Ernst se ou hemp

ANNETJIE: Ag, Ernst, jy gaan nie al weer daardie ou blou hemp van jou dra nie.

ERNST: Hoekom nie? Jy weet mos dat ek van blou hou.

ANNETJIE: Dis nie jou enigste blou hemp nie.

ERNST: Miskien nie, maar dis my gunstelinghemp.

ANNETJIE: Ek gaan vir jou nog 'n rooi en 'n geel en 'n pienk hemp koop.

ERNST: 'n Pienk hemp? Nooit nie. Oor my dooie liggaam!

Language points

Colours

beige	beige (pronounced as in English)	**groen**	green
		grys	grey
blou	blue	**oranje**	orange
bruin	brown	**pers**	purple
geel	yellow	**pienk**	pink

rooi	red	vaal	fawn
skarlaken	scarlet	**(naas)wit**	(off-)white
swart	black		

None of the adjectives above are inflected when they stand before a noun, e.g. **die rooi motor** 'the red car'. But colour adjectives, like all adjectives, can take an **-e(s)** when used as nouns, e.g. **die bloue (= die blou een/ene/enetjie)** 'the blue one', **die rooies** 'the red ones' (see Language points, below).

Prefixes are applied to the above colours as in English, e.g. **ligblou** 'light blue', **diepblou** 'deep blue', **donkergroen** 'dark green', **heldergeel** 'bright yellow'; compare **'n ligte/donker groen** 'a light/dark green', etc.

By means of the suffix **-kleurig** 'coloured', which is not stressed in such words, shades of colour derived from nouns can be expressed, e.g. **appelkooskleurig** 'apricot', **olyfkleurig** 'olive(-coloured)', **roomkleurig** 'cream(-coloured)', **effekleurig** 'all one colour'. The ending **-erig** renders '-ish', e.g. **rooierig** 'reddish', **blouerig** 'bluish'. All adjectives ending in **-kleurig** and **-erig**, being polysyllabic, take an **-e** ending before a noun.

'Black and white' is **swart-en-wit**, whereas 'to have something in black and white' (i.e. on paper) is **iets swart op wit hê**.

Dialogue 2 🎧

Ernst het 'n skêr nodig

ERNST: Gaan haal asseblief vir my die skêr, Annetjie.
ANNETJIE: Die grote of die kleintjie?
ERNST: Die groot skêr, asseblief.
ANNETJIE: Ek kry net die klein skêr. Wat wil jy sny?
ERNST: 'n Ou laken.
ANNETJIE: Nie die wit fluweel een nie?
ERNST: Nee, nie die witte nie, die blou een (= die bloue).

Language points
Adjectives used as nouns

All adjectives take **-e** when used as nouns after articles, demonstratives and possessives, e.g. **'n grote** 'a big one', **die grote** 'the big one', **hierdie grote** 'this big one', **jou grote** 'your big one'. The plural of these forms is **die grotes** 'the big ones', etc.

Exercise 1

The following phrases should be read as meaning 'a just one', 'a blue one', etc., which means they will all take an **-e** ending. Inflect these adjectives applying the appropriate spelling changes where required.

Example: **'n droog** ... = **'n droë** (= 'a dry one')

1	'n regverdig ...	13	'n nuut ...
2	'n blou ...	14	'n hoog ...
3	'n baie sterk ...	15	'n vaag ...
4	'n koel ...	16	'n wonderlik ...
5	'n vars ...	17	'n ru ...
6	'n geel ...	18	'n leeg ...
7	'n vinnig ...	19	'n goed ...
8	'n lig ...	20	'n half ...
9	'n gaaf ...	21	'n dom ...
10	'n lank ...	22	'n groot ...
11	'n jonk ...	23	'n ryp ...
12	'n styf ...	24	'n rooi ...

Dialogue 3 ▣

Stefan is geskok dat sy vriend so vet geword het

STEFAN: Man, jy lyk verskriklik.

KOOS: Ja, ek het gister verjaar en ek het my ooreet.

STEFAN: Maar jy het ook vet geword.

KOOS: Miskien, maar ek steur my glad nie aan wat ander mense van my dink nie.

STEFAN: Dit is natuurlik jou reg, maar ek is bekommerd oor jou, man.

KOOS: Maar jy moet jou nie verbeel dat jy so maer is nie.

Language points

Reflexive verbs

A reflexive verb: I *scratched myself.*
The concept of reflexive verbs is a difficult one to grasp. They exist
in English too, but there are a lot more of them in Afrikaans and
they contain several pitfalls for the learner. This is one aspect of
Afrikaans grammar that is in the process of being heavily influ-
enced by English, which has already led to many previously
reflexive verbs no longer requiring a reflexive pronoun, or where
the pronoun is optional.

Take a verb like **verdedig** 'to defend'. If you defend someone
else or something, there is no problem, e.g.

Sy ma verdedig hom altyd.
His mother always defends him.

Die strydmagte verdedig die land.
The armed forces defend the country.

But the verb 'to defend oneself/yourself' you learn in the form **jou
verdedig**, and you conjugate it as follows:

Ek verdedig my.	I defend myself.
Jy verdedig jou.	You defend yourself.
U verdedig u.	You defend yourself.
Hy verdedig hom.	He defends himself.
Sy verdedig haar.	She defends herself.
Ons verdedig ons.	We defend ourselves.
Julle verdedig julle.	You defend yourselves.
Hulle verdedig hulle.	They defend themselves.

The **my**, **jou**, **hom**, etc. in this case, although the same as object
pronouns, are called reflexive pronouns and are used where the
doer of the verb does the action of the verb to him or herself, i.e.
the action reflects back on the subject of the verb.

Where third person forms of address (see p. 11) are used, the
same word is used as the reflexive pronoun, e.g. **jou verveel** 'to
get'/'be bored'.

**Het Ma Ma op die partytjie verveel? = Het jy jou op die
partytjie verveel?**
Did you get bored at the party?

The reflexive and non-reflexive use of a verb like **verdedig** above runs parallel with English and is thus a good point to start in coming to grips with reflexive verbs. However, the real difficulty lies in those verbs that require a reflexive pronoun in Afrikaans, but don't in English. Examples of such verbs are **(hom) afspeel** 'to take place' (only occurs in the third person), **jou haas** 'to hurry up', **(jou) omdraai** 'to turn around', **(jou) onttrek** 'to withdraw', **jou ooreet** 'to overeat', **jou opwen** 'to get agitated', **(jou) skeer** 'to shave', **(jou) verslaap** 'to oversleep', **jou verskuil** 'to hide', **jou vestig** 'to settle'. The pronouns in parentheses indicate where these verbs have commonly dispensed with their reflexive pronoun. Dictionaries tend to be conservative in this respect, often not indicating that the pronoun has become optional.

Haas jou!	Hurry up!
Sy het (haar) omgedraai.	She turned around.
Ek het my ooreet.	I overate.
Die oompie het hom vreeslik opgewen.	The old bloke got terribly agitated.
Hy het hom in die kas verskuil.	He hid in the cupboard.

Note that reflexivity is not merely limited to use with personal subjects, e.g.

Die haai-aanval het (hom) voor hul oë afgespeel.
The shark attack took place before their eyes.

Such uses of the reflexive simply have to be accepted as part of the idiom of the language and must be mastered.

Note that the reflexive pronoun required when the subject of the verb is **'n mens** is **jou**, e.g.

'n Mens kan jou kwalik iets bedenklikers indink.
One can hardly imagine anything more suspicious.

The reflexive pronoun always stands after the finite verb, whether that verb is the reflexive verb itself (see a, below) or an auxiliary verb (see b, below); in a subordinate clause only the finite verb moves to the end of the clause, while the reflexive pronoun retains its position after the subject (see c, below), e.g. **jou verset teen** 'to resist':

a **Hy verset hom toe teen die besluit.**
   He (then) resisted the decision.

b **Hy gaan hom teen die besluit verset.**
   He is going to resist the decision.

c **Ek weet dat hy hom teen die besluit gaan verset.**
I know he is going to resist the decision.

Dialogue 4

'n Meningsverskil tussen 'n man en sy vrou na 'n partytjie

VROU: Hendrik, jy het jou gisteraand by die Van der Merwes baie sleg gedra.

MAN: Wat ekke*? Wat bedoel jy?

VROU: Eerstens het jy jou nie geskeer nie, tweedens het jy jou nie aan Ronel se ouers voorgestel nie, derdens het jy jou op die partytjie ooreet, en laastens toe jy te veel gedrink het, het jy jou aan die hele geselskap onttrek om op die toilet te gaan slaap. Ek het my dood geskaam.

MAN: Ag man, moenie jou so opwen oor sulke kleinighede nie. Ek kan my nie voorstel dat die Van der Merwes hulle in die minste aan my gedrag gesteur het nie.

VROU: As jy dit dink, dan misgis jy jou heeltemal.

MAN: Jy het jou verveel. Dit was vir almal duidelik. Ek weet tenminste hoe om my te geniet.

VROU: As jy sulke gedrag 'jou geniet' noem, voel ek jammer vir jou, want dan is daar aan jou geen salf te smeer nie.

Exercise 2

Translate the following sentences, which all contain a reflexive verb in Afrikaans, using the reflexive verbs given in parentheses.

1 The children are getting bored. (**jou verveel**)
2 Stoffel behaved very badly. (**jou gedra**)
3 The children must behave themselves. (**jou gedra**)
4 You are mistaken. (**jou vergis**) (Use **jy.**)
5 I am ashamed. (**jou skaam**)
6 The children couldn't behave themselves. (**jou gedra**)
7 We then found ourselves in a difficult situation. (**jou bevind**)
8 He introduced himself to the bank manager. (**jou voorstel**)
9 Do you know that he has withdrawn from the course? (**jou onttrek aan**)
10 The squatters settled on the Cape Flats in the 1960s. (**jou vestig**)

---

* **Ekke** is an emphatic form of **ek.**

Language points

Use of myself, jouself, *etc. with reflexive verbs*

The reflexive pronouns given above also occur with the addition of **-self**, e.g. **myself, jouself, homself, haarself, onsself, jul(le)self, hul(le)self**, etc. Despite the similarity with English 'myself', 'yourself', etc. these forms should only be used where a certain emphasis is required, i.e. where one needs to stress that the action is being performed on the doer of the verb and not on someone else, e.g.

> **Piet het sy pa geskeer, want sy pa was siek, en toe het hy homself geskeer.**
> Piet shaved his dad, because his dad was ill, and then he shaved himself.

> **Sy het eers haar kinders probeer beskerm en toe haarself.**
> She first tried to protect her children and then herself.

This too is an aspect of Afrikaans that is currently being heavily influenced by English in that the forms with **-self** are used in contexts where no particular emphasis or contrast is implied as in the above examples, e.g.

Hy het homself ooreet.	He has overeaten.
Ek het myself daar tuisgemaak.	I made myself at home there.
Gedra jouself!	Behave (yourself)!

Note how 'myself', etc. is expressed when it is not part of a reflexive verb, i.e. when it means 'on one's own':

Ek moes dit self doen.	I had to do it myself.
Hy het die hele huis self geverf.	He painted the whole house himself.

Dialogue 5 🔲

'n Moeder wil hê haar kind moet hom aantrek

MOEDER: Jannie, trek gou-gou aan.
JANNIE: Ek het niks om te dra nie, Ma. Al my klere is vuil.
MOEDER: Onsin. Trek die nuwe klere aan wat jy van jou ouma vir jou verjaarsdag gekry het.

JANNIE: Nee, ek wil dit nie dra nie en buitendien pas die broek
            my nie.
MOEDER: Hoe kan jy dit sê? Jy het dit nog nie eers aangepas nie.
JANNIE: Ek het.
MOEDER: Nee, jy het nie. Kom, trek hierdie broek aan. (*na 'n
            rukkie*) Kyk dit lyk pragtig. Daardie broek pas baie
            goed.

Language points

Getting dressed and clothing

Getting dressed and undressed are expressed by the reflexive verbs
jou aantrek and **jou uittrek**, but here too these verbs often dispense
with the reflexive pronoun, e.g.

Ek gaan my net gou aantrek.	I'm just going to get dressed quickly.
Arno het hom uitgetrek.	Arno (has) got undressed.

But the verbs **aantrek** and **uittrek** also render 'to put on' and 'to
take off' clothes respectively, in which case they are never used
reflexively as there is an object involved, e.g.

Hy trek sy nuwe skoene aan.	He's putting on his new shoes.
Sy het haar nuwe rok uitgetrek.	She took off her new dress.

'To get changed' is best expressed by **ander klere aantrek**, e.g.

Sy gaan net gou ander klere aantrek.
She's just going to get changed quickly.

And thus to change any item of apparel is expressed as follows:

Sy het 'n ander rok aangetrek.   She changed her dress.

Handy expressions associated with clothing:

aanpas	to try on
aanpaskamer	fitting room
pas	to fit, to suit
dra	to wear
Watter grootte hemp/broek dra jy?	What size shirt/trousers do you take?
Ek dra/is 'n 36.	I take/am a size 36.

Hierdie bloesie is te styf.	This blouse is too tight.
Dit pas goed/reg/mooi.	It fits nicely.
Dit pas jou.	It fits/suits you.
Dit pas jou nie.	It doesn't fit/suit you.
Dit lyk nie goed nie.	It doesn't look good.

Exercise 3

Look up the Afrikaans words for the following items of apparel and fill them in vertically from left to right. If you get them all right, the name of a South African city will appear across the middle. **Waarvoor is dié stad bekend?** (antwoord in Afrikaans)

dress, pullover, skirt, trousers, shoe, dressing gown, belt, shirt, silk stocking

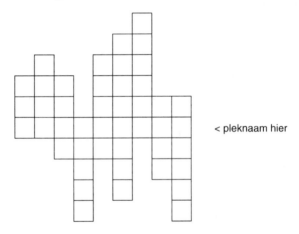

< pleknaam hier

Song

Sarie Marais (pronounce Marais as in French with a silent s) is Afrikaans-speaking South Africa's best known and most loved folk song. The war mentioned in the song is the Boer War (**die Anglo-Boereoorlog** in Afrikaans).

Sarie Marais
My Sarie Marais is so ver van my hart,
Maar ek hoop om haar weer te sien.

Sy het in die wyk van die Mooirivier gewoon
Nog voor die oorlog het begin.
O bring my terug na die ou Transvaal, daar waar my Sarie
   woon,
Daar onder in die mielies by die groen doringboom,
Daar woon my Sarie Marais,
Daar onder in die mielies by die groen doringboom,
Daar woon my Sarie Marais.

9 Comparing things

In this lesson you will learn about:
- the comparative and superlative of adjectives and adverbs
- similes
- adjectives that act as adverbs qualifying adjectives

Dialogue 1 🔲

Ernst en Annetjie praat met mekaar oor Portugal se kolonies

ERNST: Is Mosambiek kleiner as Angola?
ANNETJIE: Ja, ek dink Angola is groter.
ERNST: En Mosambiek is beslis armer, nè?
ANNETJIE: Ja, Angola is baie ryker as Mosambiek.
ERNST: Wat was die rykste Portugese kolonie, weet jy?
ANNETJIE: Ja, Brasilië was ongetwyfeld die rykste.
ERNST: Ja, natuurlik, 'n ryker land as Brasilië, in elk geval wat
            sy potensiaal betref, sal jy nie vind nie.
ANNETJIE: Dis ook die grootste land in Suid-Amerika.
ERNST: Dis eintlik snaaks om te dink dat so 'n klein land so
            lank sulke groot lande onder hom gehad het, nè?
ANNETJIE: Ja, maar jy kan dieselfde van Brittanje sê.
ERNST: Ja, dis reg.

Vocabulary

beslis	definitely	**in elk geval**	anyway, in any case
arm	poor	**wat ... betref**	as far as ... is concerned
ongetwyfeld	undoubtedly	**snaaks**	funny, odd

Language points

The comparative and superlative of adjectives and adverbs

The comparative of an adjective:	This house is *larger*. The *larger* house.
The comparative of an adverb:	He speaks *more clearly*.
The superlative of an adjective:	The *largest* house.
The superlative of an adverb:	He speaks (*the*) *clearest*.

Generally speaking in English we distinguish between adjectives and adverbs, e.g. 'He is slow' (adjective) and 'He speaks slowly' (adverb, i.e. describing not him, but how he speaks). This distinction is not made in Afrikaans: **Hy is stadig**, **Hy praat stadig**.

Forming the comparative and superlative of the adjective is similar in both languages in terms of the endings used, but the regular spelling changes that apply when pluralising nouns and inflecting adjectives by adding **-e** apply here too when forming the comparative. Look closely at the adjectives below and their comparative forms and you will see the spelling changes dealt with on p. 7 being applied when the **-er** ending is added. There are many other adjectives to which the same changes apply:

breed	broad	**breër**	wider	**breedste**	widest
doof	deaf	**dower**	deafer	**doofste**	deafest
groot	large	**groter**	larger	**grootste**	largest
hoog	high	**hoër**	higher	**hoogste**	highest
koud	cold	**kouer**	colder	**koudste**	coldest
laag	low	**laer**	lower	**laagste**	lowest
oud	old	**ouer**	older	**oudste**	oldest
sag	soft	**sagter**	softer	**sagste**	softest
vet	fat	**vetter**	fatter	**vetste**	fattest

The following adjectives show spelling changes that only apply to the words given here, i.e. they are not representative of a larger group like those above:

jonk	young	**jonger**	younger	**jongste**	youngest
laat	late	**later**	later	**laaste**	latest
lank	long, tall	**langer**	longer, taller	**langste**	longest, taller
nuut	new	**nuwer**	newer	**nuutste**	newest

Irregular adverbial comparatives and superlatives:

baie	much, many	**meer**	more	**meeste**	most
goed	good	**beter**	better	**beste**	best
min	little, few	**minder**	less, fewer	**minste**	least, fewest
na	near	**nader**	nearer	**naaste**	nearest

Note what happens in the comparative to those that end in **-r**:

duur	expensive	**duurder**	more expensive
duurste	most expensive		

The previous example illustrates a basic difference between English and Afrikaans. In English there is a point (usually more than two syllables) where it is no longer possible to simply add '-er' and '-st' to the adjective and where we resort to 'more' and 'most' to express the comparative and superlative. This is not the case in Afrikaans where the endings are applied whatever the length of the adjective, e.g.

interessant interesting **interessanter** **interessantste**

Use of **meer** and **mees** with the comparative and superlative of the adjective:

Contrary to what has just been stated with regard to the use of 'more' and 'most' before comparatives and superlatives, **meer** and **mees** are used in certain limited circumstances in Afrikaans. In practice polysyllabic adjectives ending in **-e**, a large number of which are derived from verbs, usually form their comparative and superlative with **meer** and **mees**, e.g.

beskeie	modest	**meer beskeie**	**mees beskeie**
verlate	deserted	**meer verlate**	**mees verlate**
geïnteresseerd(e)	interested	**meer geïnteresseerd**	**mees geïnteresseerd**

When comparative forms with their **-er** ending stand in front of a noun, they are subject to the usual rules governing the inflection of adjectives (i.e. adjectives ending in **-r** do not inflect despite the fact that they may be polysyllabic), but superlatives always inflect, e.g.

'n groter motor	a larger car
die grootste motor	the largest car

Note: the following English comparatives following 'the' require a superlative in Afrikaans:

Hy is die kleinste van die twee.   He is the smaller of the two.
Die kleinste seun.   The smaller boy.

Dialogue 2

'n Kind praat met haar moeder oor haar pa

KIND: Mamma, is Pappa net so oud soos Annetjie se pa?
MOEDER: Nee, Liefie, hy's beslis jonger as Annetjie s'n.
KIND: Maar hy is ewe lank as hy, nè?
MOEDER: Ek dink so, ja.
KIND: Pa sê hoe langer hoe beter, maar ek dink nie so nie.
            Ek wil nooit so lank soos hy word nie.
MOEDER: Jy sal nie. Jy is 'n meisie en meisies word nie so lank
            soos seuns nie.

Language points

Here are some handy expressions associated with comparatives:

groter/kleiner/langer as	bigger/smaller/taller than
nie so groot/klein/lank soos ... nie	not as big/small/tall as
net so groot/klein/lank soos	just as big/small/tall as

ewe groot/klein/lank as   just as big/small/tall as
hoe groter/meer hoe beter   the bigger/more the better

**Ek is net so lank soos, my pa maar gelukkig nie so vet soos
hy nie.**
I am just as tall as my father, but fortunately not as fat as him.

**My ma is nog langer as my vader en sy is ongelukkig nog
vetter as hy.**
My mother is even taller than my father and she is unfortu-
nately even fatter than him.

Note that the following extremely common error in English must
not be applied to Afrikaans:

Sy is mooier as ek.   She's prettier than me (= I).
Jy is mooier as sy.   You're prettier than her (= she).

The comparative of the adverb is easy because in Afrikaans it does
not differ from that of the adjective, e.g.

Ek stap stadiger as jy.   I'm walking more slowly than you.
Jy stap vinniger as ek.   You are walking faster than I.

Note the following expressions involving comparatives:

Sy was mal oor sjokolade en sy het al/steeds vetter geword.
She was mad about chocolate and got fatter and fatter.

Die hemel is nog blouer as gister.
The sky is even bluer than yesterday.

**Bly julle nie te na aan die berg nie? Hoe nader hoe beter,
dink ek.**
Don't you live too close to the mountain? The nearer the
better, I think.

The superlative of the adverb is formed by adding **-ste** to the root
form and putting **die** before it, e.g. **die stadigste** '(the) slowest'.
'The best singer' and 'Who is the best?' (i.e. the superlative of the
adjective) are simply **die beste sanger** and **Wie is die beste?**, but
'Who sang (the) best' (i.e. the superlative of the adverb) is **Wie
het die beste gesing?** You can usually ascertain whether you are
dealing with the superlative of the adverb rather than that of the
adjective by asking yourself if 'the' can be omitted – if so, you are
dealing with the superlative of the adverb, e.g.

Ek het die vinnigste gery.
I was driving (the) fastest.

Exercise 1

Contradict these false statements as illustrated in the examples:

Example: Tafelberg is net so hoog soos Simonsberg.
Nee, Simonsberg is hoër as Tafelberg.
Nee, Tafelberg is nie so hoog soos Simonsberg nie.

1 Die Vrystaat is net so warm soos Natal.
2 Die Suid-Afrikaanse rand is net so veel werd soos die Zimbabwiese dollar.
3 Diere is ewe intelligent as mense.
4 Die Indiese Oseaan is groter as die Atlantiese Oseaan.
5 Suid-Afrika het net so veel inwoners soos Zimbabwe.

Exercise 2

Translate the following sentences.

1 These bananas are riper than those.
2 These are the most delicious apples.
3 When are potatoes (the) dearest?
4 These pears are just as dear as those.
5 The boys are just as well-behaved (**soet**) as the girls.
6 He spoke even louder (**hard**), but not as loudly as her.
7 This is the most interesting building in the city.
8 He was more successful (**suksesvol**) than me.
9 My uncle is the poorer of the two.

Dialogue 3 ▣

Piet vertel Koos van sy hond se dood

KOOS: Piet, jy lyk spierwit? Wat makeer jy?
PIET: Ek het net tuis gekom en die hond in die tuin gevind, so dood soos 'n mossie.
KOOS: Jy jok.
PIET: Nee, ek jok nie. Sy liggaam was kliphard, dus hy moet laasnag al gevrek het.
KOOS: Dis nou 'n jammerte. Hy was die lieflikste ou hondjie, nè?

PIET:　Ja, hy was, maar hy was natuurlik ook nie meer van die jongste nie.

KOOS:　Nee wat, die hond was stokoud.

Language points

Similes

Similes of the sort 'as white as snow' exist in Afrikaans too, e.g.

so dood soos 'n mossie	as dead as a doornail (lit. 'sparrow')
so doof soos 'n kwartel	as deaf as a post (lit. 'quail')
so hard soos klip	as hard as stone
so lelik soos die nag	as ugly as sin (lit. 'night')
so maer soos 'n riet	as thin as a rake (lit. 'straw')
so mal soos 'n haas	as mad as a hatter (lit. 'hare')
so oud soos die berge	as old as the hills
so reg soos 'n roer	as right as rain (lit. 'rudder')
so skaars soos hoendertande	as scarce as hens' teeth
so wit soos sneeu	as white as snow

But note the exception **so gou (as) moontlik** 'as soon as possible'.

Do you recognise this?

Hompie-Kedompie sit op die wal
Hompie-Kedompie het afgeval.
Die koning se mense doen àl wat hul kan
Maar Hompie-Kedompie bly plat soos 'n pan.

But more common in Afrikaans than structures of the above kind are those like 'snow-white', 'dog-tired', 'dripping/soaking wet', 'brand new', e.g. **'n skatryk man** 'a very rich man', **'n rasegte Hollander** 'a true-blue Dutchman', **'n bloedjong vrou** 'a really young woman'.

Note the difference between **'n goed gekwalifiseerde onderwyser** 'a well-qualified teacher' and **'n goeie gekwalifiseerde onderwyser** 'a good, qualified teacher'; the lack of an ending on **goed** in the former case indicates that **goed** is acting as an adverb qualifying the following adjective 'qualified', whereas the presence of an ending on **goed** in the latter case indicates that **goeie** is also an adjective referring to **onderwyser**. Compare **'n vreeslik hoë boom** 'a terribly tall tree' where the lack of an ending on **vreeslik** renders the English adverbial ending '-ly'. This is a rule of the written language, but in speech it is usual for such a polysyllabic qualifying adverb preceding an attributive adjective to take an **-e** ending, e.g. **'n yslike groot boom** 'a dreadfully tall tree'.

Exercise 3

Translate the following sentences into English.

1 My swaer is so doof soos 'n kwartel.
2 My pa het my van Spanje opgebel en sy stem het glashelder geklink.
3 Koos het onlangs met 'n bloedjong meisie getrou wie se pa skatryk is.
4 Dit was 'n polities gemotiveerde moord.
5 Ek het dit gelees in 'n onlangs gepubliseerde boek.
6 My buurman, wat so mal soos 'n haas is, het 'n splinternuwe, bloedrooi Mercedes gekoop.

10 At play

In this lesson you will learn about:

- diminutives
- some idiosyncrasies of diminutive formation
- use of **om te**

Dialogue 1 🔲

'n Kind kan haar speelgoedjies nie vind nie

MARIETJIE: Mammie, weet jy waar my poppie is?

MOEDER: Watter een, Liefie?

MARIETJIE: Die kleintjie met die rooi rokkie en die blou skoen-tjies, weet Ma dalk?

MOEDER: Ja, ek het dit vanmôre in die boonste laaitjie van jou klerekassie gesien.

MARIETJIE: Dankie. Maar waar is daardie poppie se ander kleertjies?

MOEDER: Watter ander kleertjies, Skatjie?

MARIETJIE: Mammie weet mos, die pienk rompie, die geel bloesie en die swart sandaaltjies.

MOEDER: Ek weet nie, Marietjie. As jy jou speelgoed netjies sou wegsit wanneer jy klaar is met speel, sou jy my nie elke keer moes vra waar alles is nie. Het jy my gehoor, Kleintjie?

MARIETJIE: Ek dink ek gaan liewers huisie-huisie speel as met my poppies. Nou kan ek daardie goedjies nie vind nie.

MOEDER: Watter goedjies?

MARIETJIE: My bordjies, koppies, pierinkies en al die ander dingetjies wat ek nodig het om huisie-huisie te speel.

MOEDER: Ek het nie tyd om jou te help nie, my liefieding. Jy
sal self moet soek.

Vocabulary

pop	doll	**rok**	dress
skoen	shoe	**dalk**	perhaps
laai	drawer	**klerekas**	wardrobe
klere	clothes	**romp**	skirt
bloes	blouse	**speelgoed**	toys
huisie-huisie	mummies and daddies	**goedjies**	things
bord	plate	**koppie**	cup
piering	saucer	**liefieding**	darling

Language points

Diminutives

Diminutives: dog – *doggy*, doll – *dolly*
You have probably already noticed how many Afrikaans nouns end
in **-ie** and that the ending is often optional. This ending is called
the diminutive ending. Its primary function is to make something
small. Whereas words like 'doggy' and 'bickie' (< biscuit) are highly
colloquial in English and more commonly found in children's
language, the equivalent formation in Afrikaans is not at all
childish. Virtually every Afrikaans noun can take the diminutive

ending. The effect may be to make the noun small (e.g. **katjie** 'kitten'), but it can also express affection or approval (**'n oulike oompie** 'a nice old man', **Jy het darem vandag 'n lekker broodjie gebak** 'You really baked a delicious loaf of bread today') or contempt (**Hy is maar 'n vrotsige ou doktertjie** 'He's not much of a doctor', **Is jy bang jou handjies sal vuil word?** 'Are you afraid you're going to get your hands dirty?').

The ending is not always merely **-ie**, but may be **-jie, -tjie, -etjie, -kie** or **-pie**, i.e. there are six possible endings in all with the choice of ending depending on the final sound of the noun. See p. 4 for the pronunciation of diminutives. Here are the rules:

1 The basic form is the addition of **-ie** to any noun; note that in so doing, some of the spelling changes discussed on p. 7 may apply:

boek – boekie book   **aap – apie** monkey

2 Nouns ending in **d** or **t** add **-jie** and pronounce the ending as if written **-kie**:

hond – hondjie dog – puppy   **kat – katjie** cat – kitten

3 Nouns containing a long vowel or diphthong, either at the end of the word or followed by **l**, **n** or **r**, take **-tjie** (pronounced **-kie**):

ui – uitjie onion   **eier – eiertjie** egg
skoen – skoentjie shoe   **sambreel – sambreeltjie** umbrella

Nouns ending in **-el**, **-en** and **-er** also take **-tjie** (pronounced **-kie**):

bottel – botteltjie bottle   **kamer – kamertjie** room

4 Monosyllabic nouns containing a short vowel and ending in **b**, **l**, **m**, **n**, **ng** or **r** add **-etjie** (pronounced **-ekie**):

rib – ribbetjie rib   **bal – balletjie** ball
kam – kammetjie comb   **man – mannetjie** man, husband
ring – ringetjie ring   **ster – sterretjie** star

5 Polysyllabic nouns ending in **-ing** change the **g** to **k** and add **-ie**:

koning – koninkie king   **piesang – piesankie** banana

6 Nouns ending in **m** take **-pie**:

boom – boompie tree   **besem – besempie** broom

Some idiosyncrasies of diminutive formation

Note that many nouns that have a short vowel in the singular but a long vowel in the plural also have a long vowel in the diminutive form:

gat (pl. **gate**) – **gaatjie** hole   **glas** (pl. **glase**) – **glasie** glass

There are many exceptions, however, e.g.

brug (pl. **brûe**) – **bruggie** bridge **dag** (pl. **dae**) – **daggie** day

All diminutives form their plural by adding **-s**, e.g. **stoeltjies** 'shoes', **pierinkies** 'saucers'.

Some words only exist in diminutised form and consequently can be further diminutised by adding **-tjie**, e.g.

meisie – meisietjie girl   **mandjie – mandjietjie** basket

But many words which only occur as diminutives cannot be further diminutised, e.g.

bessie berry   **krammetjie** staple

Exercise 1

Form the diminutive of the following nouns.

vader, broer, kas, huis, dak, stoel, deur, lepel, spel, blaar, bed, rekening.

Exercise 2

Give the plural diminutive of the following plural nouns.

skoene, lampe, appels, pere, kinders, manne, krane, honde, lammers, oë.

Exercise 3

Look up the Afrikaans words for the following parts of the body and fill them in vertically from left to right. If you get them all right, the name of a South African town will appear across the middle. In which province does it lie?

(antwoord in Afrikaans)

hips, fingers, parting, toes, breasts, hair (always plural in Afrikaans), nails, elbows, nose, ears, cheeks

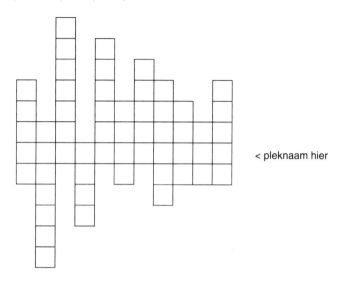

< pleknaam hier

Dialogue 2 🔲

Twee vriendinne praat oor die wel en wee van kinders hê

AMANDA: Môre, Annetjie. Ek het gisteraand geprobeer om jou te bel. Jy's deesdae darem moeilik om te bereik.

ANNETJIE: Ja, dis reg, Amanda. Ek het so baie om te doen. Daar is net nie genoeg ure in die dag om alles te doen wat ek moet doen nie. Vind jy dit nie ook nie?

AMANDA: Nee, ek stem nie saam nie. Jy kan altyd die tyd maak om dié dinge te doen, wat jy werklik wil doen.

ANNETJIE: Net iemand wat nie kinders het nie, kan dit bekostig om so te redeneer.

AMANDA: Wat bedoel jy? Ek het kinders.

ANNETJIE: Ja, natuurlik het jy kinders, maar hulle is nie meer op laerskool nie. Dis onmoontlik om my situasie met joune te vergelyk. Soms dink ek hoe lekker dit moes gewees het om sonder kinders te wees.

AMANDA: Jy sien, jy het miskien nie tyd vir baie dinge nie, maar jy het wel genoeg tyd om te droom.

Language points

Use of om te

Whenever a 'to' standing before an infinitive in an English sentence means 'in order to', **om te** is required in Afrikaans not just **te**, e.g.

Ons gaan Houtbaai toe om vis en skyfies te eet.
We're going to Hout Bay (in order) to have fish and chips.

Ons gaan Houtbaai toe om te gaan swem.
We're going to Hout Bay (in order) to go swimming.

Afrikaans uses **om te** in many other instances too where it does not correspond to 'in order to' and where you might otherwise expect a simple **te** would be sufficient, e.g.

Ek probeer om die lughawe te bel. (See p. 127.)
I'm trying to ring the airport.

Hulle hoop om môre terug te kom.
They hope to return tomorrow.

Wat is die goedkoopste: om begrawe of veras te word?
What is cheaper: to be buried or cremated?

Often the equivalent English structure requires an '-ing' form, e.g.

Hy het nie 'n kat se kans om daardie werk te kry nie.
He hasn't a ghost of a chance of getting that job.

Dis nie maklik om 'n vreemde taal te leer nie.
It's not easy learning a foreign language.

Om luiperds te jag, kan baie gevaarlik wees.
Hunting leopards can be very dangerous.

Note that when an infinitive that is dependent on **om te** is a separable verb, the **te** is inserted between the prefix and the verb and the three are written as separate words, e.g.

Hy gaan sy bes doen om vroeër as die ander aan te kom.
He's going to do his best to arrive earlier than the others.

See also 'Use and omission of **te** before infinitives' on p. 126.
Note the use of **om te** after indirect interrogatives, e.g.

Ek gaan vir jou vertel hoe om hierdie spel te speel.
I am going to tell you how to play this game.

Sy het nie geweet wat om te doen nie.
She didn't know what to do.

Hoe om VIGS te voorkom

Veilige seks

Veilige seks is seks met 'n kondoom. Dit is belangrik om 'n kondoom reg te gebruik. Jy moet 'n kondoom so gebruik...

Dialogue 3 ▢▢

Hester loop Ronel op straat raak

RONEL: Hester, jy lyk bekommerd. Wat is verkeerd?
HESTER: Ek weet nie wat om te doen nie. Ek het die sleutels in die motor toegesluit.
RONEL: Ek is bereid om te help, maar ek weet ook nie wat om te doen nie. Kan jy nie die AA bel nie?
HESTER: Ek het my selfoon by die huis gelaat en het nie munte om te bel nie.
RONEL: Ek sal kyk of ek die regte munte het om van die telefoonhokkie op die hoek te kan bel. *(Sy kyk in haar beursie.)* Ja, ek het.
HESTER: Gelukkig. Maar hoekom het jy nou toevallig net hier langs gekom?
RONEL: Ek is op pad skool toe om die kinders te gaan haal.

Exercise 4

Complete the following sentences using **om te**. The verbs required are given in parentheses. Be careful with those containing a negative.

Example: Hy gaan jou opbel 'to invite you to a party'. (**nooi**)
Hy gaan jou opbel om jou na 'n partytjie te nooi.

1 Koos het geprobeer 'to lift the bed up'. (**optel**)
2 Ons was te moeg 'to get up so early'. (**opstaan**)
3 Hy het besluit 'to emigrate to Australia'. (**emigreer**)

4 Dit is nie maklik 'to find Pofadder on the map'. (**vind**)
5 Ek vind dit moeilik 'to speak Xhosa'. (**praat**)
6 Sy het baie 'to do'. (**doen**)
7 Dit is nie moontlik vir haar 'to come home' nie. (**huis toe kom**)

11 In the process of doing things

Dialogue 1

'n Onenigheid tussen 'n man en sy vrou

MAN: Wat het jy die hele dag gedoen, Ronel? Dis 'n gemors hier.

VROU: Vanmôre was ek die hele tyd besig om skottelgoed te was na gisteraand se kuiergaste, wat jy, my liewe man, genooi het, nie ek nie.

MAN: Ja goed, maar wat het jy die hele middag gedoen terwyl ek aan die werk was?

VROU: Ek het vanmiddag 'n tydjie net sit en dink en toe 'n rukkie gaan lê en aan die slaap geraak.

MAN: Wragtig! Ek wens ek kon gaan slaap het as ek aan die werk is. Maar waaraan het jy dan so lank gesit en dink, as ek mag vra?

VROU: Aan jou, wat anders? Maar man, jy doen die hele dag niks anders as met ander mense staan en praat nie.

MAN: Ja, oor werk. Maar wag 'n bietjie, wat het jy dan aan my loop en dink?

VROU: Dat jy so 'n pyn in die nek is, natuurlik, dat jy dink dat ek die hele dag by die huis niks sit en doen nie.

Vocabulary

gemors	mess	**skottelgoed was**	to wash the dishes
kuiergas	visitor	**nooi**	to invite
aan die slaap raak	to fall asleep	**Wag 'n bietjie.**	Wait a moment.

Language points

Progressive or continuous constructions

When you were introduced to Afrikaans verbs the point was made that English progressive or continuous forms such as 'I am working' (present tense) and 'I was working' or 'I have/had been working' (all three are past tense) are rendered simply by **ek werk** and **ek het gewerk** respectively. Although that is the most usual way of rendering those structures in Afrikaans, it is not the only way. When a certain emphasis is put on the continuity of an action, this can be expressed in one of the following three ways.

1 **Lê**, **loop**, **sit** and **staan** can be used in combination with the verb that one wishes to express in the progressive, e.g.

Wat doen jy? Ek sit en lees.	What are you doing? I'm reading.
Wat doen hy? Hy lê en slaap.	What's he doing? He's sleeping.
Hy loop en sing.	He's (walking along) singing.

When these constructions are used in questions you have a choice of word order, e.g.

Wat lê en dink jy?	What are you lying there
Wat lê jy en dink?	thinking about?

When the subject is stressed, only the second option is possible, e.g.

Wat staan húlle en doen?	What are *they* doing?

The use of such constructions in Afrikaans does not always correspond exactly to a continuous form in English, but is seen to be continuous in Afrikaans, e.g.

Sy staan/sit en praat vir ure as sy niks anders te doen het nie.
She talks for hours if she has nothing else to do. (= sits/stands around talking)

Although the **sit** and **staan** do not necessarily have to correspond exactly with whether the action being performed is being done in a sitting or standing position, this is most usually the case and **sit**, **staan** and **lê** can only be used with reference to actions that can feasibly be performed in those positions as **Ek lê en slaap** illustrates. Although **Ek lê en dink** 'I am thinking' is not impossible as long as you are lying down, **Ek sit/staan en dink** would be a more usual rendition of that English statement, but **Ek dink** would not be incorrect either.

There are a few tricks to watch out for when expressing the above constructions in the past tense. Firstly, the **ge-** is optionally added to the stem of the first verb in the couplet, although the forms with **ge-** are more common than those without, e.g.

Hy het (ge)lê en slaap.	He was sleeping.
Hy het (ge)staan en praat.	He was standing talking.
Hy het (ge)sit en skryf.	He was (sitting) writing.
Hy het (ge)loop en fluit.	He was (walking along) whistling.

And in a subordinate clause:

Ek sal nooit die bloekombome vergeet waarna ek altyd loop en kyk het nie.

I will never forget the eucalyptus trees which I always used to walk along looking at.

Compare the above constructions with the following where by adding a **ge-** to both verbs, they are marked as separate, consecutive actions and are thus not part of a progressive construction, e.g.

Hy het 'n bietjie gelees en geslaap. He read a little and slept.

2 The second means of expressing progressive constructions is by using **wees** + **aan** + **die** + verb, e.g.

Moenie my nou steur nie. Ek is 'n brief aan die skryf. = Ek sit en skryf 'n brief.

Don't disturb me at the moment. I am writing a letter.

The past tense of **aan die** structures is formed by simply using the imperfect of **wees**, e.g.

Sy was 'n boek aan die lees. She was reading a book.

Aan die structures also occur in combination with the verbs **bly**, **gaan**, **hê**, **hou**, **kom**, **kry**, **raak** and **sit** rendering 'to keep, start, etc. + verb + -ing', e.g.

Die dogtertjies bly aan die giggel.
The little girls keep giggling/don't stop giggling.

Die hoenders het aan die kekkel gegaan.
The chickens started clucking.

Jan Spies het die hele land aan die lag gehad.
Jan Spies had the the whole country laughing.

3 The third way of expressing progressive action is by the use of **besig wees te** + verb = 'to be busy'/'in the process of doing something', e.g.

Daardie woord is besig om uit die taal te verdwyn.
That word is (busy) disappearing from the language.

Ek is besig om 'n brief te skryf.
I am writing a letter.

The past tense of this construction is as follows, e.g.

Ek was besig (gewees) om 'n brief te skryf.
I was writing a letter.

Dialogue 2 ▢▢

'n Ander idee van ontspanning

MAN: Wat sit jy en skryf?
VROU: Ek is besig om 'n brief te skryf.
MAN: Jy is altyd briewe aan die skryf.
VROU: Dis vir my ontspannend om briewe te sit en skryf nadat ek die hele dag aan die werk was.
MAN: Noem jy dit ontspanning? Ek sit liewer televisie en kyk. Dis nou wat ek ontspanning noem.

Exercise 1

The following sentences employing progressive forms are based on those in the preceding dialogue. Translate them into English.

1 Ek was vanmôre besig om skottelgoed te was.
2 Wat het jy die hele middag gedoen terwyl ek aan die werk was?
3 Ek het vanmiddag 'n tydjie rustig gesit en dink.
4 Ek het 'n rukkie gaan lê en aan die slaap geraak.

5 Waaraan het jy gesit en dink?
6 Jy doen die hele dag niks anders as met ander mense staan en praat nie.
7 Wat het jy aan my loop en dink?
8 Jy dink dat ek die hele dag by die huis niks sit en doen nie.

Language points

Adjectival inflection in -s

Adjectives preceded by the indefinite pronouns **iets** and **niks** take an **-s** ending, e.g.

Hy het iets aakligs oorgekom toe hy in die Kaap was.
Something dreadful happened to him when he was in the Cape.

Dit is niks nuuts nie.
That is nothing new.

Theoretically, this ending is also applied to comparatives (e.g. **iets kleiners** 'something smaller'), but it is now commonly omitted from comparatives, e.g.

Het jy niks beter(s) om te doen nie?
Haven't you anything better to do?

Daar is eintlik niks lekkerder(s) as dit nie.
There is really nothing nicer than that.

Compound nouns

A compound noun: sunglasses
In Afrikaans compound nouns should always be written as one word, e.g. **voordeur** 'front door', **kerktoring** 'church tower'. They can consist of more than two words, e.g. **motorvoertuigversekering** 'motor vehicle insurance'.

It is not uncommon for either an **-e-** or **-s-** to be inserted between the two parts of compound nouns and unfortunately there are no rules as to when these are required; it is usually a matter of sound, a feeling for which comes only with experience and exposure to the language, e.g. **sonskyn** 'sunshine' and **sonbril** 'sunglasses', but **sonneblom** 'sunflower'; **boekrak** 'book shelf' and **boekwinkel** 'book shop', but **boekekas** 'book case'; **sakeman** 'businessman'; **apart-heidsbeleid** 'policy of apartheid'; **skaapvleis** 'mutton', but **kalfsvleis** 'veal'; **pannekoek** 'pancake'; **werkswinkel** 'workshop'; **blikkieskos** 'canned food'.

Where the first part of the compound is a noun that normally takes **-s** in such compounds, the **-s** is dropped if the second part of the compound begins with **-s**, e.g. **voedingswaarde** 'nutritional value', but **voedingsorg** 'nutritional care'; **volksmusiek** 'folk music', but **volkstaat** 'nation state'.

Connected with the fact that a few nouns form their plural in **-(e)ns** and **-ers**, **-ns** and **-er** are inserted into some compounds, e.g. **etenstyd** 'mealtime' (< **ete**), **lewensversekering** 'life insurance' (< **lewe**), **nooiensvan** 'maiden name' (< **nooi**), **kinderbiblioteek** 'childrens' library' (< **kind**).

Increasingly, as a result of English influence, such compound nouns are being written as separate words, particularly when there is no medial **-e-** or **-s-** involved, e.g. **lemmetjie geur** 'lime flavouring', **karavaan park** 'caravan park'. This practice should not be copied, however commonly you may encounter it and however long the compound, e.g. **kleuterskoolonderwyseres** 'kindergarten teacher'.

118

It is also not uncommon to see hyphens being used in less common compounds, particularly when one of the two elements is a loanword or when the lack of a hyphen might cause the eye problems, e.g. **toeriste-inligting** 'tourist information', **vakansie-oord** 'holiday resort', **senu-ineenstorting** 'nervous breakdown'. In practice hyphens are commonly used where they are not necessary and where their use is not condoned by the official spelling rules.

Exercise 2

Try making compounds from the following nouns. There are some surprises in store for you here so don't feel too bad if you don't get them all right.

1 tand + borsel (*toothbrush*)
2 wyn + glas (*wine glass*)
3 saak + lui (*business people*)
4 knoop + gat (*button hole*)
5 stad + raad (*city council*)
6 liefde + brief (*love letter*)
7 verkeer + ongeluk (*traffic accident*)
8 pruim + boom (*plum tree*)
9 lam + vleis (*lamb (meat)*)
10 kind + fiets (*children's bicycle*)
11 wolk + krabber (*skyscraper*)
12 gewete + besware (*conscientious objections*)

Dialogue 3 ▮▮

'n Pynlike situasie

MAN: Ek was so skaam gisteraand by die Van der Merwes toe jy Annetjie se pragtige koffiepot laat val het.
VROU: Ag wat, ek gaan dit laat herstel.
MAN: Laat my dit sien. Man, die tuit is vreeslik krom. Is jy seker jy kan dit laat regmaak?
VROU: Kom, ons gaan onmiddellik silwersmid toe. Jy sal sien. Dan los jy my miskien eindelik uit.

Language points
Use of laat *with infinitives*

Laat has several meanings in Afrikaans and is a very important verb.

1 It is used to render 'let' in imperatives, where it can be used together with either the subject or object pronoun, e.g.

Laat ek/my sien.	Let me see.
Laat sy/haar dit doen.	Let her do it.
Laat ons gaan.	Let's go.

But note that the most colloquial way of expressing 'Let's ...' is as follows: **Kom ons gaan huis toe** 'Let's go home'.

2 It can also mean 'to leave', in which meaning it is usually interchangeable with **los**, e.g.

Ek het my beursie tuis gelaat/gelos.
I've left my purse at home.

3 It is commonly used as an auxiliary verb with infinitives, e.g. **laat sak** 'to lower', **laat vaar** 'to give up', **laat val** 'to drop', e.g.

Sy het die teepot laat val.   She dropped the teapot.

But over and above this, **laat** is the auxiliary verb you require when you '*have* someone do something', i.e. in Afrikaans you *let* someone do it, e.g.

Sy laat haar man die skottelgoed opwas.
She has/lets her husband do the washing-up.

Ek moes my hare laat sny.
I had to have my hair cut.

Hulle laat hul huis deur iemand anders verf.
They are having their house painted by someone else.

When this **laat**, which has an infinitive dependent on it, is used in the past tense, a double infinitive construction is required (see p. 127), e.g.

Sy het haar man die skottelgoed laat opwas.
She had/let her husband do the washing-up.

Hulle het hul huis deur iemand anders laat verf.
They (have) had their house painted by someone else.

In the future tense these **laat** constructions go as follows, e.g.

Ek sal my hare moet laat sny.
I'll have to have my hair cut.

Hulle gaan hul huis deur iemand anders laat verf.
They are going to have their house painted by someone else.

See p. 128 for more on **laat**.

Exercise 3

Put all the following sentences into the past tense.

Example: Hy laat die boek val.
Hy het die boek laat val.

1 Annetjie laat haar ma altyd weet waar sy is.
2 Ek laat elke week my motor was.
3 Waar laat jy jou kar staan?
4 Hy domkrag die motor op, vervang die papwiel en laat die motor weer sak.
5 Ons moet die dokter laat kom.
6 Sy laat haar skoene repareer.
7 Ons laat 'n vakansiehuis op Hermanus bou.

12 Expressing time

Dialogue 1

'n Moeder sien te min van haar seun

MOEDER: Karel, kom jy vanaand terug of bly jy in Johannesburg?

SEUN: Nee Ma, ek kom eers môreaand weer.

MOEDER: Dis nou jammer. Jy het nie lank gebly nie. Ek sien deesdae so min van jou.

SEUN: Wat? Dis nie waar nie! Ek het gisteroggend hier aangekom, ek het gister die hele dag saam met Ma en Pa deurgebring, en gisteraand het ons die hele aand kaart gespeel. Wat wil Ma dan nog hê moet ek doen? Dit is nie gesond vir 'n twintigjarige om so veel tyd by sy ma te wees nie.

Periods of the day

The following is a list of important adverbs of time worth learning by heart.

vanoggend	this morning
vanmôre	this morning

vanmiddag	this afternoon
vanaand	this evening, tonight
vannag	tonight (after lights out)
môre	tomorrow
môreoggend	tomorrow morning
môremiddag	tomorrow afternoon
môreaand	tomorrow evening/night
oormôre	the day after tomorrow
oormôreoggend, -middag, -aand	the morning of the day after tomorrow, etc.
gister	yesterday
gisteroggend	yesterday morning
gistermiddag	yesterday afternoon
gisteraand	last night (up till bedtime)
laasnag, vannag	last night (after lights out)
eergister	the day before yesterday

Exercise 1

Fill in the appropriate expression of time.

1 Hy kom eers (*the day after tomorrow*).
2 Wat doen jy (*tonight*)?
3 Wat het jy (*last night*) gedoen?
4 Ek het hom (*this morning*) in die dorp gesien.
5 My vader kom (*Wednesday evening – it is now Monday*) terug.

More expressions of time

Here are some more important adverbs of time worth learning by heart.

vandeesmaand/-week	this month/week
vanjaar, hierdie/dié jaar	this year
volgende jaar/maand/week	next year/month/week
verlede jaar/maand/week	last year/month/week
laasjaar, laasweek, laasmaand	last year/month/week
voorverlede jaar/maand/week	two years/months ago, the week before last
(op) Sondag, Maandag, etc.	(on) Sunday/Monday, etc. (past and future)

op Sondae, Maandae, etc.	on Sundays/Mondays, etc.
verlede/laas Sondag, etc.	last Sunday, etc.
volgende Sondag, etc.	next Sunday, etc.
oor die naweek	at the weekend
soggens	in the morning(s) (habitual)
smiddags, smiddae	in the afternoon(s) (habitual)
saans	in the evening(s) (habitual)
snags	at night(time) (habitual)
bedags	by day, during the daytime (habitual)

The following expressions render 'am' and 'pm': **in die oggend/ middag/aand/nag**, e.g.

Ons drink tienuur in die oggend koffie.
We have coffee at ten in the morning/10.00 am.

Ons drink nooit soggens koffie nie.
We never drink coffee in the morning.

Note that there are two words for 'morning', **môre** and **oggend**. The two words are totally synonymous but not interchangeable in all contexts. You always say, for example, **goeie môre** 'good morning', but **tienuur soggens/in die oggend/môre** 'ten o'clock in the morning', **Woensdagmôre** or **Woensdagoggend** 'Wednesday morning', and **vanmôre** or **vanoggend** 'this morning' and **elke môre** or **elke oggend** 'every morning'. As **môre** also means 'tomorrow', 'tomorrow morning' is **môreoggend**.

Exercise 2

Answer the following questions giving the day and the date, assuming **Vandag is Donderdag vier April**.

Example: Wat is vandag?
Vandag is (dit) Donderdag vier April.

Maandag 1 April	Dinsdag 2 April	Woensdag 3 April	Donderdag 4 April
	Vrydag 5 April	Saterdag 6 April	Sondag 7 April

1 Wat is môre?
2 Wat is oormôre?
3 Wat was gister?

4 Wat was eergister?
5 Wat was verlede Maandag?
6 Wat is volgende Sondag?

Exercise 3

Translate the following.

1 What do you do on Thursdays?
2 Where do you work on Wednesdays?
3 What are you doing next Friday?
4 Where were you last Monday?
5 Where are you going at the weekend?
6 The grass grows so quickly in spring.
7 I'm going to Italy in summer this year. (Remember 'Time-Manner-Place', as well as more general time before more specific time.)

Exercise 4

Someone wants to make an appointment with you. This is your schedule. You are hard to catch. Tell her/him where you will be if s/he comes when s/he suggests:

> *Example:* Monday   in Durban
> **Ek is jammer, Meneer/Mevrou, maar Maandag is ek in Durban.**

1 Tuesday   at university
2 Thursday   in Pietersburg, in the north of the country
3 Friday   abroad
4 on the weekend   in Namibia
5 next week   in Paris
6 next month   not yet back in South Africa

Dialogue 2 ▢▢

Christo vra Theo uit oor sy lewe as boer

CHRISTO: Hoe lank woon julle al op hierdie plaas?
THEO: Ons woon al langer as tien jaar hier. Dié plaas was

eers my pa s'n en hy het twintig jaar hier geboer. Ek boer al twaalf jaar, maar net die afgelope tien jaar op Rustenburg.

CHRISTO: En hoe lank sal jy nog bly boer? Raak jy nie moeg daarvoor nie?

THEO: Is jy mal? Ek sal die volgende dertig jaar nog 'n boer wees. Dit is die enigste ding wat ek in die lewe wil doen.

Language points

How to say 'for' in expressions of time

'For' with periods of time is expressed in a number of ways. When an action that started in the past continues into the present, 'for' is rendered by **al** (see also p. 31), e.g.

Sy bly al (vir) jare op Tulbagh.
She has lived in Tulbagh for years. (and still lives there)

Hulle ken mekaar al lank.
They've known each other for a long time.

Use of **vir** in such contexts, although common in both the spoken and written languages, is due to the influence of English and is disapproved of by some.

When the action started and finished in the past, 'for' is best left untranslated but here too an Anglicistic **vir** is often heard; the **lank** in the next example may be omitted, e.g.

Sy het (vir) jare lank op Tulbagh gebly.
She lived in Tulbagh for years. (and does not any more)

Hulle was net (vir) 'n dag of drie in Pole.
They were only in Poland for about three days.

When the action is to be performed in the future, 'for' must be rendered by **vir**, e.g.

Vir hoe lank gaan sy?
How long's she going for?

Sy gaan vir twee jaar Bulgarye toe.
She's going to Bulgaria for two years.

Note that 'for' remains untranslated in the following example:

Ek gaan nie lank praat nie.
I'm not going to talk for long.

Dialogue 3 📼

Marietjie het pas 'n operasie ondergaan en is weer by die huis. 'n Vriendin bel haar op . . .

ANNETJIE: Hoe gaan dit na jou operasie, Marietjie?

MARIETJIE: Ek het eers gister van die hospitaal huis toe gekom en kan nog nie alles self doen nie. Ek moet weer leer loop. Ek het die dag na my operasie probeer loop maar dit was te gou. Die susters in die hospitaal wou my toe maak loop, maar toe hulle my drie keer binne tien minute sien val het, het hulle besluit om my 'n bietjie langer te gee om te herstel. Die eerste keer dat ek probeer stap het, was ek alleen in die kamer en ek het neergeslaan. Ek het so begin lag dat ek nie eers weer kon opstaan nie. Ek moes op die vloer bly lê totdat iemand verbygekom het en my kon help opstaan.

ANNETJIE: Behoort jy nie langer in die hospitaal te gebly het nie?

MARIETJIE: Nee wat. Hou net aan, Annetjie. Ek het pas iemand hoor aankom. Besoekers hou nie op kom nie en ek word deur almal verwen. Dis te lekker. Ek moet gaan. Tot siens. Dankie vir die bel.

ANNETJIE: Tot siens, Marietjie. Beterskap, nè?

Language points

Use and omission of te *before infinitives*

Normally when the finite verb in a clause is followed by an infinitive, which is always placed at the end of the clause, that infinitive is preceded by **om te** as discussed on p. 109. Use of **te** without **om** was not discussed there. Generally speaking the use of **te** on its own is limited to the verbs **behoort** 'should', **durf** 'to dare to' and **hoef** 'to need to', e.g.

Hulle behoort die regering te ondersteun.
They should (= ought to) support the government.

Sy durf nie alleen huis toe te gaan nie.
She doesn't dare (to) go home alone.

Jy hoef nog nie huis toe te gaan nie.
You don't need to (= have to) go home yet.

The modal verbs **kan, mag, moet, sal** and **wil** do not require **(om) te** before a following infinitive, as was illustrated on p. 25, as this in part is the meaning of a modal verb. But in addition to modals, there is another group of verbs which have in common with modals that they are regularly followed by an infinitive for which they act as a sort of auxiliary verb and thus **(om) te** is not required. These verbs are called linking verbs as they can be linked to an infinitive without the assistance of **(om) te**. The verbs in question are:

aanhou to keep on	**leer** to learn, teach
begin to begin, start	**loop** to walk
bly to stay	**maak** to make (= force)
gaan to go	**ophou** to stop
help to help	**probeer** to try (also with **om te**)
hoor to hear	**sien** to see
kom to come	**voel** to feel
laat to let, have (something done, see p. 119)	

In the present tense these verbs are used as follows:

Dit begin nou reën.
It's starting to rain.

Hy hou aan lawaai maak.
He keeps on making a racket.

Hy moet ophou rook.
He must stop smoking.

And in the imperative:

Bly sit.
Stay seated.

Help my asseblief opstaan.
Please help me to get up.

When these constructions are used in the past tense, you use a so-called double infinitive construction (see p. 119), i.e. where you would expect the past participle of **probeer** and **ophou** to be used in the following examples, an infinitive is used instead together with the infinitive of the verb to which **probeer** and **ophou** are acting as auxiliaries:

Hy het sy vader probeer help.
He (has) tried to help his father.

Dit het ophou reën.
It (has) stopped raining.

In subordinate clauses the following word order applies where **het** follows infinitives:

Ek het gesê dat ek dit nog nie laat doen het nie.
I said that I haven't had it done yet.

Weet jy dat ek hom sien swem het?
Did you know that I have seen him swim?

Exercise 5

Put the following sentences into the past tense applying a double infinitive construction.

1 Ek gaan dadelik kyk.
2 Sy kom my elke Maandag help.
3 Sy hoor die bure se kind huil.
4 Hy bly sit hoewel daar aan die deur geklop word.
5 Ek gaan vanmiddag by my tante kuier.
6 Ek sien hom weggaan.
7 Sy hoor my altyd inkom.
8 Hy kom elke jaar met Kersfees by ons kuier.

Some additional word order rules concerning verbs

1 On pp. 25 and 26 you were introduced to the concept of any additional verb in a clause being placed at the end of the clause. This is applicable to infinitives and past participles when the action is in the past tense, e.g.

My pa sal my vanaand bel. (modal verb + infinitive)
My dad will ring me tonight.

My pa het my gisteraand gebel. (**het** + past participle)
My dad rang me last night.

But when structures like **sal ... bel** and **het ... gebel** occur in a subordinate clause, i.e. with the finite verb being sent to the end, the following occurs: a modal verb, although it no longer stands in second position and must be sent to the end of the clause, must precede the infinitive dependent on it, whereas **het** must follow the past participle which is dependent on it, e.g.

Ek is seker dat my pa my vanaand sal bel. (modal verb + infinitive)
I'm sure my dad will ring me tonight.

Het jy geweet dat my pa my gisteraand gebel het? (past participle + **het**)
Do you know that my dad rang me last night?

Of course it is always possible to omit a subordinating **dat** (see p. 62) and then there is no need to alter the word order, e.g.

Ek is seker my pa sal my vanaand bel.
I'm sure my father will ring me tonight.

Het jy geweet my pa het my gisteraand gebel?
Did you know that my father phoned last night?

Exercise 6

Rewrite the following sentences starting with the words **Is jy seker dat ...** and making the appropriate changes to the word order in the clause that follows.

1 Haar ma sal dit doen.
2 Hy kom jou sesuur haal.
3 Hy het haar tien rand gegee.
4 Sy het nog nie aangetrek nie.
5 Hy sal my sewe-uur kom haal.
6 Dit het ophou reën.

13 The weather

Dialogue 1

Twee vriendinne praat oor die seisoene

ANNETJIE: Ek is so bly die somer is verby.
HESTER: Is jy mal? Die somer was pragtig en die herfsweer wat ons nou het, is nog mooier.
ANNETJIE: Nee, die somer was vir my te warm.
HESTER: Wag totdat ons weer elke nag ryp kry. Dan sal jy wens dit was al lente.

Seasons

The four seasons are:

die somer	(the) summer	**die lente**	(the) spring
die herfs	(the) autumn	**die winter**	(the) winter

The definite article must always be used with the seasons, e.g.

Dit reën hier nie in die winter nie.
It doesn't rain here in (the) winter.

Reading text 1

This is the weather report in brief as broadcast on SABC* television.

Die weervoorspelling vir môre die derde November

Die miskolle wat die afgelope twee dae oor die noordelike dele
van die land voorgekom het, gaan minstens die volgende vier-en-
twintig uur nog voortduur. Wolke het oor Wes-Botswana en Oos-
Namibië begin ontwikkel, met miskolle langs die weskus. 'n Koue
front is suid van Kaapstad in aantog en sal koeler weer oor die
Skiereiland meebring. Die weerburo het 'n waarskuwing uitgereik
dat dit veral oor Gauteng, Noord-Wes-Provinsie en dele van die
Noordelike Provinsie bloedig warm sal wees. Enkele donderbuie
word vannag oor Noord-Oos-Namibië en Wes-Botswana verwag
met buie langs die Kaapse suidweskus. 'n Strook donderbuie sal
môre oor die noordoostelike dele van die land ontwikkel. Buie en
donderbuie sal langs die Kaapse suidkus en binneland en die
Ooskaap voorkom. Die westelike binneland sal vannag koel wees,
maar elders sal dit matig tot warm wees. In die Noordelike
Provinsie sal die kwik nie laer as twintig grade daal nie. Oor die
westelike en suidelike kusgebiede sal dit môre koel wees, maar oor
die noordelike en noordoostelike dele sal dit versengend warm
wees. Hoë temperature word oor die sentrale en oostelike gebiede
verwag. Oor groot dele van die land sal daar môre bewolkte tot
gedeeltelik bewolkte toestande voorkom met sonnige weer oor die
westelike en noordoostelike gebiede. Fris tot sterk wind sal langs
die kus waai met fris wind oor die sentrale binneland.

Weather terminology in the above passage:

weervoorspelling	weather forecast	**versengend/**	very hot
hittegolf	heatwave	**bloedig warm**	
miskol	patch of fog	**(gedeeltelik)**	(partially)
voortduur	to last	**bewolk**	cloudy
in aantog wees	to be approaching	**sonnig**	sunny
matig	moderate	**'n fris/sterk wind**	a cool/strong wind
koel	cool		
donderbui	thunderstorm	**waai**	to blow

* South African Broadcasting Corporation

Reading text 2

The following weather report was broadcast on Radio Sonder Grense, an Afrikaans station, for 12 October.

Hier volg die volledige weervoorspelling vir môre soos verstrek deur die weerburo.

Gauteng: gedeeltelik bewolk en warm met 'n veertig persent moontlikheid van donderbuie.

Mpumalanga: gedeeltelik bewolk en warm, maar baie warm in die Laeveld met 'n veertig persent moontlikheid van donderbuie later, behalwe in die noordooste.

Noordelike Provinsie: gedeeltelik bewolk en baie warm, maar bloedig warm in die Laeveld en Limpopo-vallei met 'n veertig persent moontlikheid van donderbuie later, behalwe in die noordooste.

Noordwes: gedeeltelik bewolk en baie warm, maar bewolk en warm in die noordooste met 'n moontlikheid van enkele donderbuie.

Die Vrystaat: gedeeltelik bewolk en warm met 'n veertig persent moontlikheid van donderbuie, behalwe in die weste.

Noord-Kaap: mooi weer en warm maar koel langs die kus met miskolle in die oggend. Die kuswind matig suidwes.

Wes-Kaap: warm in die noordooste andersins mooi weer en koel. Die kusgedeelte bewolk met 'n matige suidwestewind.

Die westelike helfte van Oos-Kaapland: mooi weer en warm, maar dit sal later gedeeltelik bewolk en koel word langs die kus. Die wind langs die kus matig noordoos en dit word later taamlik sterk suidwes.

Die oostelike helfte van Oos-Kaapland: gedeeltelik bewolk en koel maar warm oor die binneland met 'n twintig persent moontlikheid van donderbuie later in die noordooste. Die kuswind matig noord-oos en dit sal later sterk word.

KwaZulu-Natal: bewolk met miskolle môreoggend in die ooste, andersins gedeeltelik bewolk en warm met 'n veertig persent moontlikheid van donderbuie later oor die binneland. Die kuswind lig suidoos en dit word later matig noordoos.

Namibië: mooi weer en baie warm maar gedeeltelik bewolk in die noordooste met twintig persent moontlikheid van donderbuie. Die kusgebied bewolk met miskolle in die oggend maar andersins mooi weer en koud. Die kuswind matig noordwes tot suidwes.

Botswana: gedeeltelik bewolk en baie warm met 'n twintig persent moontlikheid van donderbuie behalwe in die suidweste.

Lesotho: gedeeltelik bewolk en warm met 'n veertig persent moontlikheid van donderbuie later.

Swaziland: gedeeltelik bewolk en warm.

Môre se verwagte minimum en maksimumtemperature is soos volg:
Gauteng: Pretoria 16/29, Johannesburg 14/27, Vereeniging 12/29.
Mpumalanga: Nelspruit 12/31, Ermelo 11/27, Witbank 12/27,
Standerton 14/28, Skukuza 17/36, ensovoorts.

Exercise 1

Look closely at all the weather details on the map and answer the
following questions. (There is more useful weather terminology to
be learnt by reading the chart closely.)

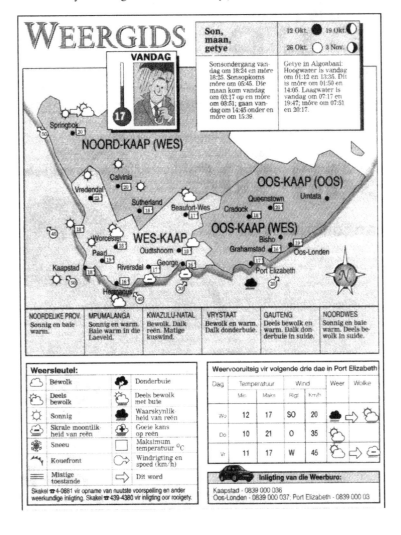

1 Wat gaan die makimumtemperatuur vandag op Springbok wees?
2 Hoe gaan die weer wees in die Noordwes Provinsie?
3 In watter provinsies gaan donderbuie voorkom?
4 Hoe gaan die weer wees in die Laeveld?
5 Dit gaan dalk êrens reën – waar?
6 Wat gaan die minimumtemperatuur wees Donderdag in Port Elizabeth?
7 Waar en wanneer gaan daar 'n skrale moontlikheid van reën wees?
8 Wanneer gaan die son vandag onder?

Dialogue 2 🔊

'n Man en sy vrou bespreek die weersomstandighede

MAN: Dis vandag pragtige weer. Ek gaan gholf speel.
VROU: Nee, jy moenie. Dit gaan vanmiddag reën.
MAN: Dit lyk vir my onmoontlik.
VROU: Het jy nie vanoggend die weerberig gehoor nie? Die weerburo het vreeslike donderbuie voorspel, met 'n groot moontlikheid van hael.
MAN: Goeie Hemel! Ek wil nie dat my splinternuwe motor deur die hael beskadig word nie.

Language points

Vallende klippe
(van regs)

Present participles

A present participle: The child came in *crying*. The *crying* child.

Back on p. 23 you learnt that Afrikaans verbs do not have the equivalent of our '-ing' form, i.e. 'The child is crying' is simply **Die**

kind huil. On p. 113 you were introduced to possible ways of expressing this progressive if need be, i.e. **Die kind is aan die huil**, **Die kind sit en huil**. The literal translation of 'crying' is **huilend**, i.e. this is the present participle which is formed by adding **-end** to the infinitive with the same spelling changes being applied to the stem of the verb as apply when an **-e** is added to a noun (see p. 7). Such present participles are used as adverbs or adjectives in Afrikaans, e.g.

Die kind het huilend tuisgekom. (adverb)
The child came home crying.

Sy kon nie die huilende kind paai nie. (adjective)
She couldn't pacify the crying child.

Here are more elevated examples derived from the verb **toeneem** 'to increase':

Die staat het toenemend afhanklik geword van sy weermag. (adverb)
The state became increasingly dependent on its military.

Die beleid van toenemende onderdrukking ignoreer die oorsake van die situasie. (adjective)
The policy of increasing oppression ignores the causes of the situation.

In higher style the present participle can introduce a participial clause, which is as close as it comes to being used verbally in Afrikaans:

Hulle word deur 'n kommissie aangestel, bestaande uit ses persone.
They are appointed by a commission, consisting of six people.

English participial clauses of the following kind must be rephrased when rendered into Afrikaans, e.g.

Nadat ek (die) skottelgoed gewas het, gaan ek televisie kyk.
After doing the dishes, I'm going to watch TV.

Nadat ek (die) skottelgoed gewas het, het ek televisie gekyk.
After having done the dishes, I watched TV.

See also 'Reduplication' on p. 152 for how to render yet another '-ing' form.

Exercise 2

What verbs are the following adjectives derived from?

    Example: etende (*eating*)
                 eet

1 blywende (*remaining*)
2 roepende (*calling*)
3 leidende (*leading*)
4 lewende (*living*)
5 skokkende (*shocking*)

Exercise 3

Form adjectival present participles of the verbs given below, i.e. they must end in **-e**. The new words have the meanings given in brackets.

    Example: lag
                 laggende (*laughing*)

1 sit   (*sitting*)
2 lees   (*reading*)
3 skryf   (*writing*)
4 loop   (*walking*)
5 klop   (*beating, knocking*)

Verbs used as nouns

Rendering English '-ing' forms is tricky in Afrikaans. Several possibilities have been dealt with above. Another is the rendering of so-called gerunds, i.e. present participles ('-ing' forms) used as nouns, e.g.

Voer van bobbejane verbode.
Feeding of baboons prohibited.

Vroeg opstaan is nie lekker nie.
Getting up early is not nice.

Haar oë was rooi van die huil.
Her eyes were red from crying.

Dialogue 3 ▣

'n Man en sy vrou probeer om uit te vind hoe hulle nuwe kamera werk

MAN: Hoe werk hierdie nuwe kamera, Annetjie?
VROU: Laat my daarna kyk. Was daar nie aanwysings in die doos nie?
MAN: Daar was, maar die kinders het met 'n vulpen daarop geskryf en ek kan dit nie meer uitmaak nie.
VROU: Kyk hierso. Daar staan ook aanwysings op die agterkant van die kamera self. Daaronder staan nog iets wat ek nie kan lees nie.

Language points

Idiomatic uses of the word daar

In addition to simply rendering the English adverb of place 'there', **daar** has two other highly idiomatic functions which need to be mastered.

Dummy subject daar

Indefinite subjects are commonly placed after the verb in Afrikaans with **daar** introducing the verb:

Daar sit 'n hond agter die hek.
There's a dog sitting behind the fence.

Daar is twee dinge wat ek moet sê.
There are two things I have to say.

In the examples above **daar** corresponds exactly to English usage, but this is certainly not always the case. Such constructions with a dummy subject **daar** are more common in Afrikaans than in English, but you usually have the choice of either using it or leaving the construction as it is in English, e.g.

Toe kom daar 'n dominee aan = Toe kom 'n dominee aan.
Then a minister arrived.

Was daar iemand by die huis? = Was iemand by die huis?
Was (there) anyone at home?

Daar is renders 'there is/are', but Afrikaans has several other ways of expressing this. **Daar lê, daar sit** and **daar staan** can be used instead of **daar is** when the position designated by these verbs is appropriate to what is being referred to, e.g.

Daar lê twee koerante op die vloer.
There are two papers (lying) on the floor.

Daar staan twee splinternuwe bakkies voor die motorhuis.
There are two brand new pick-ups (standing) in front of the garage.

Daar is particularly commonly used in combination with the passive (see p. 167) in a way that English 'there' is not, e.g.

Daar word aan die deur geklop.
There's a knock at the door.

Pronominal daar *and* hier

'On it', 'in it', 'from it', etc. (i.e. a preposition + the pronoun 'it') is expressed in Afrikaans by **daarop, daarin, daarvan**, etc.; **op dit, in dit, van dit**, etc. are not strictly speaking possible, e.g.

Dit was my stoel, maar nou sit die kat daarop.
This was my chair, but now the cat is sitting on it.

Daar + preposition not only translates 'on'/'in'/'from it', etc., but also 'on'/'in'/'from them', etc., when 'them' refers to non-personal objects, e.g.

Ons kyk graag daarna.
We like looking at it (a painting) *or* We like looking at them (paintings).

Daarop, etc. not only renders 'on it/them', etc. but also 'on that/those', in which case it contrasts with **hierop** 'on this/these', etc., e.g.

Die voorval het my daaraan laat dink.
The incident reminded me of it/that/those.

Ek gaan nie hieragter staan nie.
I'm not going to stand behind this/these.

Hulle gaan nie hierop sit nie.
They are not going to sit on this/these.

Exercise 4

Rewrite the following sentences replacing the italicised expressions
with **daar** + preposition.

   Example: Die seuns sit *op die rusbank*.
            Die seuns sit daarop.

1 Die hond lê *op die grond*.
2 Ek weet niks *van daardie ongeluk* nie.
3 Sy het dit *uit die koerant* geknip.
4 Ons het urelank *in die motor* rondgery.
5 Ek het die hele dag *aan daardie fliek* loop en dink.
6 Ons kyk op die oomblik *na 'n baie interessante televisieprogram*.

Exercise 5

Answer the following questions with reference to each illustration
using the nouns and verbs given.

   Example: Wat is dit en wat doen 'n mens daarmee?

Dit is 'n gholfbal en jy speel gholf daarmee.

1 'n viool (musiek speel)   2 televisiestel (kyk na)

3 tandeborsel (jou tande borsel) 4 saag (hout saag)

5 teddiebeer (speel)

6 hamer (spykers inslaan)

Culture point

The term 'Afrikaander' (now archaic for 'Afrikaner') was first used at the beginning of the eighteenth century to designate a white, Dutch-speaking inhabitant of the Cape Colony. But the term 'Afrikaans' to designate the language, although occasionally used earlier in the nineteenth century, only became current after 1875, the year in which the **Genootskap van Regte Afrikaanders (GRA)** was founded in Paarl to strive for the recognition of Afrikaans as a separate written language from Dutch. The work begun in 1875 reached its culmination in 1925 in which year an act of parliament declared Afrikaans to be the other official language of the then Union of South Africa, replacing Dutch. For the next seventy years Afrikaans enjoyed official equal status with English, with its equal use in the public sphere being particularly pushed by the white Nationalist government from 1948 to 1994. It is this equality in the official sphere that has begun to be eroded since the ANC came to power in April 1994.

14 Exclamations, congratulations and apologies

In this lesson you will learn about:

- exclamations
- indefinite pronouns
- offering congratulations
- making and accepting apologies
- modal particles
- how to make a request or order sound polite

Dialogue 1

Ronel se nuwe bondeltjie vreugde

RONEL: Kyk, Annetjie, wat ek vir my verjaarsdag van Piet gekry het.

ANNETJIE: Wat is dit?

RONEL: 'n Hondjie.

ANNETJIE: Ag foeitog! Hy's pragtig.

RONEL: Ja, hy is te lieflik, nè? Hy's 'n opregte worshond.

ANNETJIE: Eina! Hy het my gekrap.

RONEL: Ja, jy moet oppas want sy kloue is skerp en hy is sterk. Hy het vanoggend die voëltjiekou omgestamp.

ANNETJIE: Dit kan nie waar wees nie. Daai klein dingetjie en daai helse groot voëltjiekou van julle.

RONEL: Ja, hy het. Kan jy dit glo?

ANNETJIE: Goeie genugtig!

Language points

Exclamations

wat 'n jammerte!	what a pity!
Dis jammer.	It's a pity/shame.
o!	oh!
ag, ja/nee, man*	oh, yes/no
Weg is jy!	Scram, get lost!
Voertsek!	Scram, get lost!
siestog!	how cute!, poor devil/soul!
foeitog!	how cute!, poor devil/soul!
(ag) sies!	(oh), yuck!
eina!	ouch!
Dis hy!	That's it; that's correct!
Daar's hy!	That's it; that's correct!
okay!	okay! (pronounced as in English)
nou maar goed!	alright then!
twak/snert!	nonsense!
Toe!	Come on! (giving encouragement)
Kan jy dit glo!	Can you believe it! (expresses incredulity)

Hoor, pronounced with a rising intonation, commonly follows imperatives (compare South African English 'eh?') as a confirmation that the order has been understood, e.g.

Jy moet jou huiswerk vir my wys as jy klaar is, hoor?
You must show me your homework when you're done, okay?

But it is used in other situations too where it does not have any direct equivalent in English, e.g. **dankie, hoor!** 'thanks!'.

There is a host of exclamations that express amazement similar to English expressions like 'heavens', 'my goodness', etc. All the following are as innocuous as these English expressions:

vaderland	**(my) maggies**
(goeie) genade	**(my) hene** (pronounced **jene**)
(goeie) genugtig	**allawêreld**
mensdom	**my wêreld**
jirre	**my tyd**

---

* **Man** is very frequently suffixed to numerous exclamations whether you are talking to a male or a female.

Jesus is regarded as a strong exclamation in Afrikaans and is best avoided in polite company. **Nugter weet** or **die Vader weet** express 'Lord knows'.

Indefinite pronouns

Learning indefinite pronouns is more a matter of vocabulary than grammar. Here is a list of the main ones followed by an exercise which illustrates how some of them are used in a sentence.

albei, beide	both
al, alle, almal	all*
al, alles	everything
baie, veel	much, many
enige	any
iemand	somebody
iedereen	everybody
iets	something
mekaar	each other
die meeste	most (of)
min	little, few
'n paar	a few, a couple of, some**
(heel)party ... party	some ... others
sommige ... ander	some ... others
sulke, so'n	such (a)
verskeie	several
verskillende	various

When followed by a mass noun, 'some' is left untranslated, e.g.

Hy moet geld maak.
He must make some money.
Moenie vergeet om brood te koop nie.
Don't forget to buy some bread.

---

* Note that 'all' with expressions of time is expressed by **heel** not **al**, i.e. 'all day/night/week' is either **die hele dag/nag/week** or **heeldag/heelnag/heelweek**.
** 'Some' with reference to a following plural noun is most usually expressed by **'n paar**, but it can be left untranslated, e.g.

Hy het al ('n paar) vriende gemaak.
He has already made some friends.

Exercise 1

Translate the following sentences into English.

1 Beide kinders het by die huis gebly.
2 Die kinders het albei by die huis gebly.
3 Almal het toe huis toe gegaan.
4 Ek het almal daar gesien.
5 Ons ken almal die man.
6 Dis al wat ek weet.
7 Ek het (veels) te veel geëet.
8 Ek het baie min vir my kar gekry.
9 Party/sommige mans word nooit groot nie.
10 Sy praat sulke mooi Afrikaans.

Offering congratulations

Veels geluk or **baie geluk** are the most usual way of expressing congratulations. If the reason for the congratulations needs to be specified, you can add **met jou verjaar(s)dag/eksamenuitslae/troue** 'on your birthday/exam results/marriage' depending on the occasion. In the case of birthdays, it is also possible to say **gelukkige verjaar(s)dag**.

Making and accepting apologies

(Ek is) jammer.	(I am) sorry.
Ek is jammer/dit spyt my (dat . . .).	I'm sorry (that . . .).
Ekskuus (tog), 'skuus.	Excuse me.
Verskoon my/verskoon tog.	Excuse me.
Dit maak nie saak nie.	It doesn't matter.

Ekskuus/'skuus is also the appropriate expression to use when someone says something to you that you have not heard or understood, i.e. it also renders 'Beg your pardon?' or 'What (did you say)?'

Exercise 2

Translate the following.

1 Congratulations. (*2 ways*)
2 Happy birthday (*2 ways*)

3 Excuse me. (*2 ways*)
4 It didn't matter. (*NB: past tense*)
5 Sorry.
6 What did you say?

Modal particles

dalk

Dalk literally means 'perhaps', as does **miskien**, but it also renders 'might' and commonly stands at the beginning of the clause, e.g.

Neem 'n sambreel saam; dalk reën dit.
Take an umbrella with you; it may/might rain.

Dalk was dit 'n fout.
Perhaps it was a mistake./It might have been a mistake.

Daar kan dalk iets gebeur.
Something might happen. (see p. 137)

Dalk is also frequently used in questions to make them sound more polite, in which case it is better left untranslated in English, e.g.

Het jy dalk 'n rooi pen?
Have you got a red pen (which I can borrow)?

darem

Darem has two meanings, context making it clear which is intended. First it is used together with adjectives expressing 'really' or 'very', e.g.

Dié hoederpastei is darem lekker.
This chicken pie is really delicious.

Second it renders 'but', 'however' or 'at least', e.g.

Hy was 'n ongenooide gas, maar hy het darem sy eie vleis na die braai gebring.
He was an uninvited guest, but he did at least bring his own meat to the barbecue.

Die rand is baie swak, maar jy kry darem nog steeds meer as drie Zimbabwiese dollar daarvoor.
The rand is very weak, but you do still at least get more than three Zimbabwean dollars for it.

maar

In addition to meaning 'but'/'however', in which case this word does not constitute a problem (see p. 61), **maar** can mean 'just' or 'quite'/'rather', e.g.

Julle sal maar vir my moet wag.
You'll just have to wait for me.

Ons huis is maar eenvoudig.
Our house is quite ordinary.

Maar also renders 'only' with reference to age (otherwise the word for 'only' is **net**), e.g.

Ons dogtertjie is maar drie jaar oud.
Our daughter is only three years old.

Note also:

Het hulle dit maar geweet!
If only they had known (that)!

mos

This is an extremely common little word and considered so indispensable that it has even made its way into South African English. Inclusion of **mos** in a statement implies on the part of the speaker that the listener already knows what is being said, e.g.

Jy weet mos ek kan nie swem nie.
As you know, I can't swim.

'n Mol is mos blind.
A mole is of course blind.

Ek het jou mos gesê.
I told you so, (didn't I)?

sommer

Sommer, similar to **mos**, is considered so indispensable in South Africa that it is just as integral to South African English as Afrikaans. It normally translates as 'just'/'merely'/'simply' often with the connotation 'without reason', e.g.

Sy het sommer geloop sonder om eers verskoning te maak.
She just/simply left without first excusing herself.

'n Olifant kan 'n boom sommer maklik omstoot.
An elephant can push a tree over quite easily.

Exercise 3

Translate the following sentences getting the feeling behind the modal particles (underlined) right.

1 My swaer het my <u>sommer</u> vyfhonderd rand gegee.
2 Dis <u>darem</u> mooi, dié nuwe huis van jou.
3 Ek het jou <u>mos</u> al gesê waar ons bly.
4 Hierdie oefening is <u>maar</u> maklik, nè?
5 Hy betaal my nooit terug nie, maar hy help my <u>darem</u> met my kar as ek moeilikheid het.

Dialogue 2

'n Man vra hoe om by die Oorlogsmuseum te kom

MAN: Ekskuus, Mevrou. Kan u my asseblief sê hoe ek by die Oorlogsmuseum kom?
VROU: Gaan reguit tot by die hoek, draai links en gaan reguit tot by die afdelingswinkel oorkant die Volksbank. Draai daar regs en dan is dit tweehonderd meter verder aan jou regterhand.
MAN: Ek is jammer, Mevrou, maar ek is bevrees ek sal dit nie alles kan onthou nie. Sal u dit asseblief herhaal?
VROU: Wag 'n bietjie. Het Meneer 'n pen? Ek sal 'n kaartjie teken, maar Meneer kan gerus vir enigiemand vra want almal weet waar die Oorlogsmuseum is.
MAN: Baie, baie dankie, Mevrou. U was baie geduldig met my.
VROU: Niks te danke nie, Meneer.

Language points

How to make a request or order sound polite

A request to someone that they do something for you can be put in one of two ways:

Kan jy my asseblief stasie toe neem? or **Kan jy my stasie toe neem, asseblief?**

Sal jy my asseblief stasie toe neem? or **Sal jy my stasie toe neem, asseblief?**

Please take me to the station.

The difference in connotation between **kan** and **sal** is that the latter sounds a little more like an imperative – the former is the less presumptuous of the two. Note that in Afrikaans **asseblief** can stand either in the body of the sentence (before nominal objects) or at the end, never at the beginning, as is possible in English.

The adverbs **('n) bietjie**, **gerus** and **dalk** are used in various situations to soften requests and imperatives:

('n) bietjie

In addition to its literal meaning of 'a little', **('n) bietjie** is used to make imperatives sound more polite, in which case it can either replace or be used in combination with **asseblief**, e.g.

Sit (asseblief) bietjie die lig aan.
Please switch the light on.

Vertel ons so 'n bietjie van die uitstalling.
Do tell us about the exhibition.

It often also renders '(for) a moment' in imperatives, e.g.

Wag (so) 'n bietjie.
Wait a moment.

Kom bietjie hierso; ek wil jou iets wys.
Come here for a moment; I want to show you something.

gerus

Gerus renders 'do' or 'by all means' in polite imperatives, e.g.

Sit gerus.
Do sit down.

Bring gerus jou hondjie saam.
Do/by all means bring your dog along.

Jy kan gerus hulp vra.
You can ask for help by all means.

Exercise 4

Form polite requests from the following word groups using **asseblief**.

> *Example:* help/my
> **Help my asseblief!**

1 opstaan
2 opbel/my môre
3 aansteek/die kers
4 binnekom
5 voorlees/die brief
6 weggooi/dié rommel

Exercise 5

Form polite requests from the following word groups using **sal + asseblief**.

> *Example:* help/my
> **Sal jy my asseblief help?**

1 opstaan
2 opbel/my môre
3 aansteek/die kers
4 binnekom
5 voorlees/die brief
6 weggooi/dié rommel

15 Where? – on, under, behind or in front of?

In this lesson you will learn about:

- prepositions
- reduplication
- verbs with prepositional objects
- writing letters and addressing envelopes
- how to express weight
- adjectives followed by a preposition

Dialogue 1

Piet soek sy flits

PIET: Tommie, wat het jy met my flits gedoen?
PIET SE SEUN: Ek het hom by die kas in die kombuis gelos.
PIET: Waarso? Op, onder, voor, agter of langs die kas?
PIET SE SEUN: Op die vloer langs die kas tussen die kas en die yskas.
PIET: Elke keer dat ek hom nodig het, moet ek hom soek. Dit maak my mal. Ek raak moeg daarvoor.
MA: Moenie kla nie, Piet. Dis jou eie skuld. Jy sit hom self nooit terug op dieselfde plek nie.

Language points

Prepositions

You have been using prepositions since Chapter 1. They are the (usually) little words that show the relationship of nouns and pronouns to each other in a sentence, e.g. 'He got a bike *from* his uncle *for* his birthday'. They are to be found in almost every Afrikaans and English sentence. The problem with prepositions is that they are often used very idiomatically, e.g.

Hy dink dikwels *aan* haar.	He often thinks *of* her.
Hulle woon *aan* die kus.	They live *at/on* the coast.
Dié twee dinge gaan hand *aan* hand.	These two things go hand *in* hand.

It is impossible to describe all the various uses of prepositions systematically. You will have to observe how they are used. Here are some typical prepositions: **aan** 'on', 'at', **agter** 'behind', **by** 'at', **in** 'in', 'into', **met** 'with', 'by', **na** 'after', **om** 'around', **op** 'on', 'at', **sedert** 'since', **teen** 'against', **teenoor** 'opposite', **tot** 'until', **tussen** 'between', **uit** 'out (of)', 'from', **van** 'from', 'of', 'off', **vir** 'for', **voor** 'in front of', 'before'.

Note that both **aan** and **op** mean 'on', but the former refers to a vertical and the latter to a horizontal position, e.g.

Die skildery hang aan die muur.
The painting is hanging on the wall.

Die tydskrif lê op die tafel.
The magazine is lying on the table.

Aan also renders 'on' or 'at' the edge of something, e.g.

Hulle bly aan die kus.
They live on the coast.

Met, **tot** and **vir** are replaced by **mee**, **toe** and **voor** when combined with **waar**, **hier** or **daar**, e.g.

Hy het geld vir die instandhouding van die monument geskenk.
He donated money for the maintenance of the monument.

Hy het geld daarvoor geskenk.
He donated money for it/that.

Note that 'of' is not translated in phrases of the following sort expressing quantities:

'n dosie vuurhoutjies	a box of matches
'n bottel melk	a bottle of milk
'n koppie tee	a cup of tea

Exercise 1

Translate the following.

1 under the bed
2 above the bed
3 opposite the station

4 since the war
5 between the trees
6 on the wall

Exercise 2

What are the following in Afrikaans?

1 a bottle of beer
2 a packet of cigarettes
3 two glasses of wine

4 a kilo of meat
5 a bag of potatoes
6 a little saucer of milk

Reduplication

Reduplication refers to the common and quite unique practice in Afrikaans of doubling certain words to express a new connotation. Verbs, nouns, numerals and adverbs can be reduplicated.

Verbs

Reduplicated verbs can function as adverbs, e.g.

Hy het dit lag-lag gesê.
He said it laughing(ly).

Such adverbial expressions formed from reduplicated verbs are synonymous and interchangeable with expressions formed from **al** + present participle + **e**, e.g. **Hy het dit al laggende gesê**.
   But reduplicated verbs can also function as verbs and thereby have the added connotation of repeated or iterative action, e.g.

Die babatjie het sy ogies geknip-knip.
The little baby kept blinking its eyes.

Nouns, adverbs and numerals function as adverbs when reduplicated, e.g.

Ryp sal plek-plek voorkom. (reduplicated noun)
Frost will occur here and there.

Kom ons gaan gou-gou huis toe. (reduplicated adverb)
Let's go home straight away.

Die kinders slaap twee-twee in 'n bed. (reduplicated numeral)
The children sleep two to a bed.

The names of some children's games are rendered by reduplicated nouns, the connotation being 'pretending', 'not real', e.g.

Die kinders het skool-skool gespeel.
The children played school.

Exercise 3

Try translating the following sentences, all of which contain a reduplicated form. Some require quite an idiomatic translation.

1 Hy het voel-voel deur die donker kamer gestap.
2 Die hasies het spring-spring in die verte verdwyn.
3 Speel-speel ons is perde. (*children playing together*)
4 Sy het soek-soek deur die bos gegaan.
5 Voeg die olie bietjie-bietjie by die eiers.
6 Die dronk man het val-val oor die straat geloop.
7 Reën word plek-plek in Gauteng verwag.
8 Ek sal nou-nou kom.
9 Sy het die wedren lag-lag gewen.
10 Die eendjies het die straat twee-twee oorgesteek.

Dialogue 2 🔘

Schalk dink nostalgies terug aan sy tyd in Namibië

SCHALK: Ek moet altyd aan my heerlike tyd in Suid-Wes dink wanneer ek na hierdie prentjie van die woestyn kyk.

HENNING: Namibië, bedoel jy, Schalk.

SCHALK: Ja, ja Namibië, maar in daardie tyd was dit nog Suid-Wes-Afrika.

HENNING: Gaan jy nie volgende maand soontoe terug nie?

SCHALK: Ja, vir die eerste keer sedert 1988. Ek sien baie daarna uit om al my vriende weer te sien wat nog daar bly.

HENNING: Is jy seker hulle sal nie intussen van jou vergeet het nie?

SCHALK: Nee wat. My vriendekring in Suid-Wes het bestaan veral uit ou skoolmaats van my. Hulle was almal mense op wie jy kon vertrou.

Language points

Verbs with prepositional objects

A verb with a prepositional object: I *think of you* every day.

Many verbs are commonly used in combination with a given preposition and thus need to be learnt as follows:

bestaan uit	to consist of	**dink aan**	to think of
kyk na	to look at	**lag oor**	to laugh at
oppas vir	to beware of	**praat met**	to talk to
sê vir	to say to	**uitsien na**	to look forward to
vergeet van	to forget about	**vertrou op**	to rely on

There are far too many to list so these should be observed and learnt as you meet them.

Exercise 4

Translate the following sentences looking up the verbs in the Afrikaans-English glossary to find the appropriate preposition.

1 Wat het hy (*to*) sy moeder gesê? (*to say to*)
2 Hy het (*of*) kanker gesterf. (*to die of*)
3 Ek het (*about*) die komende vakansie nagedink. (*to think about*)

4 Wat het (*to*) haar swaer gebeur? (*to happen to*)
5 Hy het my (*for*) geld gevra. (*to ask for*)
6 Sy lyk sprekend (*like*) haar moeder. (*to look like*)
7 Hy het toe (*to*) haar getrou. (*to get married to*)
8 Sy glimlag toe (*at*) die kind. (*to smile at*)
9 Dit het (*to*) sy dood gelei. (*to lead to*)
10 Die hond het (*at*) die kinders geblaf. (*to bark at*)

Writing letters and addressing envelopes

The envelope

Envelopes are addressed to **Mnr.** 'Mr', **Mev.** 'Mrs', **Mej.** 'Miss' or **Me.** 'Ms'. Afrikaans surnames of Dutch and French origin containing prepositions and articles, e.g. **van** and **de**, are not capitalised when the initial or Christian name precedes, which is the case on an envelope, e.g. **Mnr. H. van Rooyen**, **Mev. P. de Villiers**; compare **meneer Van Rooyen** and **mevrou De Villiers** when the initial is dropped.

An envelope is addressed as follows with the street number following the name of the street. The postal code, which always consists of four digits, precedes the name of the suburb or town, e.g.

Mev. H.T. Malherbe
Voortrekkerstraat 110
2116 WITBANK

The street name and the words **laan** 'avenue', **rylaan** 'drive', **straat** 'street', **weg** 'road', etc. are written as one word, e.g. **De la Reylaan** 'De la Rey Avenue'. 'PO Box' is rendered by **Posbus**, which is not abbreviated, and 'Private Bag' by **Privaatsak**.

It is usual to write **Afsender** 'sender', followed by the address, on the back of the envelope.

The letter

The sender's address is placed in the top right-hand corner and, in official letters, the address of the addressee in the top left-hand corner. The date is given as follows, **24 Mei 1997**, with no abbreviation corresponding to 'st', 'nd', 'rd' and 'th' after the numeral. In the letter, as opposed to the envelope, the titles given above are written with a small letter if they are followed by a name, or a capital letter if used as an independent title, e.g. **Geagte mnr./meneer Gouws** 'Dear Mr. Gouws', but **Geagte Meneer** 'Dear Sir'. **Geagte Menere** or **Geagte Meneer/Mevrou** are used for impersonal business letters.

'Dear' in official letters or in letters addressed to strangers is rendered by **Geagte** (lit. 'respected'), as just illustrated, whereas in letters to friends it is translated by either **Beste** or **Liewe**, the latter being more intimate, e.g. **Beste mnr./mev. Van der Merwe/Koos/Dalena**, **Liewe Koos/Dalena**. Two males, other than close family, would not however address each other with **Liewe**.

Formal letters end with either **Hoogagtend** (lit. 'respectfully') or **Die uwe** (lit. 'yours') or even a combination of the two, e.g. **Hoogagtend die uwe**.

Letters that begin with **Beste** or **Liewe** end with any of the following, all of which are variants of the greeting 'Regards': **Groete**, **Vriendelike/Hartlike groete**, **Groetnis**.

The equivalent of 'PS' is **NS** (< **naskrif**).

Exercise 5

Translate the following letter into Afrikaans. Pretend you are a young man writing to another male friend.

Dear Sarel,
I am in Cape Town at the moment. I am staying here for two days. Two days is not very long but I have to be in Durban on Wednesday. I would like to visit the Kirstenbosch Botanical Gardens (**botaniese tuin**) but I don't have enough time to go there. I can't do everything unfortunately and I don't have much money left (**oor**) either (**ook**). What are you going to do this summer? Shall we go to the Kruger Park together (**saam**)? I hope to see you in Johannesburg next month. I have to go to the post office now. Give my regards (**sê groete vir**) to your parents.
Kind regards,
Johan

Dialogue 3 🔲

Christo en Stoffel praat oor gewigsverlies

CHRISTO: Hoeveel weeg jy, Stoffel?
STOFFEL: Man, ek weeg vyf-en-tagtig kilo(gram) op die oomblik. Dis 'n klein bietjie aan die swaar kant, nè?

CHRISTO: Ja, man. 'n Bietjie baie. Jy's te vet.

STOFFEL: Ek weet ek moet maerder word maar ek wil nie op 'n dieet gaan en oefen nie. Dis so moeilik om gewig te verloor.

CHRISTO: Ek weet, ek het laasjaar vyf kilo aangesit en dit het lank gevat om dit te verloor, maar dit was op die ou end tog die moeite werd, weet jy.

STOFFEL: Dit gee my 'n bietjie moed. Ek gaan ook my bes doen om gewig te verloor, maar ek begin eers môre want vanaand gaan ons 'n lekker vleisie braai. Wil jy oorkom?

CHRISTO: Baie dankie vir die uitnodiging. Ek sou baie graag wou, maar my vrou laat my net 'n paar slaaiblaartjies vir aandete toe.

STOFFEL: En dit noem jy die moeite werd. Man, as dit die prys is wat 'n ou moet betaal om maer te word, bly ek liewers vet, dink ek.

Language points

How to express weight

South Africa decimalised decades ago and thus imperial measures are now merely a vague memory. Personal weight is expressed in kilograms, not pounds or stones. Remember that all measures are expressed in the singular after numerals, e.g. **Sy weeg net sestig kilogram** 'She weighs only sixty kilos'. 'To lose/gain weight' is expressed by **gewig verloor/aansit** and 'fat'/'thin' is **vet/maer**.

Adjectives followed by a preposition

An adjective followed by a preposition: I am *proud of* you.

We saw on p. 154 that many verbs are commonly used in combination with a given preposition. There is also a substantial number of adjectives that are regularly followed by a preposition which often differs from the preposition used in English. What follows is a sample list:

arm aan	poor in (e.g. minerals)
bang vir	afraid of

bly oor	glad of, happy about
dol oor	crazy about
entoesiasties oor	enthusiastic about
goed vir	good to (someone)
jaloers op	jealous, envious of
kwaad vir	angry with
lief vir	fond of
mal oor	crazy, mad about
moeg vir	tired of, fed up with
skadelik vir	harmful to

Such expressions are used as follows:

Suid-Afrika is ryk aan goud.
South Africa is rich in gold.

My suster is baie trots op haar dogter.
My sister is very proud of her daughter.

Some adjectives are derived from the past participle of verbs. These adjectives can take up one of two positions in a clause in relation to the prepositional phrase dependent on them: they can either precede that phrase, like a true adjective (i.e. **trots op** 'proud of'), or they can follow that phrase, then standing at the end of the clause and thus resembling more closely the past participle from which they are derived, e.g. **getroud met** 'married to', derived from the verb **trou** 'to marry':

Ek is getroud met sy suster or
Ek is met sy suster getroud.
I am married to his sister.

There are also several non-participial adjectives which allow both word orders, e.g. **afhanklik van** 'dependent on':

Lesotho is ekonomies afhanklik van Suid-Afrika or **Lesotho is van Suid-Afrika ekonomies afhanklik.**
Lesotho is economically dependent on South Africa.

The following is a sample list of such adjectives that can take up either position in the sentence:

onafhanklik van	independent of
bekend vir/weens	known for
bekommerd oor	worried about
besorg oor	concerned about

geïnteresseerd in	interested in
gekant teen	opposed to
getroud met	married to
gewoond aan	used to
opgewonde oor	excited about
oortuig van	convinced of
verantwoordelik vir	responsible for
vergeleke met	compared to/with
verlief op	in love with
verwant met	related to

Two adjectives, **vol** 'full of' and **werd** 'worthy of' (which follows the noun), take no preposition in Afrikaans, e.g.:

Die bottel is vol mampoer.
The bottle is full of peach brandy.

Hulle is nie my vriendskap werd nie.
They are not worthy of my friendship.

16 Stellenbosch, a town which everyone loves

In this lesson you will learn about:

- relative clauses
- relative pronouns with prepositions
- how to express the relative pronoun 'whose'

Dialogue 1 ▣

Annetjie het koekies gebak wat Piet wil proe

ANNETJIE: Piet, het jy al die koekies geproe wat ek vandag gebak het?

PIET: Bedoel jy dié wat in die rooi blik is.

ANNETJIE: Nee. Dis oues. Ek bedoel die koekies wat bo op die yskas lê om af te koel.

PIET: Nee, dis nou iets wat ek baie lus is om te proe.

ANNETJIE: Ek het so gedink. Dis 'n ou resep wat ek onlangs van Ouma gekry het en wat ek nog nooit geprobeer het nie.

Reading text 1

Stellenbosch is 'n dorp in die Boland wat 'n universiteit het. Dié universiteit, wat die land se leidende Afrikaanstalige universiteit is, is baie mooi geleë aan die voet van skouspelagtige berge. Daar is ook pragtige wingerde wat teen die hange van die berge groei en wat in die herfs pragtige kleure vertoon. Dié dorp, wat die land se tweede oudste is, is 'n groot toeriste-aantreklikheid, wat nie net

buitelanders lok nie, maar ook baie Suid-Afrikaners, vir wie 'n
besoek aan die Bolandse dorp 'n bekoring inhou. Stellenbosch
is 'n dorp waarvoor alle Suid-Afrikaners baie lief is. Die talryke
berge in die omgewing waar 'n mens kan gaan stap, is baie
indrukwekkend.

Language points

Relative clauses

A relative clause: The apple *that/which I tasted* was rotten.
In English we use a number of words to introduce a relative clause;
we have the choice between 'that', 'who', 'whom' or 'which', but
in Afrikaans there is only one form of the relative pronoun, which
is **wat**, e.g.

> **Wie het die koekies geëet wat in die kas was?**
> Who ate the biscuits *that* were in the cupboard?

> **Die ou wat langsaan bly, is 'n Duitser.**
> The chap *who* lives next door is a German.

> **Die mense wat jy gister ontmoet het, het Bloemfontein toe
> getrek.**
> The people (*whom*) you met yesterday have moved to
> Bloemfontein.

> **Ek het biltong van die bok gemaak wat ek geskiet het.**
> I made biltong from the buck (*which*) I shot.

Notes on relatives

1 Note that in the final two examples above the relative pronoun can be omitted in English as it forms the object of the relative clause, but this is not possible in Afrikaans. (Only the conjunction 'that', i.e. **dat**, can be omitted in Afrikaans, as it can in English. See p. 62.)

2 In a relative clause the finite verb is sent to the end of the clause, which in the second and third sentences on p. 161 puts that verb next to the finite verb in the main clause, for which reason these two verbs are commonly separated by a comma in all but the shortest of sentences.

3 When a relative clause is imbedded in a main clause containing a verb (an infinitive or a past participle) which must stand at the end of that clause, you have the choice of placing that verb either isolated from its clause at the end of the sentence as a whole, or at the end of its clause in which case the relative and the noun it relates back to are not adjacent as in English, but this does not matter in Afrikaans, although generally speaking it is preferable not to isolate verbs as in the following examples, e.g.

Wie het die koekies wat in die kas was, geëet?
Ek het biltong van die bok wat ek geskiet het, gemaak.

Exercise 1

Insert the relative pronoun.

1 Die trein ... later vertrek, kom vroeër in Kaapstad aan.
2 Waar is die kaartjie ... jy pas gekoop het?
3 Piet is iemand ... iedereen oulik vind.
4 Die mense ... langsaan woon, kom uit Hongarye.
5 Die beskuit ... jy vandag gekoop het, is nie lekker nie.

Exercise 2

Join the following sentences with **wat** putting the verb in the relative clause at the end.

Example: My oupa is baie oud. Hy woon op Springfontein.
My oupa wat op Springfontein woon, is baie oud.

1 Die motor is rooi. Hy het die motor gister gekoop.
2 Die dame is oulik. Sy was nou net hier.

3 Die boek is baie spannend. Jy het dit vir my present gegee. (Omit **dit**.)
4 Die kind is stout. Die kind bly langsaan.
5 Die tikmasjien is stukkend. Jy het dit aan haar verkoop. (Omit **dit**.)

Exercise 3

Translate into Afrikaans.

1 The pens that hang on little chains in banks are always empty.
2 These cars, which are assembled (= **monteer**) in Botswana, are very cheap.
3 Many of the black people who live in this part of the city are illegal immigrants.
4 The medicine man (= **sangoma**) you saw on the beach yesterday sits in that spot every day.
5 Our neighbours in Betty's Bay, whom you once (= **op 'n keer**) met, are very nice (= **gaaf**) people.

Dialogue 2

'n Partytjie wat net vir kollegas bedoel is

HESTER: Wie het jou vanmôre gebel?
HENNIE: Bedoel jy die ou wat net voor ontbyt gebel het?
HESTER: Nee, ek bedoel die vrou wat 'n bietjie later gebel het.
HENNIE: Ag sy, sy is iemand met wie ek 'n afskeidspartytjie vir die baas organiseer.
HESTER: Is dit, en waar word die partytjie gehou?
HENNIE: In dieselfde saal waarin ons laasjaar se kerspartytjie gehou het.
HESTER: As ek weer na dieselfde vervelige mense moet staan en luister na wie ek laasjaar ure lank moes luister, bly ek liewers by die huis, dankie.
HENNIE: Jy sal glad nie met mense moet praat wat jou nie interesseer nie, want jy is nie genooi nie.
HESTER: Hoekom nie?
HENNIE: Hierdie partytjie is net vir kollegas, nie vir eggenote nie.

Language points

Relative pronouns with prepositions

What you've learnt about relative pronouns so far is not quite all
there is to know about relatives. Relative 'that', 'which', 'who' and
'whom' can be used in combination with a preposition, e.g. 'The
girl *that/who/whom* I gave the book *to* is my niece', 'The table
that/which we are sitting *at* is too low'. Without a preposition, the
relative in Afrikaans is **wat**, as we have seen, but in combination
with a preposition you will need to make a choice between **wie**
and **waar**. When the antecedent, i.e. the noun which the relative
refers or relates back to, is a person, **wie** is used and the preposition
precedes it. In other words you literally say 'to whom', 'with whom',
'from whom', etc., e.g.

> **Die bedelaar vir wie ek die twee rand gegee het, het net een
> been gehad.**
> The beggar I gave the two rands to (= to whom) only had
> one leg.

> **Die man met wie ek gepraat het, het 'n plaas in die Klein
> Karoo.**
> The man I was talking to (= to whom) has a farm in the
> Little Karoo.

When the antecedent is a thing (i.e. non-personal), **waar-** + prepo-
sition is used. In other words you literally say 'whereon', 'wherein',
etc., e.g.

> **Die tafel waarby ons nou sit, is te laag.**
> The table we are now sitting at (= at which) is too low.

> **Die kas waarin die boeke nou is, staan in die slaapkamer.**
> The cupboard the books are now in (= in which) is standing
> in the bedroom.

In English we often omit the relative when it is used together with
a preposition, as illustrated by the previous four examples, but it
can never be omitted in Afrikaans.

Exercise 4

Translate the following sentences using a preposition + **wie** for
personal and **waar** + preposition for non-personal antecedents.

1 The pen you are writing with was a present from my grandma.
2 Those (= **dit**) are the glasses we drank out of last night.
3 Did you see the lady I was just talking to?
4 The grass that we're lying on is still wet.
5 The knife which I'm cutting the meat with isn't sharp enough.
6 The holiday which we had so been looking forward to (= **uitsien na**) was terrible.
7 The Van Stadens are people you can rely on.

Dialogue 3 📼

Piet en Annetjie praat oor Piet se kollega se nuwe motor

PIET: Annetjie, ken jy die kollega van my wie se motor ek laas week geleen het toe myne stukkend was?

ANNETJIE: Bedoel jy die man wie se vrou saam met my ma tennis speel?

PIET: Ja. Hy het nou 'n nuwe kar waarvan ek nog nooit gehoor het nie. Dis 'n Kia. Ken jy dit?

ANNETJIE: Natuurlik. Dis 'n Koreaanse maak. Dis verbasend – om te dink, ek weet iets van motorkarre wat jy nie eens weet nie.

Language points

How to express the relative pronoun 'whose'

Back on p. 23 we saw that 'whose' in a question is expressed by **wie se**. The same form is used to express 'whose' as a relative pronoun when the antecedent is personal, e.g.

Die ou wie se kar sy geleen het, is nou spyt dat hy dit gedoen het.
The chap whose car she borrowed is now sorry he did it.

Die mense wie se kinders ek elke dag oppas, het 'n slaghuis in die dorp.
The people whose children I take care of every day have a butcher's shop in town.

Wie se can also be used in combination with a preposition, e.g.

Dié mense met wie se kinders ek vroeër gespeel het, is vriende van my pa.
These people, whose children I used to play with, are friends of my father's.

When the antecedent is inanimate, **waarvan** 'of which' is used to render 'whose', but then 'whose' is often avoided in such cases in English as it sounds too personal to many people, e.g.

Die boer se werkers bly in die rondawel waarvan die grasdak herstel word.
The farmer's labourers live in the rondavel whose thatch roof (= of which the thatch roof) is being repaired.

In colloquial Afrikaans you are likely to hear **wat se** in such contexts, e.g.

Die boer se werkers bly in die rondawel wat se grasdak herstel word.

Exercise 5

Translate the following sentences.

1 Sy is die vrou wie se man met myne saam werk.
2 Dit is die tafel waarvan die poot afgebreek het.
3 Lande waarvan die groeikoers verminder het, sal nie meer geld kan leen nie.
4 Die bure wie se huis 'n tydjie gelede in die mark was, het besluit om hier te bly.
5 Hy het 'n kar gekoop waarvan die vorige eienaar tronk toe gegaan het vir dronkbestuur.

17 There's a school being built here

In this lesson you will learn about:

- the passive
- more about modal verbs
- the conditional tense
- use of the finite form **het** instead of the infinitive form **hê**

Dialogue 1 📼

Hier word 'n skool gebou

VRIEND 1: Hier word 'n skool gebou, weet jy?

VRIEND 2: Nee, ek het dit nie geweet nie. Maar hoekom? Drie jaar gelede is daar 'n skool omtrent net 'n kilometer van hier af opgerig.

VRIEND 1: Ja, dis reg, maar dit was 'n laerskool, hierdie een is 'n hoërskool.

VRIEND 2: O, ek sien.

VRIEND 1: Hierdie voorstad het die laaste jare geweldig gegroei, nè?

VRIEND 2: Ja. Daar word op amper elke hoek gebou.

VRIEND 1: Ja, al die erwe is nou al verkoop. Binnekort sal niks meer gebou kan word nie.

Language points

The passive

The concept 'passive' is the same in both English and Afrikaans, but Afrikaans expresses it in a slightly different way. Sometimes, for stylistic reasons, we choose not to mention who or what is performing an action, i.e. 'The door was opened' instead of 'I/she/he opened the door'; the former construction is called the passive and the latter the active. The doer of the action can also be mentioned in the passive if required, i.e. 'The door was opened by me/her/him'. As you can see, in the passive the object of the active (in this case 'the door') becomes the subject of the sentence.

In English the passive is formed by using the verb 'to be' plus a past participle. In Afrikaans you use **word** (lit. 'to become') plus the past participle in the present and **is** plus the past participle in the past. Here are all the tenses of the passive in Afrikaans and English:

Die deur word (deur hom) oopgemaak.	The door is (being) opened (by him).
Die deur is (deur hom) oopgemaak.	The door was (being) opened (by him).
	The door has been opened (by him).
	The door had been opened (by him).
Die deur sal oopgemaak word.	The door will be opened.
Die deur sou oopgemaak word.	The door would be opened.
Die deur moet/kan oopgemaak word.	The door must/can be opened.
Die deur sal oopgemaak moet word.	The door will have to be opened.
Die deur sal oopgemaak gewees het.	The door will have been opened.
Die deur sou oopgemaak gewees het.	The door would have been opened.

Note that there is only one past tense form where English has three; this runs parallel with the active where a form like **Hy het die deur oopgemaak** renders 'He opened/has opened/had opened the door'.

In the past you will often see and particularly hear **Die deur was (deur hom) oopgemaak**, with **was** instead of **is**. Purists object to this, which has most probably come into the language via English, but it is very common and most speakers would not regard it as incorrect. Don't be misled by the present tense appearance of **is** in the passive

– when used with a past participle in the passive it renders the past tense, the present tense being rendered by **word**.

Dialogue 2

Twee vriendinne praat oor hoe 'n sekere Indiese gereg gemaak word

VRIENDIN 1: Hoe word hierdie eksotiese gereg gemaak?

VRIENDIN 2: Dit word van bestanddele gemaak wat net op die Indiese mark in Durban verkoop word. Sover ek weet, word hulle nêrens anders verkoop nie. Die gereg is oorspronklik gemaak deur 'n ou Indiër van Pietermaritzburg wat bekend was in daardie stad vir sy heerlike kos.

VRIENDIN 1: Sou dit nie met ander speserye gemaak kon word nie? Wat moet ek doen, as ek nie die regtes in die hande kan kry nie?

VRIENDIN 2: Jy kan dit natuurlik probeer, maar dit word nie aanbeveel nie.

Vocabulary

gereg	dish, course	**bestanddeel**	ingredient
nêrens	nowhere	**oorspronklik**	originally
bekend vir	famous for	**heerlik**	delicious
kos	food	**spesery**	spice
in die hande kry	to get hold of	**aanbeveel**	to recommend

Exercise 1

Use the passive to answer the following questions in the passive.

   Example: Waarvan word brood gemaak? (van meel)
   Brood word van meel gemaak.

1 Waarmee is dit geskryf? (**met 'n vulpen**)
2 Waarmee word die skottelgoed afgespoel? (**met warm water**)
3 Waarmee is dit skoongemaak? (**met seep**)
4 Deur wie is hy gehelp? (**deur my**)
5 Deur wie kan hy gehelp word? (**deur niemand**)
6 Deur wie is die geld geskenk? (**deur sy oupa**)
7 Waar word Afrikaans gepraat? (**in Namibië en Suid-Afrika**)

Exercise 2

Write out the questions and answers in the above exercise in the other tense of the passive, i.e. sentence 1 is in the past, so put it into the present, and sentence 2 is in the present, so put it into the past.

Exercise 3

Translate the questions and answers you just gave in answer to the previous exercise.

Exercise 4

Here are the conditions for a competition. Great use is made of the passive. Translate the seven rules, taking particular care with how you render the passives in English.

Reëls van die wedstryd

1 Deelname is gratis en enigeen mag inskryf.
2 Die prys sal aan die eerste korrekte inskrywing toegeken word.
3 Die prys is nie oordraagbaar nie en kan nie vir kontant verruil word nie.
4 Geen gefotostateerde inskryfvorms sal aanvaar word nie.
5 Die beoordelaars se besluit is finaal en geen briefwisseling sal gevoer word nie.
6 Die weninskrywing word Saterdag 21 September om 14.00 getrek. Die wenner sal telefonies verwittig word.

7 Die wenner moet bereid wees om vir promosiedoeleindes gefotografeer te word.

Reading text 1

(This text is written in the past tense, combining both the active and the passive.)

Vroeë ontdekkingsreisigers wat die Kaap in die 1500s aangedoen het, het met die Khoi inwoners handel gedryf. Toe die Hollandse Oos-Indiese Kompanjie in 1652 'n verversingspos aan die Kaap stig, het handelsbetrekkinge met die binneland tot by Swellendam gestrek. In 1743 het die HOIK Swellendam as landdrosdistrik geproklameer, die derde oudste in Suid-Afrika. Die dorp is vernoem na Goewerneur Hendrik Swellengrebel en sy vrou, 'n nooi Ten Damme. Hierdie afgeleë nedersetting het gou die deurweg na die binneland geword en is deur menige beroemde ontdekkingsreisigers besoek.

Exercise 5

If you would like to try translating the preceding passage with the help of the Afrikaans-English word list in the back of the book, do so and check the result against the translation of the passage in the Answers to the exercises.

Exercise 6

Only one verb has been left in the present tense in the above Reading text, although all the events occurred in the past. Which verb is this and why is it quite clear that it has past tense meaning?

Dialogue 3 📼

Twee vriende maak planne vir die naweek

VRIEND 1: Ek gaan Saterdag na my pa se plaas toe op Rustenburg. Sou jy wou saamkom?
VRIEND 2: Ek sou seker wou, maar ...
VRIEND 1: Maar wat?
VRIEND 2: Sou ek die kinders kon saamneem?

VRIEND 1: Ja, natuurlik, man.

VRIEND 2: Jy sien, as hulle nie sou kon saamkom nie, sou ek by
die huis moes bly, want ek het my vrou belowe dat ek
hulle altyd sou oppas op die dae dat sy gholf speel.

VRIEND 1: Nee wat, die kinders is welkom, man. En as julle langer
as een dag sou wou bly, kan julle dit gerus doen. My
Pa-hulle het beddens vir Afrika.*

VRIEND 2: Nou maar goed. Dan kom ons beslis.

Language points

More about modal verbs

The basics about modal verbs have been covered, but modals are
so common and occur in such a variety of constructions, that you
need to know more about them than has been explained to date.
What follows is quite complicated, but it is also all there is left to
say about how the verbal system of Afrikaans works.

The conditional tense

The conditional tense: He *would do* it, if . . .

Let's first take a look at the past tense of **sal**, **sou**. Just as the use
of **sal** corresponds more or less exactly with that of 'will' in English',
so **sou** corresponds fairly closely to 'would', with a few exceptions.

Dié park sou ouliker wees as hy/dit meer bome sou hê.
This park would be nicer if it had more trees.

Sy sou baie bly wees as sy hier langer (sou) kon bly.
She would be very pleased if she could stay here longer.

**Ek sou my motor wou inruil, maar ek kan nie 'n nuwe (een)
bekostig nie.**
I would like to trade my car in, but I can't afford a new one.

**Jy sou langer in die land moes bly as jy die taal vloeiend sou
wou leer praat.**
You would have to stay in the country longer if you wanted
to learn to speak the language fluently.

---

* **Appels vir Afrika** 'apples, etc. for Africa' is a common idiom meaning 'lots of'.

There are two important complications to take note of in the above examples:

1 Not only is there a **sou** in the first clause corresponding literally with English 'would', but the **as** ('if') clause, which is so commonly used in combination with a clause in the conditional, also contains a **sou** which expresses the hypothetical nature of that clause. Note that the first sentence could also have been rendered in English as follows: 'That park would be nicer if it were to have more trees'; 'were to' here corresponds exactly with what the second **sou** is expressing. But that clause could also read **. . . as hy meer bome het**, where the hypothetical nature of the statement is less stressed.

2 Where a modal verb is preceded by **sou**, where you would logically expect **kan**, **moet** and **wil** (i.e. infinitives after the finite verb **sou**), it is usual in Afrikaans to use **kon**, **moes** and **wou**. A sort of past tense assimilation is occurring here with the past tense form **sou** forcing **kan**, **moes** and **wil** to adopt a past tense form. This is illustrated in the last three examples above.

Just as in English, when a 'would' clause is used in combination with an 'if' clause, it is optional whether the 'would' clause precedes the 'if' clause, as above, or follows it, e.g.

As hy meer bome sou hê, sou dié park ouliker wees.
If it had more trees, this park would be nicer.

As sy langer hier (sou) kon* bly, sou sy baie bly wees.
If she could stay here longer, she would be very pleased.

Note that when this word order is applied, as is usual when a sentence begins with a subordinate clause (see p. 61), inversion of subject and verb in the second clause is required to keep the finite verb in the main clause in second position in the sentence as a whole and a comma is placed between the two verbs belonging to separate clauses.

Note too that, as in English, in somewhat higher style the **as** can be omitted, with the subject and finite verb **sou** being inverted:

Sou sy langer in Europa bly, sou haar geld gou opraak.
Should she stay in Europe any longer, her money would soon
  be used up.
Were she to stay in Europe any longer, her money would
  soon be used up.

---

* The form **kon**, just like English 'could', can function as both a past tense (= 'was able to') and a conditional (= 'would be able to') without a **sou** necessarily having to precede it.

And finally, it should be noted that **sou** can also mean 'was going to' (= was one's intention to), e.g.

Toe ek hom gesien het, sou hy gaan draf.
When I saw him he was going to go jogging.

Use of the finite form het *instead of the infinitive form* hê *in the future perfect and conditional perfect tenses*

The future perfect tense: He *will have done* it by then.

The conditional perfect tense: He *would have done* by then, if . . .

In the simple future and conditional tenses a 'have' following a 'will' or 'would' is rendered by the infinitive **hê**, as you would expect, e.g.

Eendag sal die land 'n ander regering hê.
One day the country will have another government.

Hy sou meer vriende hê as hy nie so vrekkerig was nie.
He would have more friends if he wasn't so miserly.

But in the future perfect and conditional perfect tenses **het** is used where English uses the infinitive and thus where you might expect **hê**, e.g.

Die vliegtuig sal nou sekerlik al geland het.
The plane will certainly have arrived by now.

Hy sou meer vriende gehad het as hy nie so vrekkerig was nie.*
He would have had more friends if he had not been so miserly.

This use of **het** instead of **hê** also applies to all verbal constructions where a modal verb and a past participle occur, e.g.

Hy moes die rekening betaal het.
He must have paid the bill.

---

* Note that the English pluperfect 'had been', in keeping with there being only one past tense form of **wees**, is expressed by a simple **was**.

'Could have done' and 'should have done' are expressed by similar constructions, e.g.

Hulle kon die sweefspoor in die winter gediens het, maar hulle het nie.
They could have serviced the cable car in the winter, but they didn't.

Hulle moes dit lank gelede gedoen het.
They should have done it ages ago.

List of countries, inhabitants, nationalities

	Country	Inhabitant/plural	Adjective
Africa	**Afrika**	**Afrikaan/Afrikane**	**Afrika***
America	**Amerika**	**Amerikaner/Amerikaners**	**Amerikaans**
Angola	**Angola**	**Angolees/Angolese**	**Angolees**
Argentina	**Argentinië**	**Argentyn/Argentyne**	**Argentyns**
Asia	**Asië**	**Asiaat/Asiate**	**Asiaties**
		Asiër/Asiërs	
Australia	**Australië**	**Australiër/Austaliërs**	**Australies**
Austria	**Oostenryk**	**Oostenryker/Oostenrykers**	**Oostenryks**
Belgium	**België**	**Belg/Belge**	**Belgies**
Botswana	**Botswana**	**Tswana/Tswanas**	**Tswana**
Brazil	**Brasilië**	**Brasiliaan/Brasiliane**	**Brasiliaans**
Britain	**Brittanje**	**Brit/Britte**	**Brits**
Canada	**Kanada**	**Kanadees/Kanadese**	**Kanadees**
China	**China/Sjina**	**Chinees/Chinese**	**Chinees**
Denmark	**Denemarke**	**Deen/Dene**	**Deens**
England	**Engeland**	**Engelsman/Engelse**	**Engels**
Europe	**Europa**	**Europeër/Europeërs**	**Europees**
Finland	**Finland**	**Fin/Finne**	**Fins**
France	**Frankryk**	**Fransman/Franse**	**Frans**
Germany	**Duitsland**	**Duitser/Duitsers**	**Duits**
Greece	**Griekeland**	**Griek/Grieke**	**Grieks**
Holland	**Holland**	**Hollander/Hollanders**	**Hollands**
Hungary	**Hongarye**	**Hongaar/Hongare**	**Hongaars**
India	**Indië**	**Indiër/Indiërs**	**Indies**
Indonesia	**Indonesië**	**Indonesiër/Indonesiërs**	**Indonesies**
Ireland	**Ierland**	**Ier/Iere**	**Iers**
Israel	**Israel**	**Israeli/Israelis**	**Israelies, Israels**

---

* Because the word **Afrikaans**, originally the Dutch word for 'African', now has a specialised meaning in South Africa, the word **Afrika-** is now prefixed to nouns to render 'African', e.g. **Afrika-tale** 'African languages'.

Italy	**Italië**	**Italianer/Italianers**	**Italiaans**
Japan	**Japan**	**Japannees/Japannees**	**Japannees**
		Japanner/Japanners	**Japans**
Lesotho	**Lesotho**	**Sotho/Sothos, Basotho**	**Sotho**
Mexico	**Mexiko**	**Mexikaan/Mexikane**	**Mexikaans**
Morocco	**Marokko**	**Marokkaan/Marokkane**	**Marokkaans**
Mozambique	**Mosambiek**	**Mosambieker/ Mosambiekers**	**Mosambieks**
Namibia	**Namibië**	**Namibiër/Namibiërs**	**Namibies**
Netherlands	**Nederland**	**Nederlander/-ers**	**Nederlands**
New Zealand	**Nieu-Seeland**	**Nieu-Seelander/-landers**	**Nieu-Seelands**
Nigeria	**Nigerië**	**Nigeriër/Nigeriërs**	**Nigeries**
Norway	**Noorweë**	**Noor/Nore**	**Noors, Noorweegs**
Poland	**Pole**	**Pool/Pole**	**Pools**
Portugal	**Portugal**	**Portugees/Portugese**	**Portugees**
Romania	**Roemenië**	**Roemeen/Roemene**	**Roemeens**
Russia	**Rusland**	**Rus/Russe**	**Russies**
South Africa	**Suid-Afrika**	**Suid-Afrikaner/-ers**	**Suid-Afrikaans**
Spain	**Spanje**	**Spanjaard/Spanjaarde**	**Spaans**
Swaziland	**Swaziland**	**Swazi/Swazis**	**Swazi**
Sweden	**Swede**	**Sweed/Swede**	**Sweeds**
Switzerland	**Switserland**	**Switser/Switsers**	**Switsers**
Thailand	**Thailand**	**Thailander/Thailanders**	**Thailands**
Turkey	**Turkye**	**Turk/Turke**	**Turks**
United States (USA)	**die Verenigde State (VSA)**	**Amerikaan/ Amerikaners**	**Amerikaans**
Zambia	**Zambië**	**Zambiër/Zambiërs**	**Zambies**
Zimbabwe	**Zimbabwe**	**Zimbabwiër/Zimbabwiërs**	**Zimbabwies**

Answers to the exercises

Lesson 1

Exercise 1

Country	Inhabitant (male)	Language/Nationality
Duitsland	Duitser	Duits
Engeland	Engelsman	Engels
Frankryk	Fransman	Frans
Nederland	Nederlander	Nederlands
Swede	Sweed	Sweeds
België	Belg	Belgies
Suid-Afrika	Suid-Afrikaner	Suid-Afrikaans
Australië	Australiër	Australies
Amerika	Amerikaner	Amerikaans

Exercise 2

1 Dit/hierdie is my boek. Waar is jou boek? 2 My vrou is in Swaziland en sy vrou is in Lesotho. 3 Watter taal leer u kinders op skool? 4 My broer se kar/motor is groen, maar my kar is wit. En jou vrou se kar? 5 Hierdie/dié boek se kleur. 6 Daardie huis se dak. 7 Daardie vrou se kind. 8 Haar huis is groter as hulle huis. 9 Julle huis is kleiner as ons huis.

Exercise 3

1 hierdie/dié man 2 daardie boeke 3 Dit/hierdie is 'n goeie boek. 4 Dit/daardie is 'n groot huis. 5 Dit/hierdie is goed. 6 Dit/daardie is groot. 7 Wat is dit? 8 Dit weet ek nie.

Lesson 2

Exercise 1

1 Waar woon die president? 2 Wanneer kom hy terug? 3 Waarom/ hoekom leer jy Afrikaans? 4 Waarheen/waarnatoe gaan jou broer? 5 Hoeveel het hulle vir hulle huis betaal?

Exercise 2

1 She talks too much. 2 The foreigners are learning Afrikaans. 3 The two are talking to each other. 4 I am eating an apple. 5 We live in Springfontein. 6 The teacher is explaining the problem. 7 Why are you reading it? 8 I'm trying a second time/I'll try again. 9 The island is becoming (or 'is to become') a tourist attraction. 10 He's shooting a small buck.

1 Sy het te veel gepraat. 2 Die buitelanders het Afrikaans geleer. 3 Die twee het met mekaar gesels. 4 Ek het 'n appel geëet. 5 Ons het op Springfontein gewoon. 6 Die onderwyser het die probleem verduidelik. 7 Waarom het jy dit gelees? 8 Ek het nog 'n keer (ge)probeer. 9 Die eiland het 'n toeriste-aantreklikheid geword. 10 Hy het 'n bokkie geskiet.

Exercise 3

1 Sy wou saamgaan. 2 Die kinders moes Afrikaans leer. 3 Hulle het twee kinders gehad. 4 Die motor was splinternuut (gewees). 5 Hy was in Namibië (gewees). 6 Ek moes 'n appel eet. 7 Ek het nog 'n keer (ge)probeer. 8 Ons was by die huis (gewees).

Exercise 4

1 Die bokkies vreet al die gras. 2 Hoekom moet hy dit doen? 3 Dié hondjie het kleintjies. 4 Hy kan nie sy rekenaar verkoop nie. 5 Hy lê die hele dag in die bed. 6 Ons wil hom nie nooi nie. 7 Op die ou end kom hy huis toe. 8 Sy woon in Pole.

Exercise 5

1 In 1994 het die ANC aan die bewind gekom. 2 Elke dag gaan hulle met die bus skool toe. 3 Môre gaan ons wildtuin toe. 4 Volgende week kom hy van Zimbabwe terug. 5 Elke somer gaan

die Van Rensburgs Kaap toe. 6 Op die hoek van hierdie twee strate het hy vroeër gewoon. 7 Een dag 'n week neem hy die trein. 8 Op my kan jy reken. 9 In die tuin sit hulle, nie in die sitkamer nie. 10 Afrikaans praat hy met sy ma.

Lesson 3

Exercise 1

1 Die hemp sal spierwit wees. 2 Ek sal 'n appel moet eet. 3 Ons sal by die huis wees. 4 Hy sal nou weer mag werk. 5 Ek sal nog 'n keer probeer. 6 Sy sal wil saamgaan.

Exercise 2

1 Hy gaan 'n nuwe motor koop. 2 Ek gaan 'n appel eet. 3 Ons gaan by die huis wees. 4 Hy gaan nou weer werk. 5 Ek gaan nog 'n keer probeer. 6 Sy gaan 'n week by ons bly.

Exercise 3

1 'n regverdige oordeel 2 jou laaste kans 3 'n Japannese motor 4 die Suid-Afrikaanse vlag 5 vars vrugte 6 die regte antwoord 7 'n vinnige motor 8 'n ligte poeding 9 'n gawe kêrel 10 'n snaakse grap 11 die juiste getal 12 'n stywe been 13 'n vaste belofte 14 'n hoë boom 15 'n vae idee 16 'n wonderlike belewenis 17 'n goue oorlosie 18 'n leë lêer 19 'n goeie onderwyser 20 'n halwe brood

Exercise 4

1 elke kind 2 blou water 3 'n baie sterk man 4 'n rooi vlag 5 'n ryp perske 6 'n stout kleuter 7 'n dom mens 8 'n dooie voël 9 'n duur huis 10 'n koel plek 11 die Groot Trek 12 'n ou vrou 13 jong mense 14 'n geel blaar 15 'n nuwe motor 16 'n lang man

Exercise 5

1 Die baie jong visserman. 2 Die verskriklik ou dorp. 3 Jou baie lang seun. 4 Dié wonderlike rolprent. 5 Die goeie foto. 6 Die dooie donkie. 7 Die breë rivier. 8 Hierdie baie hoë boom. 9 Al die moeë voetslaners. 10 Die baie vae vraag. 11 My baie bros vingernaels. 12 Hierdie belaglik klein yskas.

Lesson 4

Exercise 1

1 65   2 49   3 92   4 41   5 83   6 55   7 78   8 37

Exercise 2

1 In 1999 het Goeie Vrydag op die tweede April/op twee April geval. 2 Nasionale Vrouedag is die negende Augustus/is nege Augustus. 3 Die dag ná Kersdag noem ons Welwillendheidsdag. 4 Daar is twaalf openbare vakansiedae in 'n jaar in Suid-Afrika. 5 Die derde vakansiedag in April is Vryheidsdag.

Exercise 3

1 Dis presies drie-uur. 2 Dit vertrek halfvier. 3 Hulle verwag julle tienuur se kant. 4 Dit begin kwart oor ses. 5 Skuins na halftwee.

Exercise 4

1 Staan onmiddellik op! 2 Nooi jou broer uit! 3 Eet die lemoen op! 4 Neem die aanbod aan! 5 Kom asseblief binne! 6 Maak die venster oop! 7 Gee die geld uit!

Exercise 5

1 Hy het onmiddellik opgestaan. 2 Ek het jou broer uitgenooi. 3 Schalk het die lemoen opgeëet. 4 Amanda het die aanbod nie aangeneem nie. 5 Hy het nie binnegekom nie. 6 Sy het die venster oopgemaak. 7 Sy het die geld uitgegee.

Exercise 6

1 Hy het aan die vereistes voldoen. 2 Hulle het sy gasvryheid misbruik. 3 Schalk het nie sy kursus voltooi nie. 4 Dit het moeilikheid voorkom. 5 Hulle het slegte weer voorspel. 6 My swaer het te veel onderneem. 7 Die polisie het sy woonstel deursoek. 8 Sy ouma het 'n operasie ondergaan. 9 Daardie vreeslike man het sy troeteldiere mishandel. 10 Daardie vrou het hom agtervolg.

Lesson 5

Exercise 1

1 Hy het gesê dat sy tannie in Engeland gebore is. 2 Hy het gesê dat Piet vroeg huis toe wil kom. 3 Hy het gesê dat die leerling nie sy huiswerk gedoen het nie. 4 Hy het gesê dat die kinders nou moet opstaan. 5 Hy het gesê dat Marie se ma haar opgebel het.

Exercise 2

1 Wanneer gaan jy Engeland toe? 2 As/wanneer hy tuis kom, gaan ek inkopies doen. 3 Annette het die skêr teruggegee toe sy klaar daarmee was. 4 Wanneer Piet sy buurman op straat teëgekom het, het hy hom altyd gegroet.

Lesson 6

Exercise 1

1 Johannesburg is nie die land se hoofstad nie. 2 Die land is nie arm nie. 3 Ken jy nie sy vrou nie? 4 Ken jy haar nie? 5 Ons het geen/g'n motor nie *or* Ons het nie 'n motor nie. 6 Het jy geen/g'n fiets nie? *or* Het jy nie 'n fiets nie? 7 Ons gaan nie braai nie. 8 Ek sien niemand (nie). 9 Ek het hulle nie. 10 Sy gaan nie saam nie.

Exercise 2

1 Hulle het geen/g'n kinders nie *or* Hulle het nie kinders nie. 2 Het jy nie my sleutels nie? Nee, en Jan het hulle ook nie. 3 Hoekom het die regering nie meer huise vir hierdie mense gebou nie? 4 Ek bel hom nie op nie. 5 Ek doen dit nie. 6 Dit is net nie moontlik nie. Waarom is dit nie moontlik nie? 7 Hy sal jou nie help nie, en sy sal ook nie. 8 Wat doen jy op die oomblik? Niks (nie). 9 Niemand hou van (hier) dié program nie? Hoekom/waarom nie?

Exercise 3

1 Suid-Afrika is nie 'n klein land nie. 2 Die meerderheid het nie vir Mandela gekies nie. 3 Die Olimpiese Spele sal nie in 2004 in Suid-Afrika gehou word nie. 4 Die Olimpiese Spele sal in 2004 nie

in Suid-Afrika gehou word nie maar in 'n ander land. 5 Ek ken
haar nie. 6 Ons ken nie vir hom baie goed nie./Ons ken vir hom
nie baie goed nie. 7 Sy kon nie altyd Afrikaans praat nie. 8 Hoe
lank het julle gewag? Nie lank nie. 9 Hoekom kan jy nie vars brood
op Sondag kry nie?/Hoekom kan jy vars brood nie op Sondag kry
nie? 10 Hy het nie 'n vakansiehuis op Plettenbergbaai nie.

Exercise 4

1 Ek sal nie daarvoor betaal nie hoewel ek dit bestel het. 2 Sy het
nie 'n kat se kans om vir die span gekies te word nie. 3 Hy is nie
iemand van wie almal hou nie. 4 Die land se paaie, wat miljoene
gekos het, is nie baie goed nie. 5 Die land se paaie, wat nie baie
goed is nie, het verskriklik baie gekos. 6 Die land se paaie, wat
baie goed is, het nie verskriklik baie gekos nie. 7 Die land se paaie,
wat nie baie goed is nie, het nie verskriklik baie gekos nie. 8 Die
parlementsgebou is nie in Kaapstad omdat dit die land se hoofstad
is nie.

Exercise 5

1 Die plaas is nie duur nie, dus kan ons dit koop. 2 My vader sal
jou niks gee, tensy jy eers jou rekening betaal nie or My vader sal
jou niks gee nie, tensy jy eers jou rekening betaal. 3 Nie ver van
die huis af nie het die bliksem die boom getref. 4 Ons gaan nie dorp
toe nie, aangesien dit reën. 5 Die kind is nie lui nie, maar swak.

Exercise 6

2 Jy mag nie trapfietse, motorfietse of ander voertuie ry nie. 3 Jy
mag nie vuur maak nie. 4 Jy mag honde/jou hond nie laat rond-
hardloop nie or Jy mag nie honde/jou hond laat rondhardloop nie.
5 Jy mag nie jag nie. 6 Jy mag nie blomme pluk nie en jy mag nie
plante beskadig nie. 7 Jy mag nie rommel strooi nie.

Lesson 7

Exercise 1

1 Dit staan in Dorpstraat. 2 Jy soek die sinagoge en dit staan
in Ryneveldstraat. 3 Jy gaan in d'Ouwe Werf bly en dit staan in

Kerkstraat. 4 Jy woon in Wilgenhof en dit staan in Victoriastraat. Aan die oorkant van die straat staan die universiteit. 5 Dit staan op die hoek van Bird en Pleinstraat. 6 'n Mens neem die N1.

Exercise 2

1 Moenie nou opstaan nie! 2 Moenie jou broer nooi nie! 3 Moenie hierdie vis eet nie! 4 Moenie die geld aanneem nie! 5 Moenie later kom nie! 6 Moenie die venster oopmaak nie! 7 Moenie al jou geld uitgee nie!

Exercise 3

1 Hy is/was toegelaat om weer te werk. 2 Sy hoef nie hier te gebly het nie. 3 Ons wou Kaap toe ry. 4 Sy het nog elke dag aan haar oorlede moeder gedink. 5 Ek dag/dog/het gedag/het gedog/het gedink hy woon in Pietersburg. 6 Hy durf haar nie te gehelp het nie. 7 Hy wou hê ek moes hom met sy huiswerk help. 8 Ek moes hom in die hospitaal besoek.

Lesson 8

Exercise 1

1 'n regverdige 2 'n bloue 3 'n baie sterke 4 'n koele 5 'n varse 6 'n gele 7 'n vinnige 8 'n ligte 9 'n gawe 10 'n lange 11 'n jonge 12 'n stywe 13 'n nuwe 14 'n hoë 15 'n vae 16 'n wonderlike 17 'n ruwe 18 'n leë 19 'n goeie 20 'n halwe 21 'n domme 22 'n grote 23 'n rype 24 'n rooie

Exercise 2

1 Die kinders verveel hulle. 2 Stoffel het hom baie sleg gedra. 3 Die kinders moet hulle gedra. 4 Jy vergis jou. 5 Ek skaam my. 6 Die kinders kon hulle nie gedra nie. 7 Ons het ons toe in 'n moeilike situasie bevind. 8 Hy het hom aan die bankbestuurder voorgestel. 9 Weet jy dat hy hom aan die kursus onttrek het? 10 Die plakkers het hulle in die jare sestig op die Kaapse Vlakte gevestig.

Exercise 3

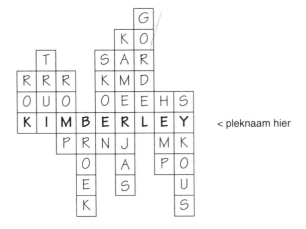

< pleknaam hier

Kimberley is bekend vir diamante.

Lesson 9

Exercise 1

1 Nee, Natal is warmer as die Vrystaat. Nee, die Vrystaat is nie so warm soos Natal nie. 2 Nee, die Zimbabwiese dollar is meer werd as die Suid-Afrikaanse rand. Nee, die Zimbabwiese dollar is minder werd as die Suid-Afrikaanse rand. 3 Nee, mense is intelligenter as diere. Nee, diere is nie so intelligent soos mense nie. 4 Nee, die Atlantiese Oseaan is groter as die Indiese Oseaan. Nee, die Indiese Oseaan is nie so groot soos die Atlantiese Oseaan nie. 5 Nee, Suid-Afrika het meer inwoners as Zimbabwe. Nee, Zimbabwe het nie so veel inwoners soos Suid-Afrika nie.

Exercise 2

1 Hierdie piesangs is ryper as daardie. 2 Dit is die lekkerste appels. 3 Wanneer is aartappels die duurste? 4 Hierdie pere is net so duur soos daardie. 5 Die seuns is net so soet soos die meisies. 6 Hy het nog harder gepraat maar nie so hard soos sy nie. 7 Dit is die interessantste gebou in die stad. 8 Hy was suksesvoller as ek. 9 My oom is die armste van die twee.

Exercise 3

1 My brother-in-law is as deaf as a post. 2 My father rang me from Spain and his voice was as clear as a bell. 3 Koos recently married a very young girl whose father is filthy rich. 4 It was a politically motivated murder. 5 I read it in a recently published book. 6 My neighbour, who is as mad as a hatter, has bought a brand-new, blood-red Mercedes.

Lesson 10

Exercise 1

vadertjie, broertjie, kassie, huisie, dakkie, stoeltjie, deurtjie, lepeltjie, speletjie, blaartjie, bedjie, rekeninkie

Exercise 2

skoentjies, lampies, appeltjies, peertjies, kindertjies, mannetjies, kraantjies, hondjies, lammertjies, ogies

Exercise 3

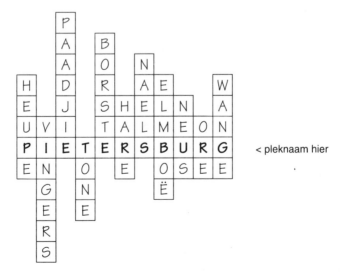

< pleknaam hier

Pietersburg lê in die Noordelike Provinsie.

Exercise 4

1 Koos het geprobeer om die bed op te tel. 2 Ons was te moeg om so vroeg op te staan. 3 Hy het besluit om Australië toe te emigreer. 4 Dit is nie maklik om Pofadder op die kaart te vind nie. 5 Ek vind dit moeilik om Xhosa te praat. 6 Sy het baie om te doen. 7 Dit is nie moontlik vir haar om huis toe te kom nie.

Lesson 11

Exercise 1

1 This morning I was (busy) washing up. 2 What did you do all afternoon while I was working? 3 This afternoon I sat thinking for a while. 4 I went and lay down for a while and fell asleep. 5 What were you thinking of? 6 You do nothing else all day than talk to other people. 7 What were you thinking about me? 8 You think that I sit at home all day doing nothing.

Exercise 2

1 tandeborsel 2 wynglas 3 sakelui 4 knoopsgat 5 stadsraad 6 liefdesbrief 7 verkeersongeluk 8 pruimboom 9 lamsvleis 10 kinderfiets 11 wolkekrabber 12 gewetensbesware

Exercise 3

1 Annetjie het haar ma altyd laat weet waar sy is. 2 Ek het elke week my motor laat was. 3 Waar het jy jou kar laat staan? 4 Hy het die motor opgedomkrag, die papwiel vervang en die motor weer laat sak. 5 Ons moes die dokter laat kom. 6 Sy het haar skoene laat repareer. 7 Ons het 'n vakansiehuis op Hermanus laat bou.

Lesson 12

Exercise 1

1 Hy kom eers oormôre. 2 Wat doen jy vanaand? 3 Wat het jy gisteraand gedoen? 4 Ek het hom vanoggend/vanmôre in die dorp gesien. 5 My vader kom oormôreaand/Woensdagaand terug.

Exercise 2

1 Môre is (dit) Vrydag vyf April. 2 Oormôre is (dit) Saterdag ses April. 3 Gister was (dit) Woensdag drie April. 4 Eergister was (dit) Dinsdag twee April. 5 Verlede Maandag was (dit) een April. 6 Volgende Sondag is (dit) sewe April.

Exercise 3

1 Wat doen jy op Donderdae? 2 Waar werk jy op Woensdae? 3 Wat doen jy volgende Vrydag? 4 Waar was jy verlede/laas Maandag? 5 Waarheen gaan jy oor die naweek? 6 Die gras groei so vinnig in die lente. 7 Ek gaan vanjaar/dié jaar in die somer Italië toe.

Exercise 4

1 Ek is jammer, Meneer/Mevrou, maar Dinsdag is ek by die universiteit. 2 Ek is jammer, Meneer/Mevrou, maar Donderdag is ek in Pietersburg, in die noorde van die land. 3 Ek is jammer, Meneer/Mevrou, maar Vrydag is ek in die buiteland/oorsee. 4 Ek is jammer, Meneer/Mevrou, maar oor die naweek is ek in Namibië. 5 Ek is jammer, Meneer/Mevrou, maar volgende week is ek in Parys. 6 Ek is jammer, Meneer/Mevrou, maar volgende maand is ek nog nie terug in Suid-Afrika nie.

Exercise 5

1 Ek het dadelik gaan kyk. 2 Sy het my elke Maandag kom help. 3 Sy het die bure se kind hoor huil. 4 Hy het bly sit hoewel daar aan die deur geklop is. 5 Ek het vanmiddag by my tante gaan kuier. 6 Ek het hom sien weggaan. 7 Sy het my altyd hoor inkom. 8 Hy het elke jaar met Kersfees by ons kom kuier.

Exercise 6

1 Is jy seker dat haar ma dit sal doen? 2 Is jy seker dat hy jou sesuur kom haal? 3 Is jy seker dat hy haar tien rand gegee het? 4 Is jy seker dat sy nog nie aangetrek het nie? 5 Is jy seker dat hy my sewe-uur sal kom haal? 6 Is jy seker dat dit ophou reën het?

Lesson 13

Exercise 1

1 Dit gaan twintig grade wees. 2 Dit gaan sonnig en baie warm wees. 3 Donderbuie gaan voorkom in Vrystaat en Gauteng. 4 Dit gaan baie warm wees. 5 Dit gaan dalk in KwaZulu-Natal reën. 6 Dit gaan tien grade wees. 7 Vrydag in Port Elizabeth. 8 Die son gaan vandag om 18.24 onder.

Exercise 2

1 bly 2 roep 3 lei 4 leef 5 skok

Exercise 3

1 sittende 2 lesende 3 skrywende 4 lopende 5 kloppende

Exercise 4

1 Die hond lê daarop. 2 Ek weet niks daarvan nie. 3 Sy het dit daaruit geknip. 4 Ons het urelank daarin rondgery. 5 Ek het die hele dag daaraan loop en dink. 6 Ons kyk op die oomblik daarna.

Exercise 5

1 Dit is 'n viool en jy speel musiek daarmee. 2 Dit is 'n televi-siestel en jy kyk daarna. 3 Dit is 'n tandeborsel en jy borsel jou tande daarmee. 4 Dit is 'n saag en jy saag hout daarmee. 5 Dit is 'n teddiebeer en jy speel daarmee. 6 Dit is 'n hamer en jy slaan spykers daarmee in.

Lesson 14

Exercise 1

1 Both ([the] children) stayed at home. 2 The children both stayed at home. 3 All went home then. 4 I saw all of them there. 5 We all know that man. 6 That's all/everything/the only thing I know. 7 I've eaten (much) too much. 8 I got very little for my car. 9 Some men never grow up. 10 She speaks such lovely Afrikaans.

190

Exercise 2

1 Veels geluk/baie geluk. 2 Veels/baie geluk met jou verjaarsdag/ gelukkige verjaarsdag. 3 Ekskuus (tog)/verskoon my/tog. 4 Dit het nie saak gemaak nie. 5 Jammer. 6 Ekskuus?

Exercise 3

1 My brother-in-law simply gave me R500. 2 It's really beautiful, this new house of yours. 3 I've told you already where we live, haven't I? 4 This exercise is quite simple, isn't it? 5 He never pays me back but he does at least help me with my car if I have trouble.

Exercise 4

1 Staan asseblief op! 2 Bel my asseblief môre op! 3 Steek die kers asseblief aan! 4 Kom asseblief binne! 5 Lees die brief asseblief voor! 6 Gooi dié rommel asseblief weg!

Exercise 5

1 Sal jy asseblief opstaan? 2 Sal jy my asseblief môre opbel? 3 Sal jy asseblief die kers aansteek? 4 Sal jy asseblief binnekom? 5 Sal jy asseblief die brief voorlees? 6 Sal jy asseblief dié rommel weggooi?

Lesson 15

Exercise 1

1 onder die bed 2 bo die bed 3 teenoor die stasie 4 sedert die oorlog 5 tussen die bome 6 aan die muur

Exercise 2

1 'n bottel bier 2 'n pakkie sigarette 3 twee glase wyn 4 'n kilogram vleis 5 'n sak aartappels 6 'n pierinkie melk

Exercise 3

1 He walked across the dark room feeling his way. 2 The rabbits hopped off into the distance. 3 Let's pretend we're horses. 4 She

went searching through the forest. 5 Add the oil bit by bit/ gradually to the eggs. 6 The drunken man walked across the road falling over. 7 Rain is expected here and there/in places in Gauteng. (= scattered showers) 8 I'll come in a moment/just now. 9 She easily won the race. 10 The ducklings crossed the road in pairs.

Exercise 4

1 Wat het hy vir sy moeder gesê? 2 Hy het aan kanker gesterf. 3 Ek het oor die komende vakansie nagedink. 4 Wat het met haar swaer gebeur? 5 Hy het my om/vir geld gevra. 6 Sy lyk sprekend op/na haar moeder. 7 Hy het toe met haar getrou. 8 Sy glimlag toe vir die kind. 9 Dit het tot sy dood gelei. 10 Die hond het vir die kinders geblaf.

Exercise 5

Beste Sarel,
Ek is op die oomblik in Kaapstad. Ek bly twee dae hier. Twee dae is nie baie lank nie maar ek moet (op) Woensdag in Durban wees. Ek sou graag die Kirstenbosch Botaniese Tuin wou besoek maar ek het nie genoeg tyd om soontoe te gaan nie. Ek kan ongelukkig nie alles doen nie en ek het ook nie baie geld oor nie. Wat doen jy hierdie somer? Sal ons saam Kruger Wildtuin toe gaan? Ek hoop om jou volgende maand in Johannesburg te sien. Ek moet nou poskantoor toe gaan. Sê groete vir jou ouers.
Hartlike groete,
Johan

Lesson 16

Exercise 1

1 Die trein wat later vertrek, kom vroeër in Kaapstad aan. 2 Waar is die kaartjie wat jy pas gekoop het? 3 Piet is iemand wat iedereen oulik vind. 4 Die mense wat langsaan woon, kom uit Hongarye. 5 Die beskuit wat jy vandag gekoop het, is nie lekker nie.

Exercise 2

1 Die motor wat hy gister gekoop het, is rooi. 2 Die dame wat nou net hier was, is oulik. 3 Die boek wat jy vir my present gegee het, is baie spannend. 4 Die kind wat langsaan bly, is stout. 5 Die tikmasjien wat jy aan haar verkoop het, is stukkend.

Exercise 3

1 Die penne wat aan klein kettings in banke hang, is altyd leeg. 2 Hierdie motors, wat in Botswana gemonteer word, is baie goedkoop. 3 Baie van die swartes wat in hierdie deel van die stad woon, is onwettige immigrante. 4 Die sangoma wat jy gister op die strand gesien het, sit elke dag op daardie plek. 5 Ons bure op Bettysbaai, wat jy op 'n keer ontmoet het, is baie gawe mense.

Exercise 4

1 Die pen waarmee jy skryf was 'n present van my ouma. 2 Dit is die glase waaruit ons gisteraand gedrink het. 3 Het jy die dame gesien met wie ek nou net gepraat het? 4 Die gras waarop ons lê, is nog nat. 5 Die mes waarmee ek die vleis sny, is nie skerp genoeg nie. 6 Die vakansie waarna ons so uitgesien het, was verskriklik. 7 Die Van Stadens is mense op wie jy kan vertrou.

Exercise 5

1 She is the woman whose husband works with mine. 2 This is the table whose leg broke off/of which the leg broke off. 3 Countries whose growth rate (of which the growth rate) is not doing well will no longer be able to borrow money. 4 The neighbours whose house was on the market a little while ago, have decided to stay here. 5 He's bought a car whose previous owner (of which the previous owner) went to prison for drunk driving.

Lesson 17

Exercise 1

1 Dit is met 'n vulpen geskryf. 2 Dit word met warm water afge-spoel. 3 Dit is met seep skoongemaak. 4 Hy is deur my gehelp.

5 Hy kan deur niemand gehelp word nie. 6 Die geld is deur sy oupa geskenk. 7 Afrikaans word in Namibië en Suid-Afrika gepraat.

Exercise 2

1 Waarmee word dit geskryf? Dit word met 'n vulpen geskryf. 2 Waarmee is die skottelgoed afgespoel? Dit is met warm water afgespoel. 3 Waarmee word dit skoongemaak? Dit word met seep skoongemaak. 4 Deur wie word hy gehelp? Hy word deur my gehelp. 5 Deur wie kon hy gehelp word? Hy kon deur niemand gehelp word nie. 6 Deur wie word die geld geskenk? Die geld word deur sy oupa geskenk. 7 Waar is Afrikaans gepraat? Afrikaans is in Namibië en Suid-Afrika gepraat.

Exercise 3

1 What is this being written with? It is being written with a fountain pen. 2 What were the dishes rinsed with? They were rinsed with hot water. 3 What is this being cleaned with? It is being cleaned with soap. 4 Who is he being helped by? He is being helped by me. 5 Who was he able to be helped by?/Who could he be helped by? He was able to/could be helped by no one. 6 Who is the money being donated by? The money is being donated by his grandfather. 7 Where was Afrikaans spoken? Afrikaans was spoken in Namibia and South Africa.

Exercise 4

Rules of the competition
1 Participation is free and anyone may participate/enter. 2 The prize will be awarded to the first correct entry. 3 The prize is not transferable and cannot be exchanged for cash. 4 No photocopied entry forms will be accepted. 5 The judges' decision is final and no correspondence will be entered into (lit. 'conducted'). 6 The winning entry will be drawn at 14.00 on Saturday, 21 September. The winner will be notified by telephone. 7 The winner must be prepared to be photographed for promotional/publicity purposes.

Exercise 5

Early explorers who called at the Cape in the 1500s traded with the Khoi inhabitants. When the Dutch East India Company founded a revictualling station at the Cape in 1652, trading relations/activities with the interior stretched as far as Swellendam. In 1743 the DEIC proclaimed Swellendam as a magisterial district, the third oldest in South Africa. The town was named after Governor Hendrik Swellengrebel and his wife, née Ten Damme. This isolated settlement soon became the way through to the interior and was visited by many a famous explorer.

Exercise 6

The verb is **stig** 'to found' and the use of **toe** at the beginning of the sentence indicates that the action is in the past (see p. 31 for the explanation).

Grammar summary

Articles

The indefinite article is **'n** 'a' and the definite article is **die** 'the'. 'This'/'these' is **hierdie** and 'that'/'those' is **daardie**.

Personal pronouns

Subject	Object	Possessive	Independent possessive
ek	my	my	myne
jy	jou	jou	joune
u	u	u	u s'n(e)
hy	hom	sy	syne
sy	haar	haar	hare
dit	dit	sy	syne
ons	ons	ons	ons s'n(e)
julle	julle	julle	julle s'n(e)
hulle	hulle	hulle	hulle s'n(e)

Plural of nouns

The vast majority of nouns in Afrikaans simply add **-e** to form the plural, which can cause a change in spelling. A significant minority of nouns add **-s** in the plural; the choice of **-e** or **-s** is usually dependent on the ending of the word.

Verbs

There is no difference between the infinitive and all the persons of the verb in the present tense in Afrikaans, e.g. **speel** 'to play', **Ek speel** 'I play/am playing/do play', **Jy speel** 'You play', **Hy speel**

'He plays', etc. The only verbs whose infinitive differs from the finite form are **wees** 'to be' (**Ek is** 'I am', **Jy is** 'You are', etc.) and **hê** 'to have' (**Ek het** 'I have', **Jy het** 'You have', etc.).

Afrikaans has only one past tense, i.e. the perfect. This is formed, as in English, by using the finite form of the verb **hê** 'to have' followed by the past participle; the past participle is formed in nearly all cases by adding **ge-** to the stem of the verb, e.g. **Ek het gespeel** 'I played/was playing/did play/I had played/I had been playing'.

The future tense is formed by combining **sal** 'will' or **gaan** 'am/is/are going to' with the infinitive stem, e.g. **Ek sal/gaan speel** 'I will play/I am going to play'.

Position of verbs in a clause

When a clause contains a verb in the past or future, the finite verb must be the second idea in the clause and the other verb stands at the end of the clause, e.g. **Ons het gister voetbal gespeel** 'We played football yesterday', **Ons gaan môre voetbal speel** 'We are going to play football tomorrow'. Compare the following where the finite verb remains in second position: **Gister het ons voetbal gespeel/Môre gaan ons voetbal speel**.

To ask a question you simply invert the subject and the verb, e.g. **Gaan jy môre voetbal speel?** 'Are you going to play football tomorrow?'

Order of adverbs

Adverbial expressions must occur in the order 'Time–Manner–Place', not 'Place–Manner–Time' as in English, e.g. **Hy ry môre met sy pa Kaapstad toe** 'He's driving to Cape Town with his father tomorrow'.

Adjectives

Adjectives that stand before a noun may take either an **-e** ending or no ending at all; whether they are inflected or not depends generally speaking on either the last sound or the number of syllables, e.g. **'n groen baadjie** 'a green coat', **'n wonderlike vakansie** 'a wonderful holiday'. The rules are quite complex and constitute one of the few real difficulties in learning Afrikaans. The comparative and superlative of adjectives are formed by adding **-er** and **-ste** to the adjective, e.g. **groot** 'big', **groter** 'bigger', **grootste** 'biggest'.

Numerals

Afrikaans counts by using 'the four-and-twenty' system from twenty-one on, e.g. **vyf-en-sestig mense** 'sixty-five people'.

Relative pronouns

The simple relative, regardless of the antecedent (whether personal or non-personal, singular or plural) is **wat**, e.g. **Die volstruis wat hy doodgeskiet het, was baie oud** 'The ostrich which/that he shot was very old'. If a relative pronoun is used in combination with a preposition, Afrikaans uses **waar-** plus the appropriate preposition if the antecedent is non-personal, or the preposition plus **wie** if it is personal, e.g. **Die vloer waarop die kinders speel, is baie glad** 'The floor which the children are playing on is very slippery', **Die ou man vir wie jy die geld gegee het, was baie dankbaar** 'The old man to whom you gave the money was very grateful'.

Position of the verb in relative and subordinate clauses

When two clauses are joined by means of a subordinating conjunction or a relative pronoun, the finite verb in the subordinate clause stands at the end of that clause, e.g. **Weet jy dat ons elke Donderdagaand Pretoria toe ry?** 'Did you know we drive to Pretoria every Thursday evening?' Where there is already an infinitive at the end of the clause, the finite verb stands in front of it, e.g. **Weet jy dat ons Donderdagaand Pretoria toe gaan ry?** 'Did you know that we are going to drive to Pretoria on Thursday night?', but **Weet jy dat ons Donderdagaand Pretoria toe gery het?** 'Did you know that we drove to Pretoria on Thursday night?'

Negation

Whenever any part of a sentence is negated, usually by means of
nie 'not', another **nie** is usually placed at the end of the clause, a
so-called double negative construction, e.g. **Ek het jou nie gesien
nie** 'I didn't see you'.

Glossary of grammatical terms

active
: The active is the opposite of the passive. 'He is/was reading a book' is an example of a sentence in the active (i.e. the normal present/past tense) whereas the passive of this would be 'The book is/was being read by him'.

article
: See 'definite article' and 'indefinite article'.

aspiration
: Some consonants, notably **p**, **t** and **k**, are pronounced in English allowing a puff of air to escape from the mouth. This is called aspiration. These consonants are unaspirated in Afrikaans.

attributive
: An attributive adjective is one which stands in front of a noun and in Afrikaans may require an **-e** ending, e.g. **'n vinnige motor**. The opposite to this is a predicative adjective which does not stand in front of a noun and consequently does not ever take an ending, e.g. **Die man is baie oud**.

auxiliary verb
: An auxiliary verb is one that is used as a finite verb (see 'finite verb') in combination with a past participle or infinitive and thus serves as a helping verb, e.g. in **Sy het hom geslaan**, **het** functions as an auxiliary for **geslaan** and in **Sy moet hom help**, **moet** acts as a (modal) auxiliary for **help**. (See 'modal verb'.)

clause
: A clause is that part of a sentence which contains its own subject and finite verb. A sentence may consist of either one or more clauses, e.g. 'I saw the man' (one clause), 'I saw a man who was stealing a car' (two clauses). (See 'main clause', 'coordinate clause', 'subordinate clause' and 'relative clause'.)

closed syllable
: A closed syllable is one which ends in a consonant, e.g. **kat**, **kat-te**; **man**, **man-ne**. (See open syllable.)

comparative	The comparative of an adjective or adverb is that form which has '-er' added to it or is preceded by 'more', e.g. 'bigger', 'more interesting'.
compound adjective	A compound adjective is one that has been formed by putting two adjectives or a noun and an adjective together, e.g. **liggroen**, **bloedrooi**.
compound noun	A compound noun is one that has been formed by putting two or more nouns together, e.g. **stadsaal** 'town hall'.
conditional	The conditional is the tense of a verb formed with 'would', i.e. it expresses what you would do if a certain condition applied, e.g. 'I would go if I had enough time'.
continuous	The present or past continuous is another name for the present or past progressive. (See 'progressive'.)
coordinate clause	A coordinate clause is one which is introduced by a coordinating conjunction, i.e. one of the four joining words **en**, **maar**, **of** or **want** which coordinates its clause to the main clause (= makes it equal to), which is indicated by the finite verb in the coordinate clause not being relegated to the end of that clause, e.g. **Hy bly vandag tuis, want hy voel siek** where **want** is the coordinating conjunction and **want hy voel siek** the coordinate clause. (Compare 'subordinate clause'.)
definite article	'The' is referred to as the definite article, as it refers to a definite object, as opposed to 'a', the indefinite article. The definite and indefinite articles in Afrikaans are **die** and **'n** respectively.
demonstrative	A demonstrative, as the word implies, is a word that points out or distinguishes. 'This'/'these' and 'that'/'those' are examples of demonstratives.
derived adjective	A derived adjective is one that has been formed by adding a suffix to another word, **senuweeagtig** 'nervous' (< **senuwee** 'nerve' + the suffix **agtig**).
diphthong	When two adjacent vowels run together in such a way that they produce a new vowel sound, the new sound is called a diphthong, e.g. $e + i = ei$.
direct object	The direct object in a sentence is the object of the verb, i.e. the person or thing that is having

	the action of the verb performed on it, e.g. 'I can see the man/the ball'.
diminutive	A diminutive in Afrikaans is a noun which has had the suffix **-(tj)ie** added to it to render it small, e.g. **'n huis/'n huisie** 'a house'/'a little house'.
double infinitive	A double infinitive construction is one where a clause in the perfect tense has two infinitives at the end of it, rather than a past participle and an infinitive, e.g. **Ek het hom sien wegry** and not **Ek het hom gesien wegry**.
dummy subject	This refers to one of the functions of **daar** where **daar** stands in first position in the clause in the position normally occupied by the subject, e.g. **Daar lê 'n boek op die tafel**, which is a more usual way of expressing **'n Boek lê op die tafel**.
finite verb	A finite verb is one which has a subject, e.g. **Hy skryf 'n boek**. The opposite to this is an 'infinitive', which is the basic form of a verb that has not been defined as to who is performing it, e.g. **Hy gaan 'n brief skryf**, where **gaan** is a finite verb and **skryf** an infinitive.
first person	The pronoun 'I' is referred to as the first person singular and 'we' as the first person plural.
imbedded clause	In the sentence 'The man whom they lent the money to has just bought a house', 'whom they lent the money to' is said to be imbedded in the main clause 'The man has just bought a house'.
imperfect tense	The imperfect is the simple past as expressed by 'was', 'had', 'did', 'wrote', etc., as opposed to the perfect tense (see 'perfect tense').
indefinite article	See 'definite article'.
indirect object	The indirect object in a sentence is the person or object the action of the verb is applied 'to', e.g. 'He gave the book (direct object) to the girl (indirect object)'.
indirect question	A direct question reproduces a question verbatim, e.g. 'Where does he live?' The indirect question form of this is 'where he lives', e.g. 'I do(n't) know where he lives'.
infinitive	See 'finite verb'.
infinitive clause	An infinitive clause is one introduced by a

conjunction but whose verb is an infinitive, not a finite verb as is the case with coordinate, subordinate and relative clauses (see each of these), e.g. **om Afrikaans te leer** in the sentence **Dis nie so moeilik om Afrikaans te leer nie**.

inflect/inflection — An adjective is said to be inflected when it takes an **-e** ending, e.g. **breë** is the inflected form of **breed**.

interrogative — An interrogative is a question word, most of which start with 'wh' in English and **w** in Afrikaans, e.g. 'what', 'where', 'when', 'how'.

intransitive verb — See 'transitive verb'.

long vowel — See 'short vowel'.

main clause — A main clause, as opposed to a subordinate clause (see 'subordinate clause'), is one which makes sense on its own, i.e. it has a subject and finite verb and is not introduced by a conjunction, e.g. **Hy bly vandag tuis omdat hy siek is**, where **Hy bly vandag tuis** is the main clause in this complex sentence.

mass noun — A mass noun is one that denotes a non-countable entity, e.g. water, milk, money, and which thus cannot be pluralised.

modal verb — A modal auxiliary verb is a verb which is always used in conjunction with an infinitive and which expresses the attitude of the subject of the action to be performed, i.e. volition (**wil** 'to want to'), obligation (**moet** 'to have to'/'must'), permission (**mag** 'to be allowed to'/'may'), ability (**kan** 'to be able to'/'can'). These verbs in both English and Afrikaans show several irregularities.

monosyllabic — Consisting of only one syllable, e.g. **groot** 'big'.

nominal — A nominal object is one that is a noun, as opposed to a pronoun, which is a pronominal object, e.g. **Ek het 'n stoel gekoop/Ek het dit gekoop**.

nominalise — To nominalise an adjective, for example, is to turn it into a noun, e.g. **verslaaf** means 'addicted' while **'n verslaafde** means 'an addict', i.e. the adjective has been nominalised by adding this ending.

object — See 'direct object' and 'indirect object'.

open syllable	An open syllable is one that ends in a vowel, e.g. **haan** (closed) but **ha-ne** (first syllable open). The **n** after **ha** is seen as belonging to the next syllable in Afrikaans. (See syllabification.)
passive	See 'active'.
perfect tense	The perfect or past tense in Afrikaans is a compound tense, i.e. one formed from more than one word, where the finite verb is **het** plus a past participle, e.g. **Hy het 'n brief geskryf**.
pluperfect tense	The pluperfect tense is that which consists of 'had' + a past participle in English, e.g. 'He had done it'.
polysyllabic	Consisting of more than one syllable, e.g. **geweldig** 'tremendous', which consists of three syllables.
possessive	Possessives are words like 'my'/'mine', 'your'/'yours' which indicate the possessor of a noun, e.g. 'This is my book'/'It is mine'.
predicative	See 'attributive'.
progressive	The present or past progressive is a variation of the present or past tenses that emphasises that an action is or was in the process of being performed, e.g. 'He is/was reading' is the progressive form of 'He reads/read'.
pronominal	See 'nominal'.
reduplication	Reduplication means the doubling of a word to form a new expression, e.g. **nou** means 'now' but **nou-nou** means 'in a moment'.
reflexive	Reflexive pronouns are used with reflexive verbs. They indicate that the action of the verb is being performed on the subject of the verb (i.e. the action reflects back), e.g. **Hy het homself gesny** 'He cut himself', where **homself** is the third person singular of the reflexive pronoun and **jou sny** is said to be a reflexive verb.
relative clause/ pronoun	A relative pronoun connects a relative clause to a main clause, i.e. it relates back to a noun in the main clause, e.g. 'The man who gave me the money was very rich', where 'who' is a relative pronoun relating back to 'man' and 'who gave me the money' is the relative clause which in

Afrikaans requires subordinate word order, i.e. the finite verb is sent to the end, e.g. **wat my die geld gegee het**. (See 'subordinate clause'.)

schwa
This is the name given by linguists to that non-descript vowel sound that we hear in the first syllable of 'again' or in the second syllable of 'father'. Those speakers of English who pronounce 'film' as 'filem' are inserting a schwa between the 'l' and the 'm' to facilitate pronunciation of the cluster 'lm'.

second person
The pronoun 'you' is referred to as the second person. In Afrikaans there are two forms in the singular, **jy** and **u**, and two forms in the plural, **julle** and **u** where English only has the one word for all functions.

separable verb
A separable verb is one with a prefix (usually a preposition, e.g. **opbel** 'to ring up') which separates from the verb and stands at the end of the clause in the present tense (e.g. **Hy bel my op**), and which permits the **ge-** of the past participle to be inserted between it and the rest of the verb, e.g. **Hy het my opgebel**.

short vowel
A short vowel is one which is pronounced short and thus contrasts with the same vowel pronounced long, e.g. **man** (short), **maan** (long).

stem
The stem is the root form of a verb, e.g. **loop** and **skryf**, while the past participles **geloop** and **geskryf** are derived from this stem.

subject
The subject of a clause is the noun or pronoun that is performing the action of the finite verb in that clause, e.g. 'The man/he is reading a book'.

subordinate clause
A subordinate clause is one which is introduced by a subordinating conjunction, i.e. a joining word which subordinates its clause to the main clause (= makes it secondary to), which is indicated by the finite verb in the subordinate clause being relegated to the end of that clause, e.g. **Hy bly vandag tuis omdat hy siek voel**, where **omdat** is the subordinating conjunction and **omdat hy siek voel** the subordinate clause. (See 'main clause' and 'coordinate clause'.)

superlative	The superlative of an adjective or adverb is that form which has 'st' added to it or is preceded by 'most', e.g. 'biggest', 'most interesting'.
syllabification	The rules for hyphenating words are different in Afrikaans from English where the derivation of the word is significant, e.g. 'be-long-ing', 'work-ed'. In Afrikaans words are always divided (syllabified) by starting each new syllable with a consonant, e.g. **kat-te**, **ma-ne**, **be-doe-ling**, although **e** and **ing** are derivational endings that have been attached to these words.
tense	The tense of a verb is that form of the verb that indicates the time of the action being described; 'I write/am writing' is the present tense, while 'I wrote/was writing' is the imperfect tense and 'I have written' is the perfect tense. 'I had written' is called the pluperfect tense.
third person	The pronouns 'he', 'she' and 'it' are referred to as the third person singular and 'they' as the third person plural.
transitive	A transitive verb is one that can take an object, as opposed to an intransitive verb, which is one that cannot, e.g. 'He is reading a book' ('read' is transitive because of 'book'), but 'He is going to Botswana' ('go' is intransitive because 'to Botswana' is not the object of the verb, merely an adverb of place telling you where the action of the verb is to take place.)
verbal noun	A verbal noun is a verb (i.e. an infinitive) that is used as a noun, e.g. **die skryf van kookboeke** 'the writing of cookbooks'.

Afrikaans–English glossary

aaklig	dreadful	**aanskakel**	to turn on
aan	in; to; on; at	**aanslag**	attack
aanbeveel	to recommend	**aansluit**	to join
aanbied	to offer	**aansteek**	to light
aanbrand (intr.)	to burn	**aanstel**	to appoint
aanbreek	to be at hand; dawn	**aantog**	approach; (**in ~ wees**) to be approaching
aand	evening		
aanddiens	evening service	**aantoon**	to demonstrate
aandeel	share	**aantref**	to find
aandete	dinner, evening meal	**aantrek**	to put on
		aantrek (jou)	to get dressed
aandoen	to cause (trouble)	**aantreklikheid**	attraction
		aanvaar	to set out on (a journey)
aangee	to pass		
aangenaam	pleasant	**aanvraag**	inquiry
aangesien	considering	**aanwas**	to grow
aanhang	to adhere to; to follow	**aanwysing**	instruction
		aap	monkey
aanhou	to keep on	**aarbei**	strawberry
aankom	to arrive	**aards**	earthly
aanmoedig	to encourage	**aartappel**	potato
aanname	acceptance; admission	**afbreek**	to break off
		affêre	affair
aanneem	to accept; to assume	**afgeleë**	distant, far-off
		afgelope	past, ended
aanpak	to take in hand	**afhangend**	depending
aanpas	to try on	**afhanklik**	dependent
aanpaskamer	fitting room	**aflê**	to sit for (an exam)
aansienlik	considerable		
aansit	(**gewig ~**) to gain weight	**afloop**	to walk along
		afneem	to decrease
aanskaf	to acquire	**afrond**	to round off

afsender	sender	**ander**	other, another
afskakel	to turn off	**anders**	different;
afspeel (hom)	to take place		otherwise
afspoel	to rinse	**andersins**	otherwise
afspraak	appointment	**antwoord**	answer
afstap	to get off	**antwoordmasjien**	answering
aftreepakket	retirement		machine
	package	**appel**	apple
afwyk	to deviate, to	**appél**	appeal
	deflect	**appelkoos**	apricot
agter	behind	**appelkooskleurig**	apricot
agterdogtig	suspicious		(-coloured)
agterin	down/in the	**appelliefie**	gooseberry
	back	**April**	April
agterkom	to detect, to	**apteek**	chemist's shop
	discover	**argief**	archive
agtertoe	towards the	**arm**	poor
	back	**artikel**	article
agtervolg	to follow, pursue	**as**	when; if
agterweë	behind, aside	**asem**	breath
akademici	academics	**asemrowend**	breath-taking
akademicus	academic	**asof**	as if
akkerboom	oaktree	**asook**	as well as
aksent	accent	**aspek**	aspect
aksie	action	**aspersies**	asparagus
akteur	actor	**asseblief**	please
aktivis	activist	**atleet**	athlete
aktrise	actress	**Augustus**	August
aktueel	topical	**baadjie**	coat, jacket
al	already; all;	**baard**	beard
	everything;	**baat**	to profit
	the only	**baba**	baby
	(thing)	**bad**	bath
albei	both	**baie**	much/many; very
algemeen	(in) general	**bak**	bowl
alle	all, everything	**bakkery**	bakery
allerlei	all sorts of	**bakkie**	utility van,
almal	all, everyone		pick-up
als	everything	**baklei**	to fight
altyd	always	**bal**	ball
amptelik	official	**balkon**	balcony
amuseer	to amuse	**bande**	tyres

208

bandopnemer	tape recorder
bank-	bank manager
bestuurder(es)	
bas	bark (of a tree)
beantwoord (tr.)	to answer
bed	bed
bedags	during the day
beddens	beds
bedding	flower/river bed
bedek	to cover
bedelaar	beggar
bedenklik	suspicious
bedoel	to mean
bederf	spoilt, to spoil
bedreig (trans.)	to threaten
beduie	to mean; to indicate
beef (*see* **bewe**)	to tremble
beeld	picture
been	bone; leg
bees	head of cattle
beet	beetroot
begin	beginning
begrawe	buried
behalwe	except
behandel	to treat
beheer	to control;
(**onder ~ kry**)	to get under control
behoefte	need
behoort	should; to belong (to)
behou	to retain
beide	both
beige	beige
beïnvloed	influenced
beken	to confess
bekend	known
bekoorlik	charming, appealing
bekoring	enchantment

bekostig	to afford
bel	bell
bel	to ring
belaglik	ridiculous
beland	to land (in a ditch)
belang stel	to take an interest in
belangrik	important
beleef	to experience
belegging	investment
beleid	policy
belewenis	experience; adventure
belofte	promise
beloning	reward
beloof	to promise
belowe	to promise
beoordelaar	judge
bepeinsing	pondering, speculation
bêre	to store
bereid	prepared
bereik	to reach
berg	mountain
besem	broom
beset	engaged
besig	busy
besigheidsman	businessman
besit	to own
besitting	possession
beskadig	to damage
beskeie	modest
beskerm	to protect
beskik	to dispose
beskikking	disposal
beskuit	rusk
beslis	decidedly, definitely
besluit	decision
besoek	to visit (v.); visit (n.)

besoeker	visitor
bespreek	to book, to reserve
bessie	berry
bestaan	to exist
bestaan uit	to consist of
bestanddeel	ingredient; component
Beste	Dear (inform. address term)
beste	best
bestel	to order
bestelling	order
bestuur	to guide, direct; to manage
beswaar	objection
betaal	to pay
beter	better
Beterskap!	Get well soon!
betref	to concern; (**wat dit ~**) as far as ~ is concerned
betroubaar	reliable
beursie	purse
beursverslag	stock exchange report
bevat	to contain
bevel	to command
bevind (jou)	to find oneself
bevoeg(de)	competent, qualified
bevolking	population
bevorder	to advance, further (a cause)
bevrugting	insemination
bevrydings- beweging	liberation movement
bewe (see beef)	to tremble
beweging	movement
bewind	regime, authority; (**aan die ~**) in power
bewolk	cloudy
bewys	to prove
biblioteek	library
bid	to pray
bier	beer
bietjie	little bit
biltong	jerky
binne	within, in(side)
binnekom	to come in
binnekort	shortly
binneland	the interior; (**~s**) inland, internal, domestic
bioskoop	cinema
bitter	bitter
blaar	leaf
blad	sheet (of paper); (news)paper
bladsy	page
blaf (vir/teen)	to bark (at)
blanke	white (person)
blatjang	chutney
bleek (doodsbleek)	pale
blêr	to bleat
bliksem	lightening
blind	blind
blits	brandy
bloedig	(**~ kwaad**) bloody angry
bloekom(boom)	(blue) gum, eucalyptus tree
bloesie	blouse
blom	flower
bloot	naked

blou	blue	**brandarm**	very poor
blouerig	bluish	**brandewyn**	brandy
bly	to stay (v.);	**brandgevaar**	fire danger
	happy (adj.)	**brandmaer**	very thin, skinny
bo	above, over	**bredie**	stew
bo-op	on top	**breed**	wide, broad
bobbejaan	baboon	**breër**	*see* **breed**
boei	buoy	**brekfis**	breakfast
boek	book	**brief**	letter
boel	('n ~) a lot	**briefwisseling**	correspondence
boelie	bully	**bril**	glasses
boer	to farm (v.);	**bring**	to bring
	farmer (n.)	**broek**	pants
Boesman	Bushman	**broer**	brother
boetebessie	metre maid	**brood**	bread
boetie	little brother	**broodrolletjie**	bread roll
boggel	hump	**bros**	brittle
bôgom	bark	**brûe**	plural of **brug**
bok	buck	**brug**	bridge
bokkie	kid, little goat	**bruid**	bride
bondeltjie	small bundle	**bruidegom**	bridegroom
bont	pied, spotted	**bruikbaar**	usable
boom	tree	**bruilof**	wedding
boon	bean	**bruin**	brown
boontoe	upwards,	**budjie**	budgie
	upstairs	**buie**	showers (of rain)
boord	board; (**aan ~**)	**buite**	outside
	aboard	**buiteland**	foreign country
boot	boat		or countries
bord	plate	**buitelander**	foreigner
borduur	to embroider	**buitengewoon**	exceptional(ly)
borskwaal	chest complaint	**bulletin**	broadcast
bosbouer	forester	**bure**	neighbours
bosoorlog	bush war	**burgemeester**	mayor
bottel	bottle	**burger**	citizen
botter	butter	**bus**	bus
boud	buttock	**buurman**	neighbour
boumateriaal	building material		(male)
braai	to roast,	**buurvrou**	neighbour
	barbecue		(female)
braaivleis	barbecue	**by**	bee (n.); at
brand	to burn (intrans.)		(prep.)

byvoeg	to add	**Desember**	December
chaos	chaos	**deskundig**	expert
chauvinisties	chauvinistic	**destyds**	at that time
chemikus	chemist	**deur**	door (n.);
chirurg	surgeon		through
Christen	Christian		(prep.)
daai (< daardie)	that	**deurbring**	to spend, pass
daal	to drop; to		(time)
	descend	**deursoek**	to search
daar	there	**deurvoer**	to carry out
daardie	that/those	**deurweg**	passage
daarvoor	for that; of that	**diamant**	diamond
dadelik	immediately	**die**	the
dae	plural of **dag**	**dié**	this/that
dag	past tense of	**die hele jaar**	all year
	dink	**Die uwe**	Yours
dag	day	**dieet**	diet
dagoud	day-old	**dief**	thief
dak	roof	**diegene wat**	he/the one/
dal	valley		those who
dalk	perhaps; might	**diens**	service
dame	lady	**diensreëling**	timetable
dankbaar	grateful	**diensstasie**	service station
dankie	thanks	**diepblou**	deep blue
dans	dance	**dier**	animal
darem	really, very; but,	**diereriem**	zodiac
	however, at	**dieselfde**	the same
	least	**dig**	to write poetry
dat	that	**digter(es)**	poet
datum	date	**dik**	fat
deel	part	**dikwels**	often
deelname	participation	**ding**	thing
deelneem	to take part in,	**dinges**	thingummy,
	to participate		what's-it
deesdae	these days	**dingetjie**	little thing
deftig	ornate	**dink (aan)**	to think (of)
deken	quilt	**Dinsdag**	Tuesday
dêm	damn	**dis**	= **dit is**
demokrasie	democracy	**dis**	dish
den	pine tree	**dit**	it; this
derdens	thirdly	**doding**	slaying
dertig	thirty	**doeleinde**	purpose

doen	to do	droom	to dream
dof	dull	druif	grape
dog	past tense of	druiweasyn	wine vinegar
	dink	dryf (handel)	to trade
dogter	daughter, girl	duidelik	clear(ly)
doktor	doctor	duif	dove
dokumentêr	documentary	duim	thumb
dol	crazy, mad	duinebesie	beach buggy
dom	stupid	duisend	a thousand
dominee	minister	dun	thin
donderbui	thunderstorm	durf	to dare
Donderdag	Thursday	duskant	this side
donker	dark	duur	to last (v.);
donkergroen	dark green		expensive
donkie	donkey		(adj.)
dood	dead	duurder	more expensive
doodreg	exactly right	dwaal	to wander
doodsiek	very sick	dwelm	
doodskiet	to shoot dead	(= **dwelmmiddel**)	drug
doof	deaf	dwing	to force
dooie	dead person	een	one
doos	box	eend	duck
doring	thorn	eendag	one day
doringboom	thorntree, acacia	eensaamheid	loneliness
dorp	town	eenvoudig	simple, ordinary
dorpsentrum	town centre	eergister	the day before
dorpie	small village		yesterday
dosent(e)	lecturer	eers	even; only;
dosyn	dozen		formerly
dower	*see* **doof**		(once); first
dowwer	*see* **dof**	eerskomende	following, next
dra	to carry; to wear	eerste	first
draad	wire	eerstens	firstly
draai	to turn	eet	to eat
draf	to jog	eetkamer	dining-room
drankie	drink	eeu	century
dreig (intr.)	to threaten	effek	effect
driedubbel	threefold, triple	effekleurig	all one colour
dronk	drunk	effens	slight(ly)
dronkbestuur	drink driving	eg	harrow
droog	dry	eggenoot	spouse
droogte	drought	eie	own

eienaar	owner	**Februarie**	February
eier	egg	**feitlik**	actually, really
eikehout	oak	**fiets**	bicycle
eiland	island	**fietstog**	cycling trip
eina	ouch	**filantropies**	philanthropic
einde	end	**filosoof**	philosopher
eindelik	at last	**finaal**	final
eintlik	really, actually	**finansieel**	financial
eis	to demand	**fliek**	film
ek	I	**flits**	torch
ekonomie	economy	**flou**	weak (of tea)
eksamen	exam	**fluit**	to whistle (v.);
eksklusief	exclusive		flute (n.)
ekskuus	excuse	**fluks**	smart
eksoties	exotic	**fluweel**	velvet
elders	elsewhere	**foeitog!**	dear me!
elektrisiën	electrician	**fonds**	fund
elk	each; every; any	**fontein**	fountain
elkeen	everyone	**fooitjie**	tip
elmboog	elbow	**foon**	phone
emigreer	to emigrate	**foto**	photo
emmer	bucket	**fotograaf**	photographer
empaaier	empire	**fotografeer**	to photograph
en	and	**fotostateer**	to photocopy
energie	energy	**fout**	mistake
engel	angel	**fris**	cool, fresh
enige	any	**front**	front
enigeen	anyone	**gaaf**	fine, nice
enigiemand	anyone	**gaan**	to go
enigiets	anything	**galbitter**	very bitter
enigste	only one	**gas**	guest
enjin	engine	**gasvryheid**	hospitality
enkel(e)	a few	**gat** (pl. **gate**)	hole
êrens	somewhere	**gawe**	gift
erf (pl. **erwe**)	plot (of ground)	**Geagte**	Dear (lit.
erns	seriousness		'respected')
ernstig	serious	**geamuseer**	amused
ertjie	pea	**gebed**	prayer
ervaring	experience	**gebeur (met)**	to happen (to)
ewe	even, just as	**gebied**	territory; area
fabriek	factory	**gebore**	born
familie	family	**gebou**	building

gebruik	use
gebuk	crouching; bent
gedagte	thought
gedeeltelik	partially
gedra (jou)	to behave oneself
gedrag	behaviour
gedurende	during
gee	to give
geel	yellow
geen/geeneen	none/not one
gegewens	details
geheim	secret
gehoorsin	sense of hearing
gehoorstuk	receiver
geïnteresseerd	interested
gekonsentreerd	concentrated
geld	money
gelede	ago, past
geleentheid	occasion
geloof	faith
geluid	sound
gelukkig	lucky; luckily
gemeen	common
gemeenskap	community
gemmer	ginger
gemors	mess
generaal	general
geniet	to enjoy
genoeg	enough
genugtig	(**goeie ~**) good gracious
geoes	harvested (p.p.)
geoktrooieerd	chartered
gepratery	chatter
gereg	course (of a meal)
gerond	rounded
gerus	by all means, do; safely
gesels	conversation
geselskap	company
gesig	face
gesiggie	little face
gesin	family
geskenk	gift
geskiedenis	history
geskoold	trained
geskryf	scribbling; writing
gesog(te)	sought after
gesondheid	'cheers'; 'bless you'
gespanne	tense
gesprek	conversation
gestalte	form, shape
getal	number
geüniformeerd	uniformed
geur	scent
geut	gutter
gevaar	danger
gevaarlik	dangerous
geval	case
gevoel	feeling
gevolg	consequence
gewete	conscience
gewig	weight
gewigsverlies	weight loss
gewild	in demand
gewoonlik	usually
gewoonte	custom
ghitaar	guitar
gholf	golf
ghries	grease
giet	to pour
giggel	to giggle
gipsbeeldjie	plaster statue
gister	yesterday
gisteraand	yesterday evening (up till bedtime)
gistermiddag	yesterday afternoon

gisteroggend	yesterday morning	**grotendeels**	for the most part
glad	smooth; not at all	**grys**	grey
		guns	favour; goodwill
glas (pl. **glase**)	glass	**haai**	shark
glimlag vir	to smile at	**haal**	to fetch
glo	to believe	**haan**	rooster
god	god	**haar**	her
godsdiens	religion	**haas (jou)**	to hurry up
goed	odds and ends, things; good	**haastig**	hasty
		hael	hail
goedere	goods	**hakie**	bracket
goedkoop	cheap	**halfrond**	hemisphere
goeie	good	**halveer**	to halve
gogga	insect	**hamer**	hammer
goiing	hessian	**hand**	hand
gons	to buzz	**handdoek**	towel
gordel	belt	**handel**	trade
gordyn	curtain	**handels-betrekkinge**	commercial relations
gou	swiftly	**handhawing**	enforcement
goud	gold	**hard**	hard; loud
graag	gladly	**hardloop**	to run, sprint
graan	grain	**hare**	hair
grade	degrees	**hart**	heart
graf	grave	**Hartlike groete**	Best regards
grap	joke	**hasie**	young hare
gras	grass	**hasjisj**	hashish
grasdak	thatch roof	**hawe**	harbour
grasperk	lawn	**hawer**	oats
grassprinkaan	grasshopper	**hawik**	hawk
grens	border	**hê**	to have
groeikoers	growth rate	**heeldag**	all day
groen	green	**heelparty**	quite a lot of (idiomatic)
groente	vegetables		
groep	group	**heeltemal**	altogether
groete	greetings, regards	**heelwat**	a lot of
		heerlik	lovely
Groetnis	Regards	**heet**	to be called
grof	coarse	**hef**	knife handle
grond	ground	**heg**	close(knit)
groot	big	**hektaar**	hectare
grot	cave		

hel	hell	**hond**	dog
heldergeel	bright yellow	**honderd**	a hundred
heldhaftig	heroic	**honger**	hunger
help	to help	**hoof**	head
hels	hellish	**hoofde** (pl.)	heads
hemel	heaven, sky	**hoofgebou**	main building
hemelsblou	sky blue	**hoofstad**	capital
hemp	shirt	**hoog**	high
(pl. **hemde**)		**Hoogagtend**	Sincerely (lit.
Here	Lord		respectfully)
herfs	autumn	**hoogtepunt**	pinnacle
herhaal	to repeat	**hooi**	hay
herhaling	repetition	**hoop**	to hope
herinnering	recollection,	**hoor**	to hear
	memory	**horing**	horn
hernieu	to renew	**horlosie**	watch, clock
herstel	to repair; to	**hospitaal**	hospital
	recover	**hotel**	hotel
Hervorming	Reformation	**hou**	to hold
het	(present tense of	**hou van**	to like
	hê) have, has	**hout**	wood
heuning	honey	**Hugenoot**	Huguenot
heup	hip	**huidig**	current
hier	here	**huil**	to cry
hierdie	this/these	**huis**	house
histories	historical	**huishoudelik**	household (adj.)
hittegolf	heatwave	**huisvrou**	housewife
hoe	how	**huiswerk**	homework
hoë(r)	see **hoog**	**hulle**	they/them
hoed	hat	**hulle s'n**	theirs
hoef nie	don't have to	**huwelik**	marriage
hoegenaamd	not at all	**hy**	he
hoek	corner	**ideal**	ideal
hoekom	how come, why	**idioom**	idiom
hoender	chicken	**ieder**	every
hoenderpastei	chicken pie	**iedereen**	everyone
hoendertande	hens' teeth	**iemand**	someone
hoes	to cough	**iets**	something
hoeveel	how much/many	**ietsie**	a little bit
hoewel	although	**iewers**	somewhere
hof	court, courtyard	**in**	in, into
hom	him	**Indies**	Indian

indink (jou)	to imagine	**jarelank**	years ago
indruk	impression	**jellie**	jelly
indrukwekkend	impressive	**joernalis**	journalist
industrie	industry	**jok**	to joke, not to
ineenstort	to collapse		be serious
infrastruktuur	infrastructure	**joligheid**	festivity
ingebou	built-in	**jong**	boy
ingenieur	engineer	**jonger**	*see* **jonk**
inhou	to contain	**jonk**	young
inkom	to enter	**Joods**	Jewish
inkopie	small purchase	**jou**	(ob.) you; your
inkopies doen	to go shopping	**joune**	yours
inkopieslys	shopping list	**juffrou**	teacher (female)
inruil	to trade in	**juis**	correct
insamel	to collect	**juk**	yoke
inskryf	to register; to	**Julie**	July
	enrol	**julle**	you (pl.)
inskryfvorm	application	**julle s'n**	yours
	form	**Junie**	June
instandhouding	maintenance	**jy**	you
instansie	instance	**kaal**	naked
instel	to introduce	**kaart**	card
instroom	to pour in	**kaartfoon**	card phone
intelligent	intelligent	**kabelkarretjie**	cable-car
interessant	interesting	**kabouter**	gnome
interesseer (jou)	to interest	**kafee**	cafe, milkbar
intuïtief	intuitive	**kafeïen**	caffeine
intussen	meanwhile	**kaggel**	heater
invloed	influence	**kaia**	native dwelling
invoer	introduce	**kalf**	calf
	(changes)	**kalwers** (pl.)	calves
irreëel	unreal	**kam**	to comb (v.);
ivoor	ivory		comb (n.)
jaar	year	**kameelperd**	giraffe
jag	to hunt (v.);	**kamer**	room
	hunt (n.)	**kamerjas**	dressing gown
jakkals	jackal, fox	**kan**	to be able/can
jammer	too bad; sorry;	**kanker**	cancer
	a pity	**kans**	chance
jammer genoeg	unfortunately	**kant**	side
jammerte	pity	**kantoor**	office
Januarie	January	**kar**	car

kardioloog	cardiologist	**klavier**	piano
kas	cupboard	**klein**	small
kassie	box	**kleindogter**	granddaughter
kastaiing	chestnut	**kleinigheid**	small thing
kaste (pl.)	cupboards	**kleinkinders**	grandchildren
kastrol	pot	**kleinseun**	grandson
kat	cat	**kleintjies**	little ones
katoen	cotton	**klere**	clothes
Katoliek	Catholic	**klerekas**	wardrobe
kous	stocking	**kleur**	colour
keer	time, (**menige ~**)	**kleurling**	person of mixed
	many a time		race
keer	to turn; turn	**kleuter**	toddler
kekkel	to cluck	**klier**	gland
ken	to know	**klim**	to climb
	(someone)	**klink**	to sound
kenmerkend	characteristic,	**klip**	stone
	distinctive	**klomp(ie)**	a lot
kennisgewing	notice	**klop**	to beat
kêrel	chap	**klou**	claw
kerk	church	**klub**	club
kerktoring	church tower	**knoffel**	garlic
kerrie	curry	**knoffelhuisie**	clove of garlic
kers	candle	**knoop**	button
kersie	cherry	**koedoe**	kudu
kerspartytjie	Christmas party	**koei**	cow
ketting	chain	**koekie**	biscuit
keur	choice	**koel**	cool
kielie	to tickle	**koerant**	(news)paper
kiem	germ	**koevert**	envelope
kierie	walking stick	**kok**	cook
kies	to choose	**kol**	spot
kieskeurig	choosy	**kollega**	colleague
kieu	gill	**kolonel**	colonel
kind	child	**kolonis**	settler
kinders (pl.)	children	**kom**	to come
kla	to grumble,	**kombers**	blanket
	complain	**kombuis**	kitchen
klaar	finished	**komend**	(up)coming
klant	customer	**komkommer**	cucumber
klas	class	**kommandeur**	commander
klasse loop	to attend classes	**kommersieel**	commercial

kommissie	commission	**kuns**	art
kon	could (modal v.)	**kunsmatig**	artificial
kondoom	condom	**kursus**	course
konfyt	jam	**kus**	coast
kongres	conference	**kusgebied**	coastal area
koning	king	**kussing**	cushion
koningin	queen	**kwaad**	angry
koningsblou	royal blue	**kwaadaardig**	malignant
konstruksie	construction	**kwaai**	bad-tempered,
kontant	cash		strict
kontra-offensief	counter-offensive	**kwaal**	ailment
koop	to buy	**kwagga**	zebra
koor	choir	**kwalifikasie**	qualification
koördineerder	coordinator	**kwalifiseer**	to qualify
kop	head	**kwalik**	hardly
koppie	cup	**kwaliteit**	quality
koring	wheat	**kwantiteit**	quantity
korrek	correct	**kwart**	quarter
korting	reduction	**kwartel**	quail
kos	food, meal	**kwartier**	quarter of an
kostuum	costume		hour
koud	cold	**kwater**	*see* **kwaad**
kouer	*see* **koud**	**kweekskool**	training-school;
krammetjie	staple		(theological)
krap	to scratch		seminary
kreef	crayfish	**kwekery**	nursery
krieket	cricket	**kwik**	mercury
kroeg	bar	**kyk (na)**	to look (at)
krokodil	crocodile	**laag**	low
kroongrond	crown land	**laai**	drawer
kruid	herb	**laan**	avenue
kruip	to crawl, to	**laasjaar**	last year
	slither	**laasnag**	last night (after
kruis	cross		lights out)
kruispunt	intersection	**laaste**	last
krul	curl	**laastens**	lastly
krummel	to crumble	**laasweek**	last week
kry	to get	**laat**	to let (v.); late
kuier	to visit		(adj.)
kuiergas	visitor	**laer**	*see* **laag**
kuiermense	visitors	**laerskool**	primary
kuiken	(baby) chicken		school

laf	silly	lees	to read
lafaard	coward	leeu	lion
lag (oor)	to laugh (at)	lei (na)	to lead (to)
lag vir/met	to smile at	lei (tot)	to evoke, invite;
lag-lag	easily		to cause, to
laken	sheet		lead (to)
lam	lamb	leidend	leading
lammers	plural of lam	leiding	pipe, line
lammertjie	little lamb	leier	leader
land	to land (v.);	lekker	delicious
	land (n.)	lekker eet	'bon appetit'
landbou	agriculture	lel	lobe
landdrosdistrik	magisterial	lelik	ugly; nasty
	district	lemmetjie	razor blade; lime
landskap	landskap	lente	spring
lang	long	lepel	spoon
langer	see lank	leraar	minister
langs	next to		(religion)
langsaan	next door	les	lesson
langskom	to come by	lesing	lecture
lank	long; tall	lessenaar	desk
lankal	for a long time,	letter	letter
	for ages	lewe	life
lap	rag, cloth	lewenslus	love of life
lastig	difficult;	lewer	to supply; to
	cumbersome		produce
later	later	lid	member
lawaai	noise	lied	song
lawwe (< laf)	silly	lief	dear
lê	to lay/lie	liefde	love
lede (pl.)	members	liefhê	to like; to love
leef	to live	liefie	sweetie
leeg	empty	lieflik	lovely
leen	to lend; to	liefste	dearest, darling
	borrow	liefwees vir	to like (a lot); to
leer	to learn (v.);		love
	ladder (n.)	lietsjie	lychee
lêer	file	Liewe	Dear (intimate
leer ken	to get to know		address term)
leerlooiny-	leather industry	liewe	dear
werheid		liewer(s)	rather,
leerstelling	doctrine		preferably

lig	light	**maatskappy**	society; company
ligblou	light blue	**maer(der)**	thin(er)
liggaam	body	**mag**	to be allowed to, may
links	left		
loer	to peer	**majoor**	major
lok	to lure	**makeer**	to ail; be wrong with; to be missing
loodgieter	plumber		
loop	to walk		
lorrie	truck, lorry	**maklik**	easy
los	to loosen; to leave	**mak maak**	to tame
lot	fate	**mal**	crazy
lug	air	**mal maak**	to drive crazy
lughawe	airport	**mampoer**	peach brandy
lui	lazy	**man**	man; husband
luiperd	leopard	**mandjie**	basket
luitjie	buzz, call	**manlik**	male; masculine
lus	to (feel) like; (~ hê/wees vir) to feel like (doing/having) something	**mark**	market
		masjien	machine
		mat	mat
		matig	moderate
		matriek	matric
LW (= let wel)	NB (= *nota bene*)	**Me.**	Ms
		meebring	to bring/take along
ly	to suffer		
lyk	to seem, appear	**meel**	flour
lyk na/op	to look like	**meen**	to mean; to think
lys	list		
maag	stomach	**meer**	more
maai	to mow	**meerderheid**	majority
maak	to do; to make	**mees(te)**	greatest, most
maaltyd	meal	**meeu**	seagull
maalvleis	minced/ground meat	**Mei**	May
		meisie	girl
maan	moon	**Mej.**	Miss
maand	month	**mekaar**	each other
Maandag	Monday	**melk**	milk
maar	but; just, rather; only	**melktert**	milk tart
		melodie	tune
Maart	March	**Meneer**	sir
maat	mate	**meng**	to mix

menige	many, several	**moesie**	mole, beauty
meningsverskil	disagreement		spot
mens	person	**moet**	to have to; must
Menseregtedag	Human Rights		(modal v.)
	Day	**mog**	past tense of
menu	menu		**mag**
mes	knife	**mond**	mouth
met	with	**monument**	monument
meule	mill	**mooi**	pretty, nice
Mev.	Mrs	**moontlik**	possible
Mevrou	madam, Mrs	**môre**	morning
middelmatig	moderate	**môreaand**	tomorrow
mielie	maize, corn cob		evening/night
mier	ant	**môremiddag**	tomorrow
mikrofoon	microphone		afternoon
militêr	military	**môreoggend**	tomorrow
miljard	billion		morning
min	little, few	**morsdood**	dead as a
minder	less, fewer		doornail
minste	least, fewest	**mos**	indeed; of
minstens	at least		course, as you
minuut	minute		know
mis	mist	**mossie**	sparrow
misbruik	to misuse, abuse	**motivering**	motivation
misgis (jou)	to make a	**motorhuis**	garage
	mistake; to be	**motorvoertuig-**	motor vehicle
	mistaken	**versekering**	insurance
mishandel	to maltreat	**mou**	sleeve
miskien	perhaps, maybe	**muis**	mouse
miskol	patch of fog	**muntfoon**	coin phone
mislei	to deceive	**musici** (pl.)	musicians
Mnr.	Mr	**musikus**	musician
model	model	**muskiet**	mosquito
modern	modern	**muur**	wall
moeder	mother	**my**	me, my
moeg	tired	**my maggies**	my goodness
moeilik	difficult	**myne**	mine
moeilikheid	difficulty, trouble	**mynwerker**	miner
moenie	mustn't; don't	**na**	after; to
(< moet nie)	(imp.)	**naam**	name
moes	past tense of	**naamlik**	namely
	moet	**naas**	next (to)

naaste	nearest	**noem**	to call, to name
naastenby	roughly, approximately	**nonsies**	nonsense
		noodwendig	necessary; necessarily
naaswit	off-white		
naby	near	**nooi**	to invite
nabyheid	proximity	**nooi**	girl
nadat	after	**nooiensvan**	maiden name
nader	nearer	**nooit**	never
nadink oor	to think about	**noord(e)**	north
nael	nail	**noordelik**	northern
naeltjie	navel	**noordooster**	north-easterly
nag	night	**nostalgies**	nostalgic
namens	on behalf of	**nou**	at the moment, now
nartjie	mandarin		
nasionaal	national	**nou-nou**	in a moment
nat	wet	**November**	November
natuur	nature	**NS** (lit. **naskrif**)	PS (lit. 'post-script')
natuurlik	of course		
naweek	weekend	**nuus**	news
Nederland	The Netherlands	**nuut**	new
nedersetting	settlement	**Nuwejaarsdag**	New Year's Day
nee	no	**nuwer**	see **nuut**
neef	male cousin	**oë**	plural of **oog**
neem	to take	**oefen**	to practise, exercise
neersit	to hang up		
neerslaan	to fall down	**oeroud**	very old
nege	nine	**oes**	harvest
nektarien	nectarine	**oewer**	bank (of a river)
nêrens	nowhere	**of**	whether, or
nes (< net soos)	just like	**oggend**	morning
net	only, just	**Oktober**	October
net soos	just like	**olie**	oil
netjies	neat	**olifant**	elephant
neus	nose	**olyfkleurig**	olive(-coloured)
neusgat	nostril	**om**	around
neut	nut	**omdat**	because
nie	not	**omdraai (jou)**	to turn around
niemand	nobody	**omgaan**	to go around
nietemin	nevertheless	**omgewing**	surroundings
niggie	niece	**omkom**	to die
niks	nothing	**omsingel**	to surround
nissie	niche	**omstamp**	to knock over

omstandighede	circumstances
omtrent	about, more or less
onaangenaam	unpleasant
onbruikbaar	unusable
ondanks	in spite of, despite
onder	under
ondergaan	to undergo
onderhoud	interview
onderneem	to undertake
onderskat	to underestimate
ondersteun	to support
onderteken	to sign
ondertoe	towards the bottom
ondervind	to experience
onderwyser(es)	teacher
onenigheid	quarrel, dispute
ongelooflik	unbelievably
ongeluk	accident
ongelukkig	unhappy; unfortunately
ongetwyfeld	undoubtedly
ongeveer	approximately
onlangs	recently
onmiddellik	immediately
onmoontlik	impossible
ons	we (subj.); us (obj.)
ons s'n	ours
onsin	nonsense
ontbyt	breakfast
ontdekking	discovery
ontdekkings-reisiger	explorer
ontferm oor (jou)	to take pity on
ontginning	clearing
onthaal	to entertain; to treat
ontmoet	to meet
ontmoeting	meeting
ontslae raak van	to be rid of, free from
ontstaan	to originate
onttrek (jou)	to withdraw
ontvang	to receive
ontwikkel	to develop
ontwikkeling	development
onvermoeid	tireless
onvoorstelbaar	unimaginable
onwettig	illegal
oog	eye
ooit	ever
ook	also
oom	uncle
oomblik	moment
oompie	old bloke
oond	oven
oopmaak	to open
oor	ear
oor	over, about (i.e. concerning)
oordeel	judgement
oordraagbaar	transferable
ooreenstem	to agree; to correspond
ooreet (jou)	to overeat
oorgetrek	upholstered
oorhandig	to hand over
oorheers	to dominate
oorkant	other (opposite) side
oorkom	to overcome
oorlog	war
oorlog voer	to wage war
oorlosie	watch
oormôre	day after tomorrow
oorrompel	to overwhelm
oorsaak	cause
oorspronklik	original(ly)

oorsteek	to cross	**oranje**	orange
oorstroming	flood	**orde**	order
oos(te)	east	**ordinêr**	common
Oos-Vrystaat	Eastern Free		(looking)
	State	**organisasie**	organisation
oosterlik	eastern	**organiseer**	to organise
op	on; at	**orgidee**	orchid
opbel	to ring (up)	**oseaan**	ocean
opbly	to stay up	**osoon**	ozone
opdaag	to arrive, turn	**ou**	chap, bloke
	up	**oud**	old
opdrink	to drink up	**ouderdom**	(old) age
opeet	to eat up	**ouens**	plural of **ou**
openbaar	public	**ouer**	*see* **oud**
operasie	operation	**oulik**	nice
opgewonde	excited	**ouma**	grandma
ophang	to hang up	**oumagrootjie**	great-grand-
ophou	to stop, cease		mother
opkom	to rise (of the	**oupa**	grandpa
	sun)	**oupagrootjie**	great-grand-
oplaai	to flame up; to		father
	load up	**pa**	dad
oplig	to pick up	**paai**	to pacify
opmaak	to use up; to	**paaie**	plural of **pad**
	make (the	**paal**	pole
	bed)	**paar**	pair; (**'n ~**) a
oppas	to take care of;		few
	(**~ vir**) to	**pad**	road
	beware of	**padda**	frog
opposisie	opposition	**padwerke**	road works
opraak	to run out of	**pa-hulle**	parents
opreg(te)	genuine	**papier**	paper
opruim	to tidy up	**palmboom**	palm tree
opsig	respect; (**in alle**	**palmwyn**	palm wine
	~te) in all	**pampoen**	pumpkin
	respects	**pampoen-**	pumpkin
opstaan	to get up	**kwekery**	growing
optel	to pick/lift up	**pan**	pan
optimisties	optimistic	**pap**	porridge
opwas	to wash up	**papdronk**	very drunk
opwen (jou)	to get agitated	**papnat**	sopping/soaking
opwindend	exciting		wet

paradys	paradise	plek-plek	here and there
paranoïes	paranoid	plesier	pleasure, fun
park	park	plesier!	you're welcome!
parkeer	to park	pluk	to pick
party(tjie)	party	poeding	pudding
party ... party	some ... others	poeier	powder
pas	just, recently	polisie	police
pas	to fit, to suit	pondok	hovel
pasiënt	patient	poot	paw, leg (of
passasier	passenger		animal, chair)
patat	sweet potato	pop	doll
patroon	pattern	poppie	doll
peer	pear	pos	to post
pêl	pal	Posbus	PO box
pen	pen	poskantoor	post office
perd	horse	pot	pot
pêrel	pearl	praat (met)	to talk (to)
perfek	perfect	prakties	practical
periodiek	periodical	pragtig	fabulous;
perron	railway platform		beautiful
pers	purple	prent	picture
persent	per cent	present	present
perske	peach	presies	exact, precise
pes	plague	primêr	primary
pienk	pink	primitief	primitive
piepklein	tiny	privaat	private
piering	saucer	Privaatsak	Private Bag
piesang	banana	probeer	to try
pil	pill	probleem	problem
pit	seed	produk	product
pla	to worry	produseer	to produce
plaas	farm	proe (trans.)	to taste
plaasvind	to occur	program	program
plafon	ceiling	projek	project
plak	to squat	proklameer	to proclaim
plakker	poster	promosie	promotion
plasie	small farm	Protestant	Protestant
plastiek	plastic	provinsie	province
plat	flat	prys	price
platteland	countryside	puik	prime, superb
pleidooi	plea	punt	point
plek	place	put	well

puur	pure	**riet**	reed, straw
pyn	pain	**rif**	ridge
pyp	pipe	**rig**	to erect
raad	council	**ring**	ring
raad vra	to ask for advice	**rissie**	capsicum,
raaf	raven		chilli pepper
raai	to guess	**rivier**	river
raak	incisive, to the	**rob**	seal
	point; to hit;	**roep**	to call
	to become	**roer**	rudder; to stir
raar	rare	**roete**	route
rak	shelve	**roetine**	routine
rand	edge	**rog**	rye
rand	rand	**rok**	dress
rassis	racist	**rokery**	smoking
redeneer	to reason	**rolstoel**	wheelchair
reeds	already	**rommel**	rubbish
reël	rule	**romp**	skirt
reën	rain	**ronddwaal**	to wander about
reënjas	raincoat	**rondhardloop**	to run around
reg	right, correct	**roof**	scab
regering	government	**rooi**	red
regs	right	**rooibok**	impala
regstellend	rectifying	**rooierig**	reddish
regstreeks	direct(ly)	**rook**	to smoke
regter	judge	**roomkleurig**	cream(-coloured)
regterhand,	right-hand side	**roomys**	ice cream
-kant		**roos**	rose
reguit	straight ahead	**rot**	rat
regverdig	fair, just	**rou**	raw
reisagentskap	travel agency	**rower**	robber
rekenaar	computer	**ru**	rough
rekening	bill	**rubriek**	column
reklame	advertisement	**rûe**	plural of **rug**
relatief	relative	**rug**	back
rem	brake	**ruig**	rugged, bushy
renoster	rhinoceros	**ruik**	to smell
republiek	republic	**ruil** (*see* **inruil**,	to exchange; to
rêrig	real, actual;	**verruil**)	switch
	really	**rukkie**	little while
resep	recipe	**rus**	to settle down
rib	rib	**rustig**	calm(ly)

ry	to drive (v.); row (n.)	**sederboom**	cedar tree
		sedert	since
ryk	rich	**sedertdien**	since then
rylaan	drive	**see**	sea
ryloop	to hitch-hike	**seekoei**	hippopotamus
ryp	frost, ripe	**seën**	blessing
rys	rice	**seep**	soap
saad	seed	**seisoen**	season
saag	saw	**seker**	sure, certain
saal	hall, room; saddle	**sekerlik**	certainly
		sekondêr	secondary
saam	together	**sekretaresse**	secretary
saambring	to bring (along, together)	**self**	(my-, him-, etc.) self
saamkom	to come along	**selfoon**	mobile/cellular phone
saamstem	to agree		
saans	in the evening	**selfs**	even
sag	soft	**selfsugtig**	selfish
sagter	*see* **sag**	**sening**	sinew, tendon
sak	bag	**sent**	cent
sakelui	businessmen	**sentraal**	central
sakevroue	businesswomen	**sepie**	soapie
sakgeld	pocket money	**September**	September
sal	will (modal v.)	**setlaar**	settler
salf	ointment	**seun**	son, boy
salf	**Dan is daar aan jou geen ~ te smeer nie =** you're beyond redemption	**sewe**	seven
		siek	sick
		siekte	disease
		sien	to see
		sigaret	cigarette
sambreel	umbrella	**silwer**	silver
sand	sand	**simbool**	symbol
sandaal	sandal	**sing**	to sing
sanger	singer	**sisteem**	system
sangoma	medicine wo/man	**sit**	to sit
		sitkamer	lounge
sanksies	sanctions	**siviel**	civil
sap	sap	**sjampanje**	champagne
sardien	sardine	**sjarmant**	charming
Saterdag	Saturday	**sjarme**	charm
sê (vir/aan)	to say (to)	**sjiek**	chic
sê maar	let's say	**sjokolade**	chocolate

skaal	scale
skaam (jou)	to be ashamed (of oneself)
skaars	scarce
skakel	to telephone, to call/ring up
skarlaken	scarlet
skatryk	stinking rich
skatting	estimate; estimation
skeer (jou)	to shave
skeiding	parting
skelm	roguish
skenk	to donate
skep	to scoop
skepe	plural of **skip**
skepties	sceptical
skêr	scissors
skerm	screen
skerp	sharp
skielik	sudden(ly)
skiet	to shoot
skik	to manage; to suit
skildery	painting
skilpad	tortoise, turtle
skip	ship
skoen	shoe
skool	school
skoolmaats	school mates
skoon	clean
skoondogter	daughter-in-law
skoonmaak	to clean
skoonmoeder, (-ma)	mother-in-law
skoonseun	son-in-law
skoonsuster	sister-in-law
skoonvader, (-pa)	father-in-law
skottelgoed	crockery; dishes and plates
skouer	shoulder

skouspelagtig	spectacular
skraal	lean, skinny
skraap	to scrape
skrap	to scrap
skree	to shout
skryf	to write
skrywer	writer, author
sku	shy
skub	scale
skugter	shy
skuif	to push; to slide
skuit	boat
skuld	guilt
skuldig	guilty
skuwer	*see* **sku**
skyf	disk, slide; (**vis en ~ies**) fish and chips
slaaf	slave
slaafs	servile
slaag	to succeed
slaaiblaartjie	lettuce leaf
slaap	to sleep
slaapkamer	bedroom
slaggat	pot hole
slaghuis	butcher's shop
slak	snail
slang	snake
slank	slim
slawerny	slavery
sleg	bad
sleutel	key
sloep	barge
sloop	pillow slip
sloot	ditch
slu	sly
smaak (intr.)	to taste
smaaklike ete	'bon appetit'
smaraggroen	emerald green
smeer	to grease
smiddags, smiddae	in the afternoon(s)

smous	hawker	**sosiaal**	social
snaaks	funny	**sosioloog**	sociologist
sneeu	snow	**sou**	would
snesie	tissue		(modal v.)
snoei	to prune	**sousboontjie**	bean salad
snor	moustache	**soveel**	so many
sny	to cut (v.);	**sover**	as far as
	slice (n.)	**sowaar**	truly, indeed
so . . . soos	as . . . as	**span**	team
so'n	such (a)	**spannend**	exciting
sodanig (as ~)	as such	**speel**	to play
sodat	so that	**speelgoed**	toys
sodra	as soon as	**spel**	game
soek	to look for, seek	**spesery**	spice
soep	soup	**spesiaal**	special
soet	sweet; well-	**spierwit**	pure white
	behaved	**splinternuut**	brand new
sog	sow (pig)	**spons**	sponge
soggens	in the morning	**sprokie**	fairy-tale
sokkie	sock	**spyskaart**	menu
somer	summer	**spyt hê**	to be sorry
sommer	for no particular	**staan**	to stand
	reason, just,		(upright)
	merely	**staat**	state
sommige . . .	some . . . others	**staatsdiens**	public service
ander		**stad**	city
Sondag	Sunday	**stadig**	slow
sonder	without	**stadsbestuur**	municipality
sone	zone	**staking**	strike
sonnig	sunny	**stam**	tribe
sonskyn	sunshine	**standaard**	standard
sooi	sod	**stap**	to walk, to go
soölogie	zoology		on foot
soontoe	(= **daarnatoe**)	**stasie**	station
	there	**stede**	plural of **stad**
soort	sort	**steil**	steep
soos	as	**stel**	(**in gevaar** ~) to
sopnat	sopping/soaking		endanger
	wet	**stemming**	mood
sôre	to care	**ster**	star
sorg	worry	**sterf (aan)**	to die (of)
sosatie	kebab	**stert**	tail

steun	to support (v.); support (n.)	**suksesvol**	successful
		sulk(e)	such (a)
steur	to disturb	**sussie**	younger sister
stewel	boot	**suur**	sour
stig	to found, establish	**swaar**	heavy
		swaer	brother-in-law
stikdonker	pitch black	**swak**	weak
stoel	chair	**swanger**	pregnant
stof	material, fabric	**swart**	black
stokdoof	deaf as a post	**swart-en-wit**	black and white
stokoud	very old	**swarte**	black (person)
stokperdjie	hobby(-horse)	**sweefspoor**	cable car
stompie	cigarette butt	**swem**	to swim
stoof	stove	**swembad**	swimming pool
stook	to distil	**sy**	she
storie	story	**syne**	hers
stort	to dump	**taal**	language
stout	naughty	**taamlik**	rather
straat	street	**taankleurig**	tan
straatvrou	streetwalker	**tabak**	tobacco
stralend	radiant	**tafel**	table
strand	beach	**tafelgebed**	grace (at meals)
strek	to stretch, reach	**tagtig**	eighty
streng	strict	**talryk**	numerous
strook	strip; band	**tamatie**	tomato
stropery	poaching	**tand**	tooth
strydmag	military force	**tandeborstel**	tooth brush
studeer	to study	**tang**	tongs
student	student	**tannie**	aunt
stug	morose	**tas**	suitcase
stuitig	cheeky	**teef**	bitch
stuk	piece	**teen**	(up) against
stukkend	broken	**teenoor**	opposite
styf	stiff	**teenspoed**	misfortune
styg	to rise	**teepot**	teapot
suid(e)	south	**teiken**	target
suidelik	southern	**teister**	to ravage, devastate
Suider-Afrika	Southern Africa		
Suiderkruis	Southern Cross	**teken**	sign
suidwaarts	southwards	**tekening**	drawing
suiker	sugar	**têkkies**	running shoes (trainers)
suip	to drink		

tekort	shortage	**toemaak**	to shut
tel	to count	**toeneem**	to increase
telefonies	by telephone	**toenemend**	increasing(ly)
telefoon	telephone	**toeris**	tourist
telefoongids	telephone book	**toeskryf**	to attribute
telefoonhokkie	telephone box	**toestand**	state (of affairs),
telefoonoproep	telephone call		condition
teleurgesteld	disappointed	**toetrek**	to pull (door) to
televisie	television; (**-stel**)	**toeval**	coincidence,
	television		chance
	set	**toevallig**	by chance
tenk	tank	**tog**	yet,
tenminste	at least		nevertheless
tensy	unless	**toiings**	tatters
teologie	theology	**toilet**	toilet
teorie	theory	**tol**	toll
terreur	terror	**toneelklas**	drama class
terug	back	**tong**	tongue
terugbel	to ring back	**toon**	toe
terwyl	while	**toring**	tower
testament	will	**tot gevolg hê**	to result in
tevrede	contented	**tot siens**	goodbye
tevredenheid	satisfaction	**tot(dat)**	until
teweegbring	to bring about	**tou**	twine, rope
tien	ten	**tradisie**	tradition
tiener	teenager	**tragies**	tragic
tikmasjien	typewriter	**transformasie**	transformation
tikster	typist	**trapfiets**	push-bike
tipe	sort, type	**tref**	to strike; to
tjap	stamp		come across
tjek	cheque	**trein**	train
tjop	lamb chop	**trek**	to pull
toe	to; then; when	**trekkery**	moving house
	(in the past)	**trem**	tram
toe	closed	**treur**	to be sad
toe!	please!; come	**trôe**	plural of **trog**
	on!	**trofee**	trophy
toeganklik	accessible	**trog**	trough
toeken	to award	**tronk**	prison
toekoms	future	**trop**	flock; herd;
toelaat	to allow, to		pack
	permit	**trots**	proud

trou (met)	to marry	**uitkom**	to come out; to arrive
trourok	wedding dress		
trui	pullover	**uitnooi**	to invite
tuin	garden	**uitoefen**	to exercise
tuis	at home	**uitput**	to exhaust
tuisbedryf	*see* **tuisnywer-heid**	**uitreik**	to give out
		uitsaai	scatter
tuiskom	to arrive home	**uitsien na**	to look forward to
tuismaak (jou)	to make oneself at home	**uitstalling**	exhibition
tuisnywerheid	shop selling homemade goods	**uitstappie**	excursion
		uitstekend	excellent
		uitstel	to delay
turksvy	prickly pear	**uitsterwing**	extinction
tussen	between	**uittrek**	to take off
twak	nonsense, rubbish	**uittrek (jou)**	to get undressed
		uitverkoping	sale
twee	two	**uitvind**	to find out, discover
tweedens	secondly		
twis	quarrel	**uitwis**	to wipe out
tyd	time	**universiteit**	university
tydens	during	**uur**	hour
tydperk	period, era, epoch	**vaag**	vague
		vaal	fawn
tydskrif	magazine	**vader**	father
tydstip	point in time	**vak**	subject
u	you	**vakansie**	holiday
u s'n	yours	**val**	to fall
ui	onion	**van**	from; of; some (of); surname (n.)
uit	out (of), from		
uitbrei	to spread; to augment		
		vanaand	tonight
uitbreiding	extension, expansion	**vandag**	today
		vandeesmaand	this month
uiter	to utter	**vandeesweek**	this week
uiters	extremely	**vanielje**	vanilla
uitgaan	to go out	**vanjaar**	this year
uitgee	to give out, to spend (money), to publish	**vanmiddag**	this afternoon
		vanmôre	this morning
		vannag	tonight (after lights out)
uitkap	to fell	**vanoggend**	this morning

vanweë	because of, on account of	**vereniging**	society, organisation
variasie	variation	**vererg**	to annoy
vark	pig	**verf**	to paint (v.); paint (n.)
vars	fresh		
vas	firm	**vergeet (van)**	to forget (about)
vaster	*see* **vas**	**vergeleke (met)**	compared (to/with)
vat	to take		
vee	(live)stock; cattle	**vergelyk**	to compare
veel	much, many	**vergis (jou)**	to be mistaken
veg	to fight	**verheug**	pleased, glad
vel	skin; fur	**verhit**	to heat
veld	field	**verhuis**	to move house
veldbrand	bush fire	**verjaar(s)dag**	birthday
venster	window	**verkeerd**	wrong
ver	far	**verkeerslig**	traffic light
veral	especially	**verkeersongeluk**	traffic accident
verander	to change	**verkiesing**	election
veras	cremated (p.p.)	**verklaar**	to declare
verbeel (jou)	to imagine	**verkleur-**	chameleon
verbetering	improvement	**mannetjie**	
verbind	to connect to	**verkoop**	to sell
verbode	prohibited	**verkoue**	cold, chill; suffering from a cold
verbonde aan	connected to		
verbrand (tr.)	to burn		
verbreding	widening	**verkramp**	narrow-minded
verbrou	to make a mess of, spoil	**verkry**	to obtain
		verlaat (trans.)	to leave
verby	past; at an end	**verlate**	deserted
verdedig	to defend	**verlede**	last, (~ **jaar**) last year
verder	further		
verdien	to earn	**verlief (op)**	in love (with)
verdra	to tolerate, endure	**verloor**	to lose
		verminder	to decrease, to reduce, diminish
verduidelik	to explain		
verdwyn	to disappear		
vereiste	requirement, prerequisite	**vermy**	to avoid
		vernaamste	most prominent, important
verenig	to unite		
Verenigende	Unifying	**vernederlandsing**	'Dutchification'
Gereformeerde	Reformed	**verniet**	free (of charge)
Kerk	Church	**vernoem**	to name after

verpleegster	nurse	**verwarmer**	heater
verplig	to compel	**verwen**	to spoil
verpligtend	compulsory	**verwerk**	to process
verpligting	obligation	**verwerp**	to reject
verruil	to exchange	**vestig (jou)**	to settle
versekering	insurance	**vet**	fat
verset teen (jou)	to resist	**vetter**	*see* **vet**
versigtig	careful	**video**	video
verskeie	several	**vier**	four
verskil	to differ	**Vigs**	Aids
verskillende	various	**vind**	to find
verskoning	excuse	**vinger**	finger
verskriklik	terrible	**vinnig**	fast
verskuil (jou)	to hide	**viool**	violin
verslaaf (aan)	addicted (to)	**vir**	for
verslaafde	addict	**vis**	fish
verslaafdheid	addiction	**vis-en-skyfies**	fish and chips
verslaap (jou)	to oversleep	**visserman**	fisherman
versoek	to request	**visueel**	visual
versorging	care	**vlae**	plural of **vlag**
versprei	spread	**vlag**	flag
verstand	understanding, intelligence	**vlak**	facet; level
		vlakvark	warthog
verstrek	to give, provide (details, information)	**vleis**	meat
		vlekkie	spot
		vlermuis	bat
vertaal	to translate	**vlieg**	to fly (v.); fly (n.)
verteenwoordig	to represent	**vliegtuig**	aeroplane
verteen-woordiger	representative	**vloeiend**	fluently
		vloer	floor
vertel	to tell	**vlooi**	flea
vertoning	performance	**vlootblou**	navy blue
vertoon	to display	**vlug**	flight (n.); to flee (v.)
vertrek (intr.)	to leave		
vertrou op	to rely on	**vlugflou**	jet-lagged
vertroue	confidence, trust	**vlugteling**	fugitive
verveel (jou)	to be bored	**vodde**	rags
vervelig	boring	**voeg (by)**	to add to
verversingspos	refreshment station	**voel**	to feel
		voël	bird
verwag	to expect	**voer**	to conduct; to feed
verwant (met)	related (to)		

voertuig	vehicle	**vorentoe**	towards the
voet	foot		front; forward
voetslaner	hiker	**vorig**	previous
vol	full (of)	**vorm**	form
voldoen	to satisfy	**vou**	to fold (v.); fold
volgende	next		(n.)
volgens	according to	**vra (om)**	to ask (for)
volk	people, nation	**vraag**	question
volledig	complete	**vrae**	plural of **vraag**
volstruis	ostrich	**vreemd**	strange
voltooi	to complete	**vreeslik**	dreadful
voltooiing	completion	**vreet**	to feed (on)
volwasse	adult	**vrek**	damned; to die
voor	in front of,	**vrekkerig**	miserly
	before	**vreugde**	joy, pleasure
voordat	before	**vriend**	friend
voordeur	front door	**vriendekring**	circle of friends
voorin	down/in the	**vriendelik**	friendly
	front	**vriendin**	girlfriend
voorkom	to occur; to	**vriendskap**	friendship
	happen	**vroeë**	*see* **vroeg**
voorkom	to prevent	**vroeër**	earlier; formerly
voorlê	to lie ahead	**vroeg**	early
voorlees	to read out	**vroeg-vroeg**	very early, in the
	loud		small hours
voorlesing	reading	**vroetel**	to fidget
voornaam	first name	**vrou**	woman
voorraad	supply	**vrouetydskrif**	women's
voorspel	to predict		magazine
voorstad	suburb	**vrug**	fruit
voorstel	to suggest, to	**vry**	free
	introduce	**vryburger**	free burgher
	(someone)	**Vrydag**	Friday
voortdurend	continual	**vryf**	to rub
voortduur	to last, to	**vryheid**	freedom
	continue	**vuil**	dirty
vooruitstrewend	progressive	**vul**	foal
voorval	incident	**vulpen**	fountain pen
voorverhit	to preheat	**vurk**	fork
voorverlede jaar	two years ago	**vuur**	fire
voorverlede	the week before	**vuurhoutjie**	match
week	last	**wa**	wagon

waai	to blow	weer	weather (n.); again (adv.)
waar	where	weerlig	to lighten
waarde	worth, value	weermag	military
waarheen	where (... to)	weersom-	weather
waarheid	truth	standighede	conditions
waarnatoe	where (... to)	weersvoor-	weather forecast
waarneming	observation	spelling	
waarom	why	wees	to be
waarsku	to warn	weet	to know
waarskuwing	warning	weg	road, way
waarskynlik	probably	weggooi	to throw away
waarso	where	wegsit	to put away
waarvandaan	where ... from	weier	to refuse
waarvoor	what for	wel	well
wag	to wait	wel en wee	well and woe
wakker maak (trans.)	to wake (up)	welbekend	well-known
		welvaart	wealth
wakker word (intr.)	to wake (up)	wen	to win
		wenner	winner
wandeling	hike, walk	wens	to wish
wang	cheek	werd	worth; worthy of
wanneer	when	wêreld	world
want	because	werk	work
warm	warm, hot	werker	worker, labourer
wat	what	werklikheid	reality
wat se	which	wes(te)	west
wat van	what about	Wes-Europa	Western Europe
water	water	wese	being
waterig	watery	wesens	plural of wese
wattel	wattle	weskus	west coast
watter	which, what	westerlik	western
watter soort	what kind/sort of a	wet	law
		wetenskaplike	scientist
web	web	wie	who
wed	to bet	wie se/s'n	whose
wedren	race	wiel	wheel
wedstryd	match; competition	wig	wedge
		wil	to want to
weë	plural of weg	wild	wild
weeg	to weigh	wildebees	gnu
week	to soak	wildehond	Cape wild dog
weens	because of		

wildernisgebied	wilderness area	**woord**	word
wildtuin	game reserve	**word**	to become
wind	wind	**wors**	sausage
wingerd	vineyard	**worshond**	dachshund
winkel	shop	**wortel**	carrot, root
winsgewend	profitable	**wraggies!**	} really, truly!
winskopie	bargain	**wragtig!**	
winter	winter	**wreed**	cruel
wissel	to change	**wyd**	wide
	(foreign	**wydverspreid**	widespread
	currency)	**wyer**	see **wyd**
wisselvallig	unpredictable	**wyk**	to recede (v.),
wit	white		withdraw; area
Woensdag	Wednesday		(n.)
woestyn	desert	**wys**	to show (v.), to
wolf	wolf		point out;
wolk	cloud		wise (adj.)
wond	wound	**yskas**	fridge
wonderlik	wonderful	**yskoud**	freezing cold
woon	to live, to dwell	**yster**	iron
woonstel	flat	**zink**	sink

English–Afrikaans glossary

a	'n
aboard	aan boord
about (approximately)	omtrent
about (concerning)	oor
above, over	bo
abuse, to	misbruik
academic	akademicus (pl. akademici)
accent	aksent
accept, to	aanneem
acceptance	aanname
accessible	toeganklik
accident	ongeluk
according to	volgens
account of (on ~)	vanweë
acquire, to	aanskaf
action	aksie
activist	aktivis
actor	akteur
actress	aktrise
actual(ly)	rêrig, eintlik, feitlik
add (to), to	byvoeg, voeg (by)
addicted (to)	verslaaf (aan)
addiction	verslaafdheid
adhere to, to	aanhang
admission	aanname
adult	volwasse
advance, to (a cause)	bevorder
advertisement	reklame
aeroplane	vliegtuig
affair	affêre
afford, to	bekostig
after (prep.)	na
after (conj.)	nadat
afternoon, this	vanmiddag
again	weer
against	teen
age	ouderdom
ago	gelede
agree, to	ooreenstem, saamstem
agriculture	landbou
Aids	Vigs
ail, to	makeer
ailment	kwaal
air	lug
airport	lughawe
all	al, alle, almal
all day	heeldag
all sorts of	allerlei
all year	die hele jaar
allow, to	toelaat
already	al, reeds
also	ook
although	hoewel
always	altyd
amuse, to	amuseer
amused	geamuseer
and	en
angel	engel
angry	kwaad

animal	**dier**	aspect	**aspek**
annoy, to	**vererg**	assume, to	**aanneem**
answer	**antwoord**	at last	**eindelik**
(n. and v.)		at least	**minstens**
answer, to	**beantwoord** (tr.)	athlete	**atleet**
answering	**antwoordmasjien**	attack	**aanslag**
machine		attend classes, to	**klasse loop**
ant	**mier**	attraction	**aantreklikheid**
any	**enige**	attribute, to	**toeskryf**
anyone	**enigiemand,**	August	**Augustus**
	enigeen	aunt	**tannie**
anything	**enigiets**	autumn	**herfs**
appeal	**appél**	avenue	**laan**
appealing	**bekoorlik**	avoid, to	**vermy**
appear (to be),	**lyk**	award, to	**toeken**
to		baboon	**bobbejaan**
apple	**appel**	baby	**baba**
application form	**inskryfvorm**	back (n.)	**rug** (pl. **rûe**)
appoint, to	**aanstel**	back (adv.)	**terug**
appointment	**afspraak**	back (in the ~)	**agterin**
approach, to	**in aantog wees**	bad	**sleg**
approximately	**naastenby,**	bag	**sak**
	ongeveer	bakery	**bakkery**
apricot	**appelkoos**	balcony	**balkon**
apricot	**appelkooskleurig**	ball	**bal**
(-coloured)		banana	**piesang**
April	**April**	bank (of a river)	**oewer**
archive	**argief**	bank manager	**bank-**
area	**gebied, wyk**		**bestuurder(es)**
around	**om**	bar	**kroeg**
arrive, to	**aankom**	barbecue	**braaivleis**
art	**kuns**	barbecue, to	**braai**
article	**artikel**	bargain	**winskopie**
artificial	**kunsmatig**	barge	**sloep**
as	**soos**	bark (of a tree)	**bas**
as … as	**so … soos**	bark, to (at)	**blaf (vir/teen)**
as if	**asof**	bark, to (of	**bôgom**
as soon as	**sodra**	baboons)	
as well as	**asook**	basket	**mandjie**
ask (for), to	**vra (om)**	bat	**vlermuis**
ask for advice, to	**raad vra**	bath	**bad**
asparagus	**aspersies**	be able, to	**kan**

be allowed to, to	**mag**	belt	**gordel**
be ashamed (of	**jou skaam**	bend over, to	**buk**
oneself), to		berry	**bessie**
be at hand, to	**aanbreek**	best	**beste**
be bored, to	**jou verveel**	bet, to	**wed**
be called, to	**heet**	better	**beter**
be mistaken, to	**jou misgis, jou**	between	**tussen**
	vergis	beware of , to	**oppas vir**
be rid of, to	**ontslae raak van**	bicycle	**fiets**
be sorry, to	**spyt hê**	big	**groot**
be wrong with	**makeer**	bill	**rekening**
be, to	**wees**	billion	**miljard**
beach	**strand**	bill poster	**plakker**
beach buggy	**duinebesie**	bird	**voël**
bean	**boon**	birthday	**verjaar(s)dag**
bean salad	**sousboontjies**	biscuit	**koekie,**
beard	**baard**		**beskuitjie**
beat, to	**klop**	bitch	**teef**
because	**omdat, want**	bitter	**bitter**
because of	**vanweë, weens**	bitter, very ~	**galbitter**
become, to	**word, raak**	black	**swart**
bed	**bed**	black (person)	**swarte**
bedroom	**slaapkamer**	black (pitch ~)	**stikdonker**
beds	**beddens**	black and white	**swart-en-wit**
bee	**by**	blanket	**kombers**
beer	**bier**	bleat, to	**blêr**
beetroot	**beet**	bless you!	**gesondheid!**
before (conj.)	**voordat**	blessing	**seën**
before (prep.)	**voor**	blind	**blind**
beggar	**bedelaar**	blouse	**bloesie**
beginning	**begin**	blow, to	**waai**
behalf of, on	**namens**	blue	**blou**
behave oneself,	**jou gedra**	bluegum	**bloekom(boom)**
to		(eucalyptus)	
behaviour	**gedrag**	bluish	**blouerig**
behind	**agter**	board, on ~	**aan boord**
beige	**beige**	boat	**boot, skuit**
being	**wese** (pl.	body	**liggaam**
	wesens)	bon appetit	**lekker eet,**
believe, to	**glo**		**smaaklike ete**
bell	**bel**	bone	**been**
belong, to (to)	**behoort**	book	**boek**

book, to	**bespreek**	bully	**boelie**
boot	**stewel**	buoy	**boei**
border	**grens**	buried	**begrawe**
boring	**vervelig**	burn, to (food)	**aanbrand**
born	**gebore**	burn, to (trans.)	**verbrand**
borrow, to	**leen**	burn, to (intrans.)	**brand**
both	**albei, beide**	bus	**bus**
bothersome	**lastig**	bush fire	**veldbrand**
bottle	**bottel**	bush war	**bosoorlog**
bowl	**bak**	Bushman	**Boesman**
box	**doos**	bushy	**ruig**
boy	**seun**	businessman	**besigheidsman**
bracket	**hakie**	businessmen/	**sakelui**
brake	**rem**	women	
brandy	**brandewyn**	businesswoman	**sakevrou**
bread	**brood**	busy	**besig**
bread roll	**broodrolletjie**	but	**maar**
break off, to	**afbreek**	butcher's shop	**slaghuis**
breakfast	**ontbyt, brekfis**	butter	**botter**
breath	**asem**	buttock	**boud**
breathtaking	**asemrowend**	button	**knoop**
bride	**bruid**	buy, to	**koop**
bridegroom	**bruidegom**	buzz, to	**gons**
bridge	**brug** (pl. **brûe**)	by chance	**toevallig**
bright yellow	**heldergeel**	cable car	**sweefspoor,**
bring about, to	**teweegbring**		**kabelkarretjie**
bring along, to	**saambring**	café	**kafee**
bring, to	**bring**	caffeine	**kafeïen**
brittle	**bros**	calf	**kalf** (pl. **kalwers**)
broad	**breed**	call (to give	**luitjie**
broadcast, to	**uitsaai**	someone a ~)	
broken	**stukkend**	call (out), to	**roep**
broom	**besem**	call, to (to name)	**noem**
brother	**broer**	calm(ly)	**rustig**
brother-in-law	**swaer**	can	**kan**
brown	**bruin**	cancer	**kanker**
buck	**bok**	candle	**kers**
bucket	**emmer**	Cape Flats	**Kaapse Vlakte**
budgie	**budjie**	Cape wild dog	**wildehond**
building	**gebou**	capital	**hoofstad**
building material	**boumateriaal**	capsicum (chilli)	**rissie**
built-in	**ingebou**	car	**kar**

card	**kaart**	chatter	**gepratery**
card phone	**kaartfoon**	chauvinistic	**chauvinisties**
cardiologist	**kardioloog**	cheap	**goedkoop**
care	**versorging**	cheek	**wang**
care, to	**sorg**	cheeky	**stuitig**
careful	**versigtig**	Cheers!	**Gesondheid!**
carrot, root	**wortel**	chemist	**chemikus**
carry out, to	**deurvoer**	(scientist)	
carry, to	**dra**	chemist's shop	**apteek**
case	**geval**	cheque	**tjek**
cash	**kontant**	cherry	**kersie**
cat	**kat**	chest complaint	**borskwaal**
Catholic	**Katoliek**	chestnut	**kastaiing**
cattle	**vee**	chic	**sjiek**
cause	**oorsaak**	chicken	**hoender**
cause, to	**aandoen**	chicken (baby)	**kuiken**
(trouble)		chicken pie	**hoenderpastei**
cave	**grot**	child	**kind**
cedar tree	**sederboom**		(pl. **kinders**)
ceiling	**plafon**	chocolate	**sjokolade**
cellular phone	**selfoon**	choir	**koor**
cent	**sent**	choose, to	**kies**
central	**sentraal**	choosy	**kieskeurig**
century	**eeu**	Christian	**Christen**
certain	**seker**	Christmas party	**kerspartytjie**
certainly	**sekerlik**	church	**kerk**
chain	**ketting**	church tower	**kerktoring**
chair	**stoel**	chutney	**blatjang**
chameleon	**verkleurman-**	cigarette	**sigaret**
	netjie	cigarette butt	**stompie**
champagne	**sjampanje**	cinema	**bioskoop**
chance	**kans, toeval**	circle of friends	**vriendekring**
change, to	**verander**	circumstance	**omstandigheid**
change, to	**wissel**	citizen	**burger**
(currency)		city	**stad** (pl. **stede**)
chap	**kêrel, ou** (pl.	civil	**siviel**
	ouens)	class	**klas**
characteristic	**kenmerkend**	claw	**klou**
charm	**sjarme**	clean	**skoon**
charming	**sjarmant,**	clean, to	**skoonmaak**
	bekoorlik	clear(ly)	**duidelik**
chartered	**geoktrooieerd**	clearing	**ontginning**

climb, to	**klim**	compared	**vergeleke (met)**
closed	**toe**	(to/with)	
clothes	**klere**	compel, to	**verplig**
cloud	**wolk**	competent	**bevoeg(de)**
cloudy	**bewolk**	competition	**wedstryd**
clove of garlic	**knoffelhuisie**	complain, to	**kla**
club	**klub**	complete	**volledig**
cluck, to	**kekkel**	complete, to	**voltooi**
coarse	**grof**	completion	**voltooiing**
coast	**kus**	compulsory	**verpligtend**
coastal area	**kusgebied**	computer	**rekenaar**
coat	**baadjie**	concentrated	**gekonsentreerd**
coin phone	**muntfoon**	concern, to	**betref**
coincidence	**toeval**	condom	**kondoom**
cold (sickness)	**verkoue**	conduct, to	**voer**
cold, colder	**koud, kouer**	conference	**kongres**
collapse, to	**ineenstort**	confess, to	**beken**
colleague	**kollega**	confidence, trust	**vertroue**
collect, to	**insamel**	connect to, to	**verbind**
colonel	**kolonel**	connected to	**verbonde aan**
colour	**kleur**	conscience	**gewete**
column	**rubriek**	consequence	**gevolg**
comb (n. and v.)	**kam**	considerable	**aansienlik**
come, to	**kom**	considering	**aangesien**
come across, to	**tref**	consist of, to	**bestaan uit**
come along, to	**saamkom**	construction	**konstruksie**
come by, to	**langskom**	contain, to	**bevat, inhou**
come in, to	**binnekom**	contented	**tevrede**
come on!	**toe!**	continual	**voortdurend**
come out, to	**uitkom**	continue, to	**voortduur**
coming	**komend**	control, to	**onder beheer**
command, to	**bevel**		**kry**
commander	**kommandeur**	conversation	**gesprek**
commercial	**kommersieel**	cook	**kok**
commission	**kommissie**	cool	**fris, koel**
common	**gemeen**	coordinator	**koördineerder**
common	**ordinêr**	corner	**hoek**
(looking)		correct	**juis, korrek, reg**
community	**gemeenskap**	correspond, to	**ooreenstem**
company	**geselskap**	correspondence	**briefwisseling**
company	**maatskappy**	costume	**kostuum**
compare, to	**vergelyk**	cotton	**katoen**

cough, to	**hoes**	dachshund	**worshond**
could	**kon**	dad	**pa**
council	**raad**	damage, to	**beskadig**
count, to	**tel**	damn	**dêm,** (~ed) **vrek**
counter-offensive	**kontra-offensief**	dance	**dans**
country	**land**	danger	**gevaar**
country(side)	**platteland**	dangerous	**gevaarlik**
course	**kursus**	dare, to	**durf**
course (of a	**gereg**	dark	**donker**
meal)		dark green	**donkergroen**
court, courtyard	**hof**	darling	**liefste**
cousin (male)	**neef**	date	**datum**
cover, to	**bedek**	daughter	**dogter**
cow	**koei**	daughter-in-law	**skoondogter**
coward	**lafaard**	day	**dag** (pl. **dae**)
crawl, to	**kruip**	day after	**oormôre**
crayfish	**kreef**	tomorrow	
crazy	**mal**	day before	**eergister**
crazy, mad	**dol**	yesterday	
cream(-coloured)	**roomkleurig**	days, these ~	**deesdae**
cremate, to	**veras**	dead	**dood**
cricket	**krieket**	dead as a	**morsdood**
crockery	**skottelgoed**	doornail	
crocodile	**krokodil**	dead person	**dooie**
cross	**kruis**	deaf	**doof**
cross, to	**oorsteek**	deaf as a post	**stokdoof**
crown land	**kroongrond**	dear	**lief**
cruel	**wreed**	Dear (in letter)	**Beste, Geagte**
crumble, to	**krummel**	dear (expensive)	**duur**
cry, to	**huil**	dearest (n.)	**liefste**
cucumber	**komkommer**	deceive, to	**mislei**
cup	**koppie**	December	**Desember**
cupboard	**kas**	decision	**besluit**
curl	**krul**	declare, to	**verklaar**
current	**huidig**	decrease, to	**afneem,**
curry	**kerrie**		**verminder**
curtain	**gordyn**	deep blue	**diepblou**
cushion	**kussing**	defend, to	**verdedig**
custom	**gewoonte**	definitely	**beslis**
customer	**klant**	degree	**graad**
cut, to	**sny**	delay, to	**uitstel**
cycling trip	**fietstog**	delicious	**lekker**

demand, in ~	**gewild**	dispute	**onenigheid**
demand, to	**eis**	distant, far-off	**afgeleë**
democracy	**demokrasie**	distil, to	**stook**
demonstrate, to	**aantoon**	disturb, to	**steur**
dependent	**afhanklik**	ditch	**sloot**
depending	**afhangend**	do, to	**doen, maak**
descend, to	**daal**	doctor	**doktor**
desert	**woestyn**	doctrine	**leerstelling**
deserted	**verlate**	documentary	**dokumentêr**
desk	**lessenaar**	dog	**hond**
despite	**ondanks**	doll	**pop, poppie**
details	**gegewens**	dominate, to	**oorheers**
detect	**agterkom**	don't (imp.)	**moenie (< moet**
devastate, to	**teister**		**nie)**
develop, to	**ontwikkel**	donate, to	**skenk**
development	**ontwikkeling**	donkey	**donkie**
deviate, to	**afwyk**	door	**deur**
diamond	**diamant**	dove	**duif**
die (of), to	**sterf (aan)**	down/in the	**agterin**
die, to	**omkom, vrek**	back	
diet	**dieet**	dozen	**dosyn**
differ, to	**verskil**	drama class	**toneelklas**
difference	**verskil**	drawer	**laai**
different	**anders**	drawing	**teken**
difficult	**moeilik**	dreadful	**aaklig, vreeslik**
difficulty	**moeilikheid**	dream (n. and v.)	**droom**
diminish, to	**verminder**	dress	**rok**
dining-room	**eetkamer**	dressing gown	**kamerjas**
dinner	**aandete**	drink	**drankie**
direct(ly)	**regstreeks**	drink driving	**dronkbestuur**
dirty	**vuil**	drink up, to	**opdrink**
disagreement	**meningsverskil**	drink, to (booze)	**suip**
disappear, to	**verdwyn**	drive (n.)	**rylaan**
disappointed	**teleurgesteld**	drive, to	**ry**
discovery	**ontdekking**	drive crazy, to	**mal maak**
disease	**siekte**	drop, to	**daal**
dish	**dis**	(intrans.)	
dishes	**skottelgoed**	drought	**droogte**
disk, slide	**skyf**	drug	**dwelm,**
display, to	**vertoon**		**dwelmmiddel**
disposal	**beskikking**	drunk	**dronk**
dispose, to	**beskik**	drunk (very ~)	**papdronk**

dry	**droog**	energy	**energie**
duck	**eend**	engaged	**beset**
dull	**dof**	engine	**enjin**
dump, to	**stort**	engineer	**ingenieur**
during	**gedurende,**	enjoy, to	**geniet**
	tydens	enough	**genoeg**
during the day	**bedags**	enrol, to	**inskryf**
Dutchification	**vernederlandsing**	enter, to	**inkom**
each	**elk**	envelope	**koevert**
each other	**mekaar**	epoch, era	**tydperk**
ear	**oor**	erect, to	**rig**
earlier; formerly	**vroeër**	especially	**veral**
early	**vroeg**	establish	**stig**
early, very ~	**vroeg-vroeg**	estimate,	**skatting**
earn, to	**verdien**	estimation	
earthly	**aards**	eucalyptus,	**bloekom(boom)**
easily	**lag-lag, maklik**	(blue) gum	
east	**oos(te)**	tree	
eastern	**oosterlik**	even	**selfs, nog**
easy	**maklik**	evening	**aand**
eat up, to	**opeet**	evening service	**aanddiens**
eat, to	**eet**	ever	**ooit**
eat, to (animals)	**vreet**	every	**elk, ieder**
economy	**ekonomie**	everyone	**elkeen, iedereen,**
edge	**rand**		**almal**
effect	**effek**	everything	**al, alles, als**
egg	**eier**	exact	**presies**
eighty	**tagtig**	exactly right	**doodreg**
elbow	**elmboog**	exam	**eksamen**
election	**verkiesing**	excellent	**uitstekend**
electrician	**elektrisiën**	except	**behalwe**
elephant	**olifant**	exceptional(ly)	**buitengewoon**
elsewhere	**elders**	exercise, to	**oefen**
embroider, to	**borduur**	exchange, to	**ruil, verruil**
emerald green	**smaraggroen**	excited	**opgewonde**
emigrate, to	**emigreer**	exciting	**opwindend,**
empty	**leeg**		**spannend**
enchantment	**bekoring**	exclusive	**eksklusief**
encourage, to	**aanmoedig**	excursion	**uitstappie**
end	**einde**	excuse	**ekskuus,**
endanger, to	**in gevaar stel**		**verskoning**
endure, to	**verdra**	exhaust, to	**uitput**

exhibition	**uitstalling**	fawn	**vaal**
exist, to	**bestaan**	February	**Februarie**
exotic	**eksoties**	feed, to	**voer**
expansion	**uitbreiding**	feel like (doing/	**lus hê/wees vir**
expect, to	**verwag**	having), to	
expensive	**duur**	feel, to	**voel**
experience	**belewenis,**	feeling	**gevoel**
	ervaring	fell, to	**uitkap**
experience, to	**beleef,**	festivity	**joligheid**
	ondervind	fetch, to	**haal**
expert (adj.)	**deskundig**	few	**min**
explain, to	**verduidelik**	few, a ~	**enkele, 'n paar**
explorer	**ontdekkings-**	fewer	**minder**
	reisiger	fewest	**minste**
extension	**uitbreiding**	fidget, to	**vroetel**
extinction	**uitsterwing**	field	**veld**
extremely	**uiters**	fight, to	**baklei, veg**
eye	**oog** (pl. **oë**)	file	**lêer**
fabric	**stof**	film	**fliek**
fabulous	**pragtig**	final	**finaal**
face	**gesig**	financial	**finansieel**
facet	**vlak**	find oneself, to	**jou bevind**
factory	**fabriek**	find out, to	**uitvind**
fair	**regverdig**	find, to	**vind**
fairy-tale	**sprokie**	finger	**vinger**
faith	**geloof**	finished	**klaar**
fall down, to	**neerslaan**	fire	**vuur**
fall, to	**val**	fire danger	**brandgevaar**
family	**familie**	firm, firmer	**vas**
family (nuclear)	**gesin**	first	**eerste**
far	**ver**	first name	**voornaam**
far (as ~ as)	**sover**	firstly	**eerstens**
farm	**plaas**	fish	**vis**
farm, to	**boer**	fish and chips	**vis en skyfes**
farmer	**boer**	fisherman	**visserman**
fast	**vinnig**	fit, to	**pas**
fat	**dik, vet**	fitting room	**aanpaskamer**
fate	**lot**	flag	**vlag** (pl. **vlae**)
father	**vader**	flame up, to	**oplaai**
father-in-law	**skoonvader,**	flat (adj.)	**plat**
	(-pa)	flat (n.)	**woonstel**
favour	**guns**	flea	**vlooi**

flee, to	**vlug**	friendly	**vriendelik**
flight	**vlug**	friendship	**vriendskap**
flock	**trop**	frog	**padda**
flood	**oorstroming**	from	**van, uit**
floor	**vloer**	front (in ~ of)	**voor**
flour	**meel**	front door	**voordeur**
flower	**blom**	frost	**ryp**
flower bed	**bedding**	fruit	**vrug**
fluently	**vloeiend**	fugitive	**vlugteling**
flute	**fluit**	full (of)	**vol**
fly (n. and v.)	**vlieg**	fund	**fonds**
foal	**vul**	funny	**snaaks**
fold (n. and v.)	**vou**	further	**verder**
following	**eerskomende**	further, to	**bevorder**
food, meal	**kos**	(a cause)	
foot	**voet**	future	**toekoms**
for	**vir**	gain weight, to	**gewig aansit**
force, to	**dwing**	game	**spel**
foreign	**buiteland**	game reserve	**wildtuin**
country/ies		garage	**motorhuis**
foreigner	**buitelander**	garden	**tuin**
forester	**bosbouer**	garlic	**knoffel**
forget (about),	**vergeet (van)**	general	**algemeen**
to		general (army)	**generaal**
fork	**vurk**	genuine	**opreg(te)**
form	**vorm**	germ	**kiem**
form (shape)	**gestalte**	get agitated, to	**jou opwen**
forward	**vorentoe**	get dressed, to	**jou aantrek**
found, to	**stig**	get off, to	**afstap**
fountain	**fontein**	get to know, to	**leer ken**
fountain pen	**vulpen**	get under	**onder beheer**
four	**vier**	control, to	**kry**
free	**vry**	get undressed, to	**jou uittrek**
free (of charge)	**verniet**	get up, to	**opstaan**
free burgher	**vryburger**	get well soon!	**beterskap!**
Free State	**Vrystaat**	get, to	**kry**
freedom	**vryheid**	gift (talent)	**gawe**
freezing cold	**yskoud**	gift (present)	**geskenk**
fresh	**fris, vars**	giggle, to	**giggel**
Friday	**Vrydag**	gill	**kieu**
fridge	**yskas**	ginger	**gemmer**
friend	**vriend(in)**	giraffe	**kameelperd**

girl	**meisie, nooi**	great-	**oumagrootjie**
girlfriend	**vriendin**	grandmother	
give out, to	**uitreik**	green	**groen**
give, to	**gee**	greetings	**groete**
gladly	**graag**	grey	**grys**
gland	**klier**	ground	**grond**
glass	**glas** (pl. **glase**)	ground beef	**maalvleis**
glasses	**bril**	group	**groep**
(spectacles)		grow, to	**aanwas**
gnome	**kabouter**	growth rate	**groeikoers**
gnu	**wildebees**	grumble, to	**kla**
go around, to	**omgaan**	guess, to	**raai**
go on foot, to	**stap**	guest	**gas**
go out, to	**uitgaan**	guilt	**skuld**
go shopping, to	**inkopies doen**	guilty	**skuldig**
go, to	**gaan**	guitar	**ghitaar**
goat	**bok, bokkie**	gutter	**geut**
god	**god**	hail	**hael**
gold	**goud**	hair	**hare**
golf	**gholf**	halve, to	**halveer**
good	**goed**	hammer	**hamer**
good gracious	**goeie genugtig**	hand	**hand**
goodbye	**tot siens**	hand over, to	**oorhandig**
goods	**goedere**	hang up, to	**ophang**
gooseberry	**appelliefie**	happen to, to	**gebeur (met)**
government	**regering**	happen, to	**voorkom**
grace (at meals)	**tafelgebed**	happy (adj.)	**bly**
grain	**graan**	harbour	**hawe**
grandchild	**kleinkind**	hard	**hard**
granddaughter	**kleindogter**	harrow	**eg**
grandma	**ouma**	harvest	**oes**
grandpa	**oupa**	(n. and v.)	
grandson	**kleinseun**	hashish	**hasjisj**
grape	**druif**	hasty	**haastig**
grass	**gras**	hat	**hoed**
grasshopper	**grassprinkaan**	have to, to	**moet**
grateful	**dankbaar**	have, has	**het**
grave	**graf**	have, to	**hê**
grease	**ghries**	hawk	**hawik**
grease, to	**smeer**	hawker	**smous**
great-	**oupagrootjie**	hay	**hooi**
grandfather		he	**hy**

head (director)	**hoof**	homework	**huiswerk**
head (of body)	**kop**	honey	**heuning**
head of cattle	**bees**	hope, to	**hoop**
hear, to	**hoor**	horn	**horing**
heart	**hart**	horse	**perd**
heat, to	**verhit**	hospital	**hospitaal**
heater	**kaggel,**	hospitality	**gasvryheid**
	verwarmer	hotel	**hotel**
heatwave	**hittegolf**	hour	**uur**
heaven	**hemel**	house	**huis**
heavy	**swaar**	household (adj.)	**huishoudelik**
hectare	**hektaar**	housewife	**huisvrou**
hell	**hel**	hovel	**pondok**
help, to	**help**	how	**hoe**
hemisphere	**halfrond**	how come	**hoekom**
hens' teeth	**hoendertande**	how much/many	**hoeveel**
her	**haar**	Huguenot	**Hugenoot**
herb	**kruid**	Human Rights	**Menseregtedag**
herd	**trop**	Day	
here	**hier**	hump	**boggel**
here and there	**plek-plek**	hundred	**honderd**
heroic	**heldhaftig**	hunger	**honger**
hessian	**goiing**	hunt (n.)	**jag**
hide, to	**jou verskuil**	hunt, to	**jag**
high	**hoog**	hurry up, to	**jou haas**
hike	**wandeling**	husband	**man**
hiker	**voetslaner**	I	**ek**
him	**hom**	ice cream	**roomys**
hip	**heup**	ideal	**ideal**
hippopotamus	**seekoei**	idiom	**idioom**
his	**sy, syne**	illegal	**onwettig**
historical	**histories**	imagine, to	**jou indink, jou**
history	**geskiedenis**		**verbeel**
hit, to (aim)	**raak**	immediately	**onmiddellik**
hitch-hike, to	**ryloop**	immigrant	**immigrant**
hobby(-horse)	**stokperdjie**	impala	**rooibok**
hold, to	**hou**	important	**belangrik**
hole	**gat** (pl. **gate**)	impossible	**onmoontlik**
holiday	**vakansie**	impression	**indruk**
home (at ~)	**tuis**	impressive	**indrukwekkend**
home	**tuiskom**	improvement	**verbetering**
(to come ~)		in a moment	**nou-nou**

in power	**aan die ~ bewind**	ivory	**ivoor**
in the afternoon(s)	**smiddags, smiddae**	jackal	**jakkals**
		jacket	**baadjie**
in the evening	**saans**	jam	**konfyt**
in(side)	**binne**	January	**Januarie**
in, into	**in**	jelly	**jellie**
incident	**voorval**	jerky	**biltong**
increase, to	**toeneem**	jet-lagged	**vlugflou**
increasing(ly)	**toenemend**	Jewish	**Joods**
Indian	**Indies**	jog, to	**draf**
indicate, to	**beduie**	join, to	**aansluit**
industry	**industrie**	joke	**grap**
influence	**invloed**	joke, to	**jok**
influence, to	**beïnvloed**	journalist	**joernalis**
infrastructure	**infrastruktuur**	joy, pleasure	**vreugde**
ingredient	**bestanddeel**	judge	**beoordelaar**
inland	**binneland**	judge (legal)	**regter**
inquiry	**aanvraag**	judgement	**oordeel**
insect	**gogga**	July	**Julie**
insemination	**bevrugting**	June	**Junie**
instance	**instansie**	just	**pas, sommer**
instruction	**aanwysing**	just like	**nes (< net soos)**
insurance	**versekering**	kebab	**sosatie**
intelligence	**verstand**	keep on, to	**aanhou**
intelligent	**intelligent**	key	**sleutel**
interest, to	**jou interesseer**	kid (little goat)	**bokkie**
interested	**geïnteresseerd**	king	**koning**
interesting	**interessant**	kitchen	**kombuis**
interior	**binneland**	knife	**mes**
internal	**binnelands**	knife handle	**hef**
intersection	**kruis**	knock over, to	**omstamp**
interview	**onderhoud**	know, to	**weet**
introduce, to	**instel, invoer**	know, to (someone)	**ken**
introduce, to (someone)	**voorstel**	known	**bekend**
		kudu	**koedoe**
intuitive	**intuïtief**	ladder	**leer**
investment	**belegging**	lady	**dame**
invite, to	**nooi, uitnooi**	lamb	**lam (pl. lammers)**
iron	**yster**		
island	**eiland**	lamb chop	**tjop**
it	**dit**	land (n. and v.)	**land**

land, to (in a ditch)	**beland**
landscape	**landskap**
language	**taal**
last	**laas(te)**
last (~ year)	**verlede (~ jaar)**
last night (after lights out)	**laasnag**
last week	**laasweek**
last year	**laasjaar**
last, at ~	**eindelik**
last, to	**duur**
last, to	**voortduur**
lastly	**laastens**
late	**laat**
later	**later**
laugh (at), to	**lag (oor)**
law	**wet**
lawn	**grasperk**
lay, to	**lê**
lazy	**lui**
lead (to), to	**lei (na)**
leader	**leier**
leading	**leidend**
leaf	**blaar**
lean	**skraal**
learn, to	**leer**
least	**minste**
least (at ~)	**tenminste**
leather industry	**leerlooiny-werheid**
leave, to	**los**
leave, to (trans.)	**verlaat**
leave, to (intr.)	**vertrek**
lecture	**lesing**
lecturer	**dosent(e)**
left	**links**
leg	**been**
leg (of animal, chair)	**poot**
lend, to	**leen**
leopard	**luiperd**

less	**minder**
lesson	**les**
let, to	**laat**
letter	**brief**
letter (of alphabet)	**letter**
lettuce leaf	**slaaiblaartjie**
liberation movement	**bevrydings-beweging**
library	**biblioteek**
lie ahead, to	**voorlê**
lie, to	**lê**
life	**lewe**
lift up, to	**optel**
light (n. and adj.)	**lig**
light blue	**ligblou**
light, to	**aansteek**
lighten, to	**weerlig**
lightening	**bliksem**
like (a lot), to	**liefwees vir**
like, to	**hou van, liefhê**
lime	**lemmetjie**
lion	**leeu**
list	**lys**
little bit	**bietjie**
little bit, a ~	**ietsie**
little brother	**boetie**
little lamb	**lammertjie**
little ones	**kleintjies**
live, to	**leef**
live, to (i.e. dwell)	**woon**
load up, to	**oplaai**
lobe	**lel**
loneliness	**eensaamheid**
long time (for a ~)	**lankal**
long, longer	**lank, langer**
look (at), to	**kyk (na)**
look for, to	**soek**

look forward to, to	**uitsien na**	manage, to	**bestuur**
		mandarin	**nartjie**
look like, to	**lyk na/op**	many	**baie, veel**
Lord	**Here**	March	**Maart**
lose, to	**verloor**	market	**mark**
lot of, a	**heelwat**	marriage	**huwelik**
lot, a ~	**'n klomp, 'n boel**	marry, to	**trou**
		masculine	**manlik**
loud	**hard**	mat	**mat**
lounge	**sitkamer**	match	**vuurhoutjie**
love	**liefde**	match (game)	**wedstryd**
love (with), (in ~)	**verlief (op)**	mate	**maat**
		material	**stof**
love of life	**lewenslus**	matric	**matriek**
love, to	**liefhê, liefwees vir**	may	**mag**
		May	**Mei**
lovely	**heerlik, lieflik**	maybe	**miskien**
low, lower	**laag, laer**	mayor	**burgemeester**
lucky, luckily	**gelukkig**	me	**my**
lure, to	**lok**	meal	**maaltyd**
lychee	**lietsjie**	mean, to	**bedoel**
machine	**masjien**	mean, to	**bedoel, meen**
madam	**Mevrou**	meanwhile	**intussen**
magazine	**tydskrif**	meat	**vleis**
magisterial district	**landdrosdistrik**	medicine wo/man	**sangoma**
maiden name	**nooiensvan**	meet, to	**ontmoet**
main building	**hoofgebou**	meeting	**ontmoeting**
maintenance	**instandhouding**	member	**lid** (pl. **lede**)
maize	**mielie**	memory	**herinnering**
major	**majoor**	menu	**menu, spyskaart**
majority	**meerderheid**		
make	**maak**	mercury	**kwik**
make a mistake, to	**jou misgis**	mess	**gemors**
		metre maid	**boetebessie**
make oneself at home, to	**jou tuismaak**	microphone	**mikrofoon**
		military	**militêr**
make, to (a bed)	**opmaak**	military (n.)	**weermag**
male (adj.)	**manlik**	military force	**strydmag**
malignant	**kwaadaardig**	milk	**melk**
maltreat, to	**mishandel**	milk tart	**melktert**
man	**man**	milkbar	**kafee**

mill	**meule**	mother-in-law	**skoonmoeder, (-ma)**
minced meat	**maalvleis**		
mine (pronoun)	**myne**	motivation	**motivering**
miner	**mynwerker**	motor vehicle	**motorvoertuig-**
minister	**dominee, leraar**	insurance	**versekering**
(religion)		mountain	**berg**
minute	**minuut**	mouse	**muis**
miserly	**vrekkerig**	moustache	**snor**
Miss	**Mej.**	mouth	**mond**
mist	**mis**	move house, to	**verhuis**
mistake	**fout**	movement	**beweging**
misuse, to	**misbruik**	movie, film	**rolprent**
mix, to	**meng**	mow, to	**maai**
mobile phone	**selfoon**	Mr	**Mnr.**
model	**model**	Mrs	**Mev.**
moderate	**matig**	Ms	**Me.**
moderate	**middelmatig**	much	**baie**
modern	**modern**	much	**baie, veel**
modest	**beskeie**	musician	**musikus** (pl.
mole (i.e.	**moesie**		**musici**)
beauty spot)		must	**moet**
moment	**oomblik**	my	**my**
Monday	**Maandag**	nail	**nael**
money	**geld**	naked	**bloot, kaal**
monkey	**aap**	name	**naam**
month	**maand**	name after, to	**vernoem na**
month, this	**vandeesmaand**	name, to	**noem**
monument	**monument**	namely	**naamlik**
mood	**stemming**	narrow-minded	**verkramp**
moon	**maan**	nasty	**lelik**
more	**meer**	nation	**volk**
more expensive	**duurder**	national	**nasionaal**
morning	**môre**	native dwelling	**kaia**
morning	**oggend**	natural(ly)	**natuurlik**
morning (in	**soggens**	nature	**natuur**
the ~)		naughty	**stout**
morning, this	**vanmôre, vanoggend**	navel	**naeltjie**
		navy blue	**vlootblou**
morose	**stug**	NB (= *nota*	**LW (= let wel)**
mosquito	**muskiet**	*bene*)	
most	**mees(te)**	near	**naby**
mother	**moeder**	nearer	**nader**

nearest	**naaste**	notice	**kennisgewing**
neat	**netjies**	November	**November**
necessarily	**noodwendig**	now	**nou**
necessary	**nodig,**	nowhere	**nêrens**
	noodwendig	number	**getal**
nectarine	**nektarien**	numerous	**talryk**
need	**behoefte**	nurse	**verpleegster**
neighbour	**buurvrou**	nursery	**kwekery**
(female)		nut	**neut**
neighbour (male)	**buurman**	oak(en)	**eikehout**
neighbours	**bure**	oaktree	**akkerboom**
never	**nooit**	oats	**hawer**
nevertheless	**nietemin, tog**	objection	**beswaar**
new (brand ~)	**splinternuut**	obligation	**verpligting**
New Year's Day	**Nuwejaarsdag**	observation	**waarneming**
new, newer	**nuut, nuwer**	obtain, to	**verkry**
news	**nuus**	occasion	**geleentheid**
newspaper	**koerant, blad**	occur, to	**plaasvind,**
next	**eerskomende,**		**voorkom**
	volgende	ocean	**oseaan**
next (to)	**naas, langs**	October	**Oktober**
next door	**langsaan**	of	**van**
nice	**gaaf, mooi, oulik**	of course	**mos, natuurlik**
niece	**niggie**	off-white	**naaswit**
night	**nag**	offer, to	**aanbied**
nine	**nege**	office	**kantoor**
no	**nee**	official	**amptelik**
nobody	**niemand**	often	**dikwels**
noise	**lawaai**	oil	**olie**
none	**geen/geeneen**	ointment	**salf**
nonsense	**nonsies, onsin,**	old (very ~)	**oeroud, stokoud**
	twak	old bloke	**oompie**
north	**noord(e)**	old, older	**oud, ouer**
north-easterly	**noordooster**	olive(-coloured)	**olyfkleurig**
northern	**noordelik**	on	**op**
nose	**neus**	on top	**bo-op**
nostalgic	**nostalgies**	one	**een**
nostril	**neusgat**	one day	**eendag**
not	**nie**	onion	**ui**
not at all	**hoegenaamd**	only	**net**
not one	**geen/geeneen**	only one	**enigste**
nothing	**niks**	open, to	**oopmaak**

operation	operasie	pale	bleek
opposite	teenoor		(doodsbleek)
opposite side	oorkant	palm tree	palmboom
opposition	opposisie	palm wine	palmwyn
optimistic	optimisties	pan	pan
or	of	pants	broek
orange	oranje	paper	papier
orchid	orgidee	paradise	paradys
order	bestelling	paranoid	paranoïes
order, to (in	bestel	park	park
shop)		park, to	parkeer
organisation	organisasie,	part	deel
	vereniging	partially	gedeeltelik
organise, to	organiseer	participate, to	deelneem
original(ly)	oorspronklik	participation	deelname
originate, to	ontstaan	parting	skeiding
ostrich	volstruis	party	party(tjie)
other	ander	pass, to (at	aangee
other side	oorkant	table)	
otherwise	anders	pass, to (time)	deurbring
ouch!	eina!	passage	gang, deurweg
ours	ons s'n	passenger	passasier
out (of)	uit	past	verby
outside	buite	past, ended	afgelope
oven	oond	patch of fog	miskol
over	oor	patient	pasiënt
overcome, to	oorkom	pattern	patroon
overeat, to	jou ooreet	paw	poot
oversleep, to	jou verslaap	pay, to	betaal
overwhelm, to	oorrompel	pea	ertjie
own	eie	peach	perske
own, to	besit	peach brandy	mampoer
owner	eienaar	pear	peer
ozone	osoon	pearl	pêrel
PO box	Posbus	peer, to	loer
pacify, to	paai	pen	pen
packet	pakkie	people	volk
page	bladsy	pepper (chilli)	rissie
paint (n. and v.)	verf	per cent	persent
painting	skildery	perfect	perfek
pair	paar	performance	vertoning
pal	pêl	perhaps	miskien, dalk

period	**tydperk**	point	**punt**
periodical	**periodiek**	point in time	**tydstip**
permit, to	**toelaat**	point out, to	**wys**
person	**mens**	pole	**paal**
person of	**kleurling**	police	**polisie**
mixed race		policy	**beleid**
philanthropic	**filantropies**	pondering	**bepeinsing**
philosopher	**filosoof**	poor	**arm**
phone	**foon**	poor, very ~	**brandarm**
photo	**foto**	population	**bevolking**
photocopy, to	**fotostateer**	porridge	**pap**
photograph, to	**fotografeer**	possession	**besitting**
photographer	**fotograaf**	possible	**moontlik**
piano	**klavier**	post office	**poskantoor**
pick up, to	**oplig, optel**	post	**pos**
pick, to	**pluk**	pot	**kastrol, pot**
pick-up	**bakkie**	pot hole	**slaggat**
picture	**prent, beeld**	potato	**aartappel**
piece	**stuk**	pour in, to	**instroom**
pig	**vark**	pour, to	**giet**
pill	**pil**	powder	**poeier**
pillow slip	**sloop**	practical	**prakties**
pine tree	**den**	practise, to	**oefen**
pink	**pienk**	pray, to	**bid**
pinnacle	**hoogtepunt**	prayer	**gebed**
pipe	**leiding**	precise	**presies**
pipe	**pyp**	predict, to	**voorspel**
pity	**jammerte**	pregnant	**swanger**
place	**plek**	preheat, to	**voorverhit**
plague	**pes**	prepared	**bereid**
plastic (n.)	**plastiek**	prerequisite	**vereiste**
plate	**bord**	present	**geskenk, present**
play, to	**speel**	pretty	**mooi**
plea	**pleidooi**	prevent, to	**voorkom**
pleasant	**aangenaam**	previous	**vorig**
please	**asseblief**	price	**prys**
pleasure, fun	**plesier**	prickly pear	**turksvy**
plot (of ground)	**erf** (pl. **erwe**)	primary	**primêr**
plumber	**loodgieter**	primary school	**laerskool**
poaching	**stropery**	primitive	**primitief**
pocket money	**sakgeld**	prison	**tronk**
poet	**digter(es)**	private	**privaat**

private bag	**privaatsak**	push-bike	**trapfiets**
probably	**waarskynlik**	put away, to	**wegsit**
problem	**probleem**	put down, to	**neersit**
process, to	**verwerk**	put on, to	**aantrek**
proclaim, to	**proklameer**	quail	**kwartel**
produce, to	**produseer**	qualification	**kwalifikasie**
product	**produk**	qualified	**bevoeg(de)**
profit, to	**baat**	qualify, to	**kwalifiseer**
profitable	**winsgewend**	quality	**kwaliteit**
programme	**program**	quantity	**kwantiteit**
progressive	**vooruitstrewend**	quarrel	**onenigheid, twis**
prohibited	**verbode**	quarter	**kwart**
project	**projek**	quarter of an	**kwartier**
prominent	**vernaam**	hour	
promise	**belofte**	queen	**koningin**
promise, to	**beloof, belowe**	question	**vraag** (pl. **vrae**)
promotion	**promosie**	quilt	**deken**
protect, to	**beskerm**	rabbit	**haas, hasie**
Protestant	**Protestant**	race	**wedren**
proud	**trots**	racist	**rassis**
prove, to	**bewys**	radiant	**stralend**
provide, to	**verstrek**	rag	**lap**
(details)		rags	**vodde**
province	**provinsie**	railway platform	**perron**
proximity	**nabyheid**	rain	**reën**
prune, to	**snoei**	raincoat	**reënjas**
PS (lit.	**NS (lit. naskrif)**	rare	**raar**
'postscript')		rat	**rot**
public	**openbaar**	rather	**taamlik**
public service	**staatsdiens**	rather	**liewer(s)**
publish, to	**uitgee**	ravage, to	**teister**
pudding	**poeding**	raven	**raaf**
pull to, to (door)	**toetrek**	raw	**rou**
pull, to	**trek**	razor blade	**lemmetjie**
pullover	**trui**	reach, to	**bereik**
pumpkin	**pampoen**	read out loud,	**voorlees**
pumpkin	**pampoen-**	to	
growing	**kwekery**	read, to	**lees**
pure	**puur**	reading	**voorlesing**
purple	**pers**	reality	**werklikheid**
purse	**beursie**	really	**eintlik, feitlik,**
pursue, to	**agtervolg**		**rêrig**

really!	**wragtig!,**	result in, to	**tot gevolg hê**
	wraggies!	retain, to	**behou**
reason, to	**redeneer**	retirement	**aftreepakket**
recede, to	**wyk**	package	
receive, to	**ontvang**	reward	**beloning**
receiver (phone)	**gehoorstuk**	rhinoceros	**renoster**
recently	**onlangs, pas**	rib	**rib**
recipe	**resep**	rice	**rys**
recollection	**herinnering**	rich	**ryk**
recommend, to	**aanbeveel**	rich (stinking ~)	**skatryk**
recover, to	**herstel**	ridge	**rif**
rectifying	**regstellend**	ridiculous	**belaglik**
red	**rooi**	right	**reg**
reddish	**rooierig**	right (opposite	**regs**
reduce, to	**verminder**	of left)	
reduction	**korting**	right-hand side	**regterhand,**
reed	**riet**		**-kant**
Reformation	**Hervorming**	right, exactly ~	**doodreg**
refuse, to	**weier**	ring	**ring**
regards	**groete, groetnis**	ring back, to	**terugbel**
regime; authority	**bewind**	ring up, to	**skakel, opbel**
reject, to	**verwerp**	ring, to	**bel**
related (to)	**verwant (met)**	rinse, to	**afspoel**
relative (adj.)	**relatief**	ripe	**ryp**
reliable	**betroubaar**	rise, to	**styg**
religion	**godsdiens**	rise, to (of the	**opkom**
rely on, to	**vertrou op**	sun)	
renew, to	**hernieu**	river	**rivier**
repair, to	**herstel**	river bed	**bedding**
repeat, to	**herhaal**	road	**pad (pl. paaie),**
repetition	**herhaling**		**weg (pl. weë)**
represent, to	**verteenwoordig**	road works	**padwerke**
representative	**verteen-**	roast, to	**braai**
	woordiger	robber	**rower**
republic	**republiek**	roguish	**skelm**
request	**versoek**	roof	**dak**
(n. and v.)		room	**kamer**
requirement	**vereiste**	room (large)	**saal**
reserve, to	**bespreek**	rooster	**haan**
resist, to	**jou verset teen**	rose	**roos**
respects	**in alle opsigte**	rough	**ru**
(in all ~)		round off, to	**afrond**

rounded	**gerond**	scissors	**skêr**
route	**roete**	scoop, to	**skep**
routine	**roetine**	scrap, to	**skrap**
row	**ry**	scrape, to	**skraap**
royal blue	**koningsblou**	scratch, to	**krap**
rub, to	**vryf**	screen	**skerm**
rubbish	**rommel**	sea	**see**
rudder	**roer**	seagull	**meeu**
rugged	**ruig**	seal	**rob**
rule	**reël**	search, to	**deursoek**
run around, to	**rondhardloop**	season	**seisoen**
run out, to	**opraak**	secondary	**sekondêr**
run, to	**hardloop**	secondly	**tweedens**
running shoes	**têkkies**	secret	**geheim**
rusk	**beskuit**	secretary	**sekretaresse**
rye	**rog**	see, to	**sien**
saddle	**saal**	seed	**pit, saad**
sale	**uitverkoping**	seek, to	**soek**
same, the ~	**dieselfde**	seem, to	**lyk**
sanction	**sanksie**	self	**self**
sand	**sand**	selfish	**selfsugtig**
sandal	**sandaal**	sell, to	**verkoop**
sap	**sap**	sender	**afsender**
sardine	**sardien**	sense of hearing	**gehoorsin**
satisfaction	**tevredenheid**	September	**September**
satisfy, to	**voldoen**	serious	**ernstig, (~ness,**
Saturday	**Saterdag**		**erns)**
saucer	**piering**	service	**diens**
sausage	**wors**	service station	**diensstasie**
saw	**saag**	servile	**slaafs**
say (to), to	**sê (vir/aan)**	settle, to	**jou vestig**
scab	**roof**	settlement	**nedersetting**
scale (for	**skaal**	settler	**kolonis, setlaar**
weighing)		seven	**sewe**
scale (of fish)	**skub**	several	**verskeie**
scarce	**skaars**	shape	**gestalte**
scarlet	**skarlaken**	share	**aandeel**
scent	**geur**	shark	**haai**
sceptical	**skepties**	sharp	**skerp**
school	**skool**	shave, to	**jou skeer**
school mate	**skoolmaat**	she	**sy**
scientist	**wetenskaplike**	sheet	**laken**

sheet (of paper)	**blad**	skinny	**skraal**
shelve	**rak**	skirt	**romp**
ship	**skip** (pl. **skepe**)	sky	**hemel**
shirt	**hemp**	sky blue	**hemelsblou**
	(pl. **hemde**)	slave	**slaaf**
shoe	**skoen**	slavery	**slawerny**
shoot dead, to	**doodskiet**	slaying	**doding**
shoot, to	**skiet**	sleep, to	**slaap**
shop	**winkel**	sleeve	**mou**
shopping list	**inkopieslys**	slice	**sny**
shortage	**tekening**	slide, to	**skuif**
shortly	**binnekort**	slim	**slank**
should	**behoort**	slow	**stadig**
shoulder	**skouer**	sly	**slu**
shout, to	**skree**	small	**klein**
show, to	**wys**	smell, to	**ruik**
shower (of rain)	**bui**	smile at, to	**glimlag vir**
shut, to	**toemaak**	smoke, to	**rook**
shy	**sku**	smoking	**rokery**
shy (shyer)	**skugter, sku**	smooth	**glad**
sick	**siek**	snail	**slak**
sick, very ~	**doodsiek**	snake	**slang**
side	**kant**	snow	**sneeu**
sign	**teiken**	so many	**soveel**
sign, to	**onderteken**	so that	**sodat**
silly	**laf**	soak, to	**week**
silver	**silwer**	soaking wet	**papnat, sopnat**
simple	**eenvoudig**	soap	**seep**
since	**sedert**	soapie	**sepie**
since then	**sedertdien**	social	**sosiaal**
sincerely (in	**hoogagtend**	society	**maatskappy**
letters)		society (club)	**vereniging**
sinew	**sening**	sociologist	**sosioloog**
sing, to	**sing**	sock	**sokkie**
singer	**sanger(es)**	sod	**sooi**
sink	**zink**	soft, softer	**sag, sagter**
sir	**Meneer**	some … others	**party … party,**
sister-in-law	**skoonsuster**		**sommige**
sit for, to (an	**aflê**		**… ander**
exam)		someone	**iemand**
sit, to	**sit**	something	**iets**
skin	**vel**	somewhere	**êrens, iewers**

son	**seun**	station	**stasie**
son-in-law	**skoonseun**	stay up, to	**opbly**
song	**lied**	stay, to	**bly**
soon	**gou**	steep	**steil**
sorry	**jammer**	stew	**bredie**
sort	**soort**	stiff	**styf**
sought after	**gesog(te)**	stock exchange	**beursverslag**
sound	**geluid**	report	
sound, to	**klink**	stocking	**kous**
soup	**soep**	stomach	**maag**
sour	**suur**	stone	**klip**
south	**suid(e)**	stop, to	**ophou**
southern	**suidelik**	store, to	**bêre**
Southern Africa	**Suider-Afrika**	story	**storie**
Southern Cross	**Suiderkruis**	stove	**stoof**
southwards	**suidwaarts**	straight ahead	**reguit**
sow (pig)	**sog**	strange	**vreemd**
sparrow	**mossie**	straw	**riet**
special	**spesiaal**	(drinking ~)	
spectacular	**skouspelagtig**	strawberry	**aarbei**
spend (money),	**uitgee**	street	**straat**
to		streetwalker	**straatvrou**
spend, to (time)	**deurbring**	stretch, to	**strek**
spice	**spesery**	strict	**streng**
spite (in ~ of)	**ondanks**	strike	**staking**
spoil, to	**verwen, bederf**	strip	**strook**
spoilt	**bederf**	student	**student**
sponge	**lepel**	study, to	**studeer**
spot	**kol, vlekkie**	stupid	**dom**
spouse	**eggenoot**	subject	**vak**
spread, to (trans.)	**versprei**	suburb	**voorstad**
spread, to (intr.)	**uitbrei**	succeed, to	**slaag**
spring	**lente**	successful	**suksesvol**
squat, to	**plak**	such	**sulk(e)**
squatter	**plakker**	such (a)	**so'n**
stamp (rubber ~)	**tjap**	such (as ~)	**as sodanig**
stand, to	**staan**	sudden(ly)	**skielik**
standard	**standaard**	suffer	**ly**
staple	**krammetjie**	sugar	**suiker**
star	**ster**	suggest, to	**voorstel**
state	**staat**	suit, to	**pas, skik**
state (of affairs)	**toestand**	suitcase	**tas**

summer	**somer**	tape recorder	**bandopnemer**
Sunday	**Sondag**	target	**teenspoed**
sunny	**sonnig**	taste, to (intr.)	**smaak**
sunshine	**sonskyn**	taste, to (trans.)	**proe**
superb	**puik**	tatters	**toiings**
supply	**voorraad**	teacher	**onderwyser(es)**
supply, to	**lewer**	teacher (female)	**juffrou**
support	**steun**	teacher training	**kweekskool**
(n. and v.)		college	
support, to	**ondersteun**	teapot	**teepot**
sure	**seker**	teenager	**tiener**
surgeon	**chirurg**	telephone	**telefoon**
surname (n.)	**van**	telephone (by ~)	**telefonies**
surround, to	**omsingel**	telephone book	**telefoongids**
surroundings	**omgewing**	telephone box	**telefoonhokkie**
suspicious	**agterdogtig,**	telephone call	**telefoonoproep**
	bedenklik	telephone, to	**skakel**
sweet	**soet**	television	**televisie**
sweet potato	**patat**	television set	**televisiestel**
sweetie	**liefie**	tell, to	**vertel**
swim, to	**swem**	ten	**tien**
swimming pool	**swembad**	tendon	**sening**
symbol	**simbool**	tense	**gespanne**
system	**sisteem**	terrible	**verskriklik**
table	**tafel**	territory	**gebied**
tail	**stert**	terror	**terreur**
take along, to	**meebring**	thanks	**dankie**
take an interest	**belang stel**	that (conj.)	**dat**
in, to		that/those	**daardie**
take care of, to	**oppas**	thatch roof	**grasdak**
take in hand, to	**aanpak**	the	**die**
take off, to	**uittrek**	The Netherlands	**Nederland**
take part in, to	**deelneem**	theirs	**hulle s'n**
take pity on, to	**jou ontferm oor**	then (in the	**toe**
take place, to	**hom afspeel**	past)	
take, to	**neem, vat**	theology	**teologie**
talk to, to	**praat met**	theory	**teorie**
talk, to	**gesels**	there	**daar**
tall, taller	**lank, langer**	there (direction)	**soontoe,**
tame, to	**mak maak**		**daarnatoe**
tan	**taankleurig**	they, them	**hulle**
tank	**tenk**	thief	**dief**

thin	dun, maer	today	vandag
thin, very ~ (skinny)	brandmaer	toddler	kleuter
		toe	toon
thing	ding	together	saam
thing, little ~	dingetjie	toilet	toilet
thingummy	dinges	tolerate, to	verdra
think (of), to	dink (aan)	toll	tol
think, to	dink, glo, meen	tomato	tamatie
think over, to	nadink oor	tomorrow afternoon	môremiddag
thirdly	derdens		
thirty	dertig	tomorrow evening/night	môreaand
this	dit		
this side	duskant	tomorrow morning	môreoggend
this year, this	vanjaar		
this/that	dié	tongs	tang
this/these	hierdie	tongue	tong
thorn	doring	tonight	vanaand
thorn tree	doringboom	tonight (after lights out)	vannag
thought	gedagte		
thousand	duisend	tooth	tand
threaten, to (intr.)	dreig	toothbrush	tandeborstel
		topical	aktueel
threaten, to (trans.)	bedreig	torch	flits
		tortoise	skilpad
through	deur	tourist	toeris
throw away, to	weggooi	towards the back	agtertoe
thumb	duim		
thunderstorm	donderbui	towards the front	vorentoe
Thursday	Donderdag		
tickle, to	kielie	towel	handdoek
tidy up, to	opruim	tower	toring
time	tyd	town	stad, dorp
time (first ~)	keer	town centre	dorpsentrum
time, at that ~	destyds	toys	speelgoed
timetable	diensreëling	trade	handel
tiny	piepklein	trade in, to	inruil
tip	fooitjie	trade, to	handel dryf
tired	moeg	tradition	tradisie
tireless	onvermoeid	traffic accident	verkeersongeluk
tissue	snesie	traffic light	verkeerslig
to	na	tragic	tragies
tobacco	tabak	train	trein

trained	**geskoold**	undergo, to	**ondergaan**
tram	**trem**	undertake, to	**onderneem**
transferable	**oordraagbaar**	undoubted	**onenigheid**
transformation	**transformasie**	undoubtedly	**ongetwyfeld**
translate, to	**vertaal**	unfortunately	**jammer genoeg,**
travel agency	**reisagentskap**		**ongelukkig**
treat, to	**behandel**	unhappy	**ongelukkig**
tree	**boom**	uniformed	**geüniformeerd**
tremble, to	**beef, bewe**	unimaginable	**onvoorstelbaar**
tribe	**stam**	unite, to	**verenig**
triple	**driedubbel**	university	**universiteit**
trophy	**trofee**	unless	**tensy**
trouble	**moeilikheid**	unpleasant	**onaangenaam**
trough	**trog** (pl. **trôe**)	unpredictable	**wisselvallig**
truck, lorry	**lorrie**	unreal	**irreëel**
truly!	**wragtig!,**	until	**tot(dat)**
	wraggies!	unusable	**onbruikbaar**
truly, indeed	**sowaar**	upholstered	**oorgetrek**
truth	**waarheid**	upstairs	**boontoe**
try on, to	**aanpas**	upwards	**boontoe**
try, to	**probeer**	us	**ons**
Tuesday	**Dinsdag**	use	**gebruik**
tune	**melodie**	use up, to	**opmaak**
turn around, to	**jou omdraai**	usable	**bruikbaar**
turn off, to	**afskakel**	usually	**gewoonlik**
turn on, to	**aanskakel**	utility van	**bakkie**
turn up, to	**opdaag**	utter, to	**uiter**
turn, to	**draai, keer**	vague	**vaag, vae**
turtle	**skilpad**	valley	**dal**
twine, rope	**tou**	value	**waarde**
two	**twee**	vanilla	**vanielje**
two years ago	**voorverlede jaar**	variation	**variasie**
type	**tipe**	various	**verskillende**
typewriter	**tikmasjien**	vegetables	**groente**
typist	**tikster**	vehicle	**voertuig**
tyre	**band**	velvet	**fluweel**
ugly	**lelik**	very	**baie**
umbrella	**sambreel**	village	**dorpie**
unbelievably	**ongelooflik**	vineyard	**wingerd**
uncle	**oom**	violin	**viool**
under	**onder**	visit (n.)	**besoek**
underestimate, to	**onderskat**	visit, to	**kuier, besoek**

visitor	**besoeker**	weather forecast	**weersvoor-**
visitor	**kuiergas**		**spelling**
visitors	**kuiermense**	web	**web**
visual	**visueel**	wedding	**bruilof**
wage war, to	**oorlog voer**	wedding dress	**trourok**
wagon	**wa**	wedge	**wig**
wait, to	**wag**	Wednesday	**Woensdag**
wake (up), to (intr.)	**wakker word**	week before last	**voorverlede week**
wake (up), to (trans.)	**wakker maak**	week, this	**vandeesweek**
		weekend	**naweek**
walk	**wandeling**	weigh, to	**weeg**
walk along, to	**afloop**	weight	**gewig**
walk, to	**loop, stap**	weight loss	**gewigsverlies**
walk, to	**stap**	welcome! (you're ~)	**plesier!**
walking stick	**kierie**		
wall	**muur**	well (for water)	**put**
wander about, to	**ronddwaal**	well	**wel**
		well-behaved	**soet**
wander, to	**dwaal**	well-known	**welbekend**
want to, to	**wil**	west	**wes(te)**
war	**oorlog**	west coast	**weskus**
wardrobe	**klerekas**	western	**westerlik**
warm	**warm**	Western Europe	**Wes-Europa**
warn, to	**waarsku**	wet	**nat**
warning	**waarskuwing**	what	**wat**
warthog	**vlakvark**	what (adj.)	**watter**
wash up, to	**opwas**	what about	**wat van**
watch (n.)	**horlosie, oorlosie**	what for	**waarvoor**
		what kind/sort of a	**watter soort**
water	**water**		
watery	**waterig**	wheat	**koring**
wattle	**wattel**	wheel	**wiel**
way	**weg** (pl. **weë**)	wheelchair	**rolstoel**
we	**ons**	when	**wanneer, as**
weak	**swak**	when (in the past)	**toe**
weak (of tea)	**flou**		
wealth	**welvaart**	where	**waar**
wear, to	**dra**	where (... to)	**waarheen**
weather	**weer**	where (... to)	**waarnatoe**
weather conditions	**weersom-standighede**	where ... from	**waarvandaan**
		whether	**of**

which	**watter, wat se**	word	**woord**
while	**terwyl**	work	**werk**
while (a little ~)	**rukkie**	worker	**werker**
whistle, to	**fluit**	world	**wêreld**
white	**wit**	worry	**sorg**
white (person)	**blanke**	worry, to	**pla**
white (pure ~)	**spierwit**	worth (n.)	**waarde**
who	**wie**	worth (adj.)	**werd**
whose	**wie se/s'n**	worthy of	**werd**
why	**waarom**	would	**sou**
wide	**breed, wyd**	wound	**wond**
widening	**verbreding**	write poetry, to	**dig**
widespread	**wydverspreid**	write, to	**skryf**
wild	**wild**	writer	**skrywer**
wildebeest	**wildebees**	wrong	**verkeerd**
wilderness area	**wildernisgebied**	year	**jaar**
will (v.)	**sal**	year, all ~	**die hele jaar**
will (n.)	**testament**	yellow	**geel**
win, to	**wen**	yesterday	**gister**
wind	**wind**	yesterday	**gistermiddag**
window	**venster**	afternoon	
wine vinegar	**druiweasyn**	yesterday	**gisteraand**
winner	**wenner**	evening	
winter	**winter**	yesterday	**gisteroggend**
wipe out, to	**uitwis**	morning	
wire	**draad**	yet	**tog**
wise	**wys**	yoke	**juk**
wish, to	**wens**	you (object)	**jou, u, julle**
with	**met**	you (subject)	**jy, u, julle**
withdraw, to	**jou onttrek**	young	**jonk**
within	**binne**	younger sister	**sussie**
without	**sonder**	Yours (in letter)	**Die uwe**
wolf	**wolf**	yours	**u s'n**
woman	**vrou**	zebra	**kwagga, sebra**
women's	**vrouetydskrif**	zodiac	**diereriem**
magazine		zone	**sone**
wonderful	**wonderlik**	zoology	**soölogie**
wood	**hout**		

Index